高等职业教育物流类专业新形态一体化教材

物流法
理论与实务

主编 ◎ 王玲　马骥

副主编 ◎ 李春燕

清华大学出版社
北京

内 容 简 介

本书以物流从业人员的法律知识和法律应用能力为主线,以物流活动中的典型工作任务为切入点安排教材内容。全书共分10个项目(物流法基础知识、物流企业法律制度、合同法律制度、采购法律制度、货物运输法律制度、仓储与配送法律制度、包装与流通加工法律制度、货物运输保险法律制度、物流市场秩序法律制度、物流争议解决法律制度)。

本书可作为高等职业院校专科、本科,应用型本科,以及中职院校的物流管理类专业教材,也可作为物流从业人员学习、培训用书。

本书封面贴有清华大学出版社防伪标签,无标签者不得销售。
版权所有,侵权必究。举报:010-62782989,beiqinquan@tup.tsinghua.edu.cn。

图书在版编目(CIP)数据

物流法理论与实务 / 王玲,马骥主编. --北京:清华大学出版社,2024.12. --(高等职业教育物流类专业新形态一体化教材). -- ISBN 978-7-302-67800-7

Ⅰ. D922.294.1

中国国家版本馆 CIP 数据核字第 20240AZ907 号

责任编辑:刘士平
封面设计:张鑫洋
责任校对:刘 静
责任印制:刘 菲

出版发行:清华大学出版社
    网 址:https://www.tup.com.cn,https://www.wqxuetang.com
    地 址:北京清华大学学研大厦 A 座 邮 编:100084
    社 总 机:010-83470000   邮 购:010-62786544
    投稿与读者服务:010-62776969,c-service@tup.tsinghua.edu.cn
    质量反馈:010-62772015,zhiliang@tup.tsinghua.edu.cn
    课件下载:https://www.tup.com.cn,010-83470410
印 装 者:三河市少明印务有限公司
经 销:全国新华书店
开 本:185mm×260mm 印 张:16.25 字 数:388 千字
版 次:2024 年 12 月第 1 版   印 次:2024 年 12 月第 1 次印刷
定 价:49.00 元

产品编号:103852-01

物流作为现代经济的重要组成部分，在国民经济和社会发展中发挥着重要作用。现代物流的健康发展需要良好的法律制度作为依据和保障，本书介绍物流活动常用的法律制度，具有以下特点。

（1）结构新颖，体系完整。书中内容按照"理实一体化混合式"教学模式进行整体设计，实现知识学习和技能训练及素质培养一体化。本书以物流活动为主线，采用项目化、任务驱动教学方法编排体例，每个任务均以任务导入开始，引起学生兴趣，之后引入知识介绍和相关的技能训练。另外，书中设有知识练习和拓展训练，可以帮助学生巩固练习。本书案例丰富，配以大量的实训和实操内容，注重培养学生实际操作和应用能力。

（2）内容新颖，突出实务。本书将现行的有关物流的法律法规纳入编写体系，具体包括10个项目：物流法基础知识、物流企业法律制度、合同法律制度、采购法律制度、货物运输法律制度、仓储与配送法律制度、包装与物流加工法律制度、货物运输保险法律制度、物流市场秩序法律制度、物流争议解决法律制度。在介绍主要物流组织法律地位的基础上，以物流合同签订、履行和纠纷处理的基本过程为主线，紧密结合实务环节，系统介绍物流活动常用的法律规则，为学生就业和创业提供必要的法律知识和法律应用能力储备。

（3）配套完善，方便教学。本书配有教学课件、微课及习题答案，方便教师教学和学生自学。

本书由辽宁经济职业技术学院的王玲、马骥担任主编，李春燕担任副主编，王晓燕、于海峰、赵毅参加编写。具体分工如下：王玲编写项目二和三；马骥编写项目十；李春燕编写项目七；王晓燕编写项目四、项目六、项目九；于海峰编写项目五；赵毅编写项目一和项目八。本书由王玲总纂与定稿。

本书的编写参考并借鉴了许多国内外学者的专著和教材，在此深表感谢。同时，本书的编写也得到了清华大学出版社及编者所在单位的支持，在此一并表示感谢。

由于编写水平有限，书中疏漏之处在所难免，欢迎广大读者批评指正。

编　者
2024年10月

目 录 Contents

项目一　物流法基础知识

学习目标/ 001
　　任务一　认识法律/ 001
　　任务二　认识物流法/ 010
项目训练/ 015

017　项目二　物流企业法律制度

学习目标/ 017
　　任务一　个人独资企业法律制度/ 017
　　任务二　合伙企业法律制度/ 021
　　任务三　公司法律制度/ 036
项目训练/ 050

项目三　合同法律制度

学习目标/ 054
　　任务一　认识合同/ 054
　　任务二　合同的订立/ 056
　　任务三　合同的效力/ 060
　　任务四　合同的担保/ 066
　　任务五　合同的履行/ 076
　　任务六　合同的变更、转让和终止/ 079
　　任务七　违约责任/ 082
项目训练/ 084

项目四　采购法律制度

学习目标/ 087

　　　　任务一　货物买卖法律制度／087
　　　　任务二　政府采购法律制度／096
　　项目训练／105

108　项目五　货物运输法律制度

　　学习目标／108
　　　　任务一　认识货物运输法律制度／108
　　　　任务二　陆路货物运输法律制度／112
　　　　任务三　水路货物运输法律制度／117
　　　　任务四　航空货物运输法律制度／126
　　　　任务五　多式联运法律制度／129
　　　　任务六　快递法律制度／130
　　　　任务七　货物运输代理法律制度／137
　　项目训练／145

149　项目六　仓储与配送法律制度

　　学习目标／149
　　　　任务一　保管法律制度／149
　　　　任务二　仓储法律制度／152
　　　　任务三　配送法律制度／157
　　项目训练／164

167　项目七　包装与流通加工法律制度

　　学习目标／167
　　　　任务一　包装法律制度／167
　　　　任务二　流通加工法律制度／173
　　项目训练／180

182　项目八　货物运输保险法律制度

　　学习目标／182
　　　　任务一　认识货物运输保险法律制度／182
　　　　任务二　海上货物运输保险法律制度／190
　　　　任务三　陆上货物运输保险法律制度／196
　　　　任务四　航空货物运输保险法律制度／198
　　项目训练／200

203 项目九　物流市场秩序法律制度

学习目标/ 203
　　任务一　反不正当竞争法律制度/ 203
　　任务二　产品质量法律制度/ 209
　　任务三　消费者权益保护法律制度/ 216
项目训练/ 226

229 项目十　物流争议解决法律制度

学习目标/ 229
　　任务一　仲裁法律制度/ 229
　　任务二　民事诉讼法律制度/ 236
项目训练/ 247

250 参考文献

项目一

物流法基础知识

学习目标

知识目标
- 掌握法的概念与特征,理解法的作用。
- 掌握法的渊源和效力。
- 掌握法律规范、法律部门和法律体系的概念及相互关系。
- 掌握物流法的概念、调整对象。
- 熟悉物流法律关系的构成要素,掌握物流法律责任。

能力目标
- 识别适用物流法的渊源。
- 能够分析具体的法律关系,并能根据不同的法律关系、法律事实分析不同的法律结果,明确法律责任。

任务一 认识法律

任务导入:甲是 A 物流公司的司机,一天,甲在运送货物途中,酒后驾车将人行道上的路人乙撞伤致残,乙有 80 岁的老母亲丙需要赡养;甲被交通管理部门吊销驾驶执照,并被移送司法机关追究刑事责任;A 物流公司解除了与甲的劳动合同。

任务要求:该案涉及哪几种社会关系?分别由哪些法律调整?结合本案,熟悉我国的法律部门。

一、法的概念

法是国家制定或认可的,依靠国家强制力保障实施的、反映统治阶级意志的行为规范的总和。

(一) 法的本质与特征

1. 法的本质

法是统治阶级意志的体现。在阶级社会中,统治阶级和被统治阶级的利益是根本对立的，因此，法不可能是各个阶级的共同意志的体现，而只能是在经济上、政治上占支配地位的阶级——统治阶级的意志的表现。

法是统治阶级整体意志的体现。法所反映的意志是统治阶级的阶级意志，即统治阶级的共同意志，而不是统治阶级中个人意志的体现，也不应是统治阶级中个别或部分人（阶层、集团）的意志的体现。

法是统治阶级的基本意志的体现，而不是它的全部意志的体现。它只规定和调整有关统治阶级基本利益的社会基本制度和主要社会关系。

法所体现的统治阶级意志的内容，是由该阶级所处的社会物质生活条件决定的，是社会客观需要的反映。

2. 法的特征

根据法的概念，法具有以下三个特征。

（1）法是由国家制定或认可的规范

统治阶级的意志并不能直接变成法，它必须通过一定的组织和程序，即通过统治阶级的国家制定或认可，才能成为法。制定和认可，是国家创法的两种方式，也是统治阶级把自己的意志变为国家意志的两种途径。"制定"是指国家有立法权的机关在权限范围内，按照法定的程序制定出具有不同效力的规范性文件，如宪法、法律、行政法规等；"认可"是指国家对某些社会上已经形成的而又符合统治阶级意志和利益的行为规范，如风俗习惯、社会道德、宗教信条等加以确认使它具有法律效力。

（2）法是规定人们的权利、义务的规范

法是调整社会关系的规范，通过规范人们的行为而达到调整社会关系的目的。法具有为人们提供行为模式和标准的属性。法通过规定人们的权利和义务来分配利益，从而影响人们的动机和行为，进而影响社会关系，实现统治阶级的意志和要求，维持社会秩序，因此法也具有利益导向性。权利是指国家通过法律规定，对人们可以做出某种行为的许可和保障。义务是指国家通过法律规定，对人们必须做出某种行为的约束。法以规定权利和义务的方式影响人们的行为动机，指引人们的行为，把社会关系调整到统治阶级的根本利益所容许的模式之中。

（3）法是以国家强制力保证实施的社会规范

任何一种社会规范都有一定的强制力，但是不同社会规范的强制性在性质、范围、程度和方式等方面都是不完全相同的。例如，道德靠社会舆论和人们的内心信念保证实施。法律的强制力不同于其他社会规范之处就在于它是一种国家强制力，而不是一般的社会强制，法的实现要以一定的国家权力为后盾，是通过国家特定专门机关（包括军队、警察、法庭、监狱等）来实施的。

（4）法是明确而普遍适用的规范，具有明确公开性和普遍约束性

法具有明确的内容，能使人们预知自己或他人一定行为的法律后果，该特征也被称为法的可预测性。法具有普遍适用性，凡是在国家权力管辖和法律调整的范围、期限内，对所有社会成员及其活动都有普遍适用。

【难点提示】 法律与道德的区别（表 1-1）

表 1-1

项 目	法 律	道 德
产生	国家制定或认可，产生于阶级社会	自发产生，产生于原始社会
调整范围	调整范围小，有些事项法律不调整	调整范围广泛，几乎遍布社会生活各个方面
内容	规定人们的权利和义务	侧重规定人们的义务
表现形式	有很强的逻辑性和体系性，表现为法律制度、法律条文、法律部门等	没有完整的体系，通常体现为观念、习惯、信念等
实施保障	主要依靠国家强制力保障实施，是一种外在的强制手段	主要依靠人们内心的遵守和社会舆论的评价，是一种内心的约束

案例讨论 1-1

2017年4月21日，河南省驻马店市解放大道和学院路的交叉路口处，一名女子被出租车撞倒之后，从被撞到二次碾压的一分钟内，10余辆途经车辆和约20名经过的行人，无一人上前施救，随后该女子又被第二辆车碾压死亡。经驻马店市交警支队调查取证，次日清晨司机张某、刘某均到案，依法接受处理。

问题：本案中途经的行人见死不救是否违法？为什么？

（二）法的作用

法的作用是指法对人们的行为和社会生活的影响。法的作用是多方面的，但主要的作用可以概括为两种，一种是法的规范作用，即法作为特殊的行为规则本身所具有的作用；另一种是法的社会作用，即法服务于一定的社会政治目的，在政治生活、经济生活和社会文化生活中的作用。

1. 法的规范作用

（1）指引作用

法的指引作用是指法律通过规定人们在法律上的权利和义务，以及违反这些规定的制裁来指引人们的行为。具体来说，法为人们的行为提供了两种模式，一种是授权性的可以选择的指引，允许人们在法律规定的范围内自由决定自己的行为；另一种是义务性的不可以选择的指引，要求人们必须按照法律的规定从事一定的行为，如果违反法律的规定，就要承担不利的后果。

（2）评价作用

法的评价作用是指法律作为一种行为标准，具有判断、衡量他人行为合法与否的评判作用。即法通过设定一定的标准，以此来判断人们的行为是否合法，以及违法的性质和程度。

（3）预测作用

法的预测作用表现在：人们可以根据法律规范的规定事先估计到当事人双方将如何行为及行为的法律后果，从而对自己的行为作出合理的安排。

（4）强制作用

法的强制作用在于法能够运用国家强制力制裁、惩罚和预防违法犯罪行为。

（5）教育作用

法的教育作用是指法作为特殊的行为规范，在国家强制力的保证下，对人们今后的行为发生直接或间接的影响作用。法的教育作用主要体现在两个方面：一方面，通过对违法行为的制裁，既可以教育违法者本人，同时又对那些企图违法的人起到威慑和警示作用，使其引以为戒；另一方面，通过对合法行为及其法律后果的确认和保护，对人们的行为起着示范与鼓励的作用。

案例讨论 1-2

①某公司王总与同事喝酒聚餐后表示：别开车了，"酒驾"已入刑，咱们把车推回去。随后，王总在车内控制方向盘，其他人缓步推行。②复旦大学林森浩投毒杀人案中，林森浩犯故意杀人罪，被判处死刑立即执行。③乘客购买火车票，根据合同约定，乘客可以估计到按时乘坐火车，也可以估计到铁路运输公司需按照票面时间发车。

问题：以上3个小事例分别体现了法的哪些作用？

2. 法的社会作用

（1）法在调整政治关系中的作用

法在调整政治关系中的作用也相应地体现在以下几个方面：第一，调整统治阶级与被统治阶级之间的关系，镇压被统治阶级的反抗；第二，调整统治阶级内部的关系，规定和确认统治阶级内部各阶层、各集团成员之间的关系，确定他们各自的行为界限，建立个人意志服从整个阶级意志的服从关系；第三，调整统治阶级与其同盟阶级之间的关系，照顾和调整彼此之间的利益。

（2）法在调整经济关系中的作用

法在调整经济关系方面的作用主要表现在：第一，创立、确认和维护有利于统治阶级的经济基础；第二，确立交换和分配的规则；第三，解决各种经济纠纷。法对经济关系的调整作用，可能会产生两种不同的结果，一种是可能起到进步的作用，另一种可能是消极甚至是反动的作用。衡量的主要标志是看它对社会生产力的发展是起到促进作用，还是起到阻碍作用。因此，法只有为先进的生产关系服务，才能促进生产力的发展。

（3）法在调整社会公共事务中的作用

在阶级对立的社会，统治阶级在运用法确认和调整阶级关系，维护其政治和经济统治的同时，还必须运用法来管理全社会的公共事务，执行一定的社会公共职能。所谓社会公共事务，是指由一定的社会性质所决定的具有全社会意义的事务。例如交通运输、卫生管理、自然资源的合理开发利用及环境保护等。

二、法的渊源和效力

（一）法的渊源

法的渊源通常是指法的表现形式，即由不同国家机关制定或认可的，具有不同法律效力和法律地位的各种类别的规范性法律文件的总称。

我国法的渊源主要有以下几种。

1. 宪法

宪法是我国的根本法，它集中反映各种政治力量的实际对比关系，规定国家的根本任务和根本制度，即社会制度、国家制度的原则和国家政权的组织，以及公民的基本权利义务等内容。宪法具有最高法律效力，是制定其他法律的依据，一切法律、法规都不得同宪法相抵触。

2. 法律

法律是国家最高权力机关及其常设机构，即全国人民代表大会和全国人大常委会制定、颁布的规范性文件，其效力仅次于宪法。

3. 行政法规和部门规章

行政法规是国家最高行政机关——国务院制定、颁布的规范性文件，其地位次于宪法和法律。部门规章是指国务院各部、各委员会、中国人民银行、审计署和具有行政管理职能的直属机构根据法律和国务院的行政法规、决定、命令，在本部门的职权范围内依法制定的规章。部门规章的效力低于宪法、法律和行政法规。

4. 地方性法规

地方性法规是指省、自治区、直辖市，以及省、自治区人民政府所在地的市和经国务院批准的较大的市的人民代表大会及其常委会，在其法定权限内制定的法律规范性文件。

5. 民族自治地方的自治条例和单行条例

我国是单一制国家，同时又在中央统一领导下在各少数民族聚居区实行民族区域自治。根据宪法的规定，民族自治地方的人民代表大会有权根据当地民族的政治、经济和文化的特点，制定自治条例和单行条例。自治条例通常规定有关本地区实行的区域自治的基本组织原则、机构设置、自治机关的职权、工作制度及其他重大问题。自治条例是民族自治地方实行民族区域自治的综合性的基本依据和活动准则。单行条例是民族自治地方的人民代表大会根据区域自治的特点和实际需要制定的单项法规。

6. 特别行政区基本法和特别行政区法律

特别行政区基本法是由全国人民代表大会制定的有关特别行政区的基本法律。目前，全国人民代表大会已经制定了《中华人民共和国香港特别行政区基本法》和《中华人民共和国澳门特别行政区基本法》。特别行政区法律是指根据宪法和特别行政区基本法，在特别行政区内施行的法律。

7. 国际条约

国际条约是两个或两个以上国家就政治、经济、贸易、军事、法律、文化等方面的问题确定其相互权利义务关系的协议。我国缔结或加入的国际条约也是法的渊源之一。

实务操作指南

法律渊源适用的规则

1. 上位法优于下位法

上位法是指相对于其他规范性文件，在法的位阶中处于较高效力位置和等级的那些规范性文件。下位法是指相对于其他规范性文件，在法的位阶中处于较低效力位置和等级的那些规范性文件。根据《中华人民共和国立法法》的规定,宪法具有最高的法律效力,一切法律、行政法规、地方性法规、自治条例和单行条例、规章都不得同宪法相抵触。法律的效力高于行政法规、地方性法规、规章。行政法规的效力高于地方性法规、规章。地方性法规的效力高于本级和下级地方政府规章。省、自治区的人民政府制定的规章的效力高于本行政区域内的较大的市的人民政府制定的规章。

2. 特别法优于一般法

同一机关制定的法律、行政法规、地方性法规、自治条例和单行条例、规章,特别规定与一般规定不一致的,适用特别规定;新的规定与旧的规定不一致的,适用新的规定。

3. 新法优于旧法

由同一机关制定的各种规范性文件,新的规定与旧的规定不一致的,适用新的规定。

(二) 法的效力

法的效力是指法的生效范围或适用范围,即法在什么地点、什么时间和对什么人适用,包括法的空间效力、法的时间效力、法对人的效力。

1. 法的空间效力

法的空间效力是指法律在哪些地域有效力。一般来说,一国法律适用于该国主权范围所及的全部领域,包括领土、领水及其底土和领空,以及作为领土延伸的本国驻外使馆、在外船舶及飞行器。但由于法律的内容和制定机关不同,法的空间效力范围也不同,具体来说,我国法律的空间效力分为三种情况:①在全国范围内生效。凡中央国家机关制定的规范性文件,一般在全国范围内有效。例如,由全国人民代表大会及其常务委员会制定的法律、国务院制定的行政法规,除有特殊规定者外,一般在全国有效。②在局部地区生效。一般指地方制定的规范性法律文件,在该地区内有效。例如,地方性法规、民族自治地方的自治条例和单行条例等在制定机关管辖的行政区域内生效。③在域外生效。指法律在其制定国管辖区域范围外具有效力。这一般体现在民事、婚姻家庭、贸易等方面的法律、法规中。

2. 法的时间效力

法的时间效力是指法何时生效,何时终止生效及法律对其颁布实施前的事件和行为是否具有溯及力的问题。

(1) 法律开始生效的时间

法律的生效时间主要有三种:自法律公布之日起生效、由该法律规定具体生效时间、规定法律公布后符合一定条件时生效。

(2) 法律终止效力的时间

法律终止效力的时间包括以下几种情况:新法公布实行后,根据新法优于旧法的原则,旧法自然失效;新法取代旧法,同时在新法中明文规定旧法废止;法律因完成其历史任务而失效;法律本身规定的终止生效的时间届至;有权国家机关发布决议或命令,宣布废止某项法律或法规。

（3）法的溯及力

法的溯及力也称法律溯及既往的效力，是指法律对其生效以前的事件和行为是否适用。如果适用，就具有溯及力；如果不适用，就没有溯及力。

一般来说，法律一般只能适用于生效后发生的事实和关系，不适用于生效前的事实和关系，即法律不溯既往。因此，大多数的法律是没有溯及力的，当然，这也不是绝对的，有些法律也具有一定的溯及力。

3. 法对人的效力

法对人的效力是指法对谁有效力，适用于哪些人。在世界各国的法律实践中先后采用过四种对人的效力的原则，即属人主义原则，属地主义原则，保护主义原则，以属地主义为主，与属人主义、保护主义相结合的原则。根据我国法律，对人的效力包括对中国公民的效力和对外国人、无国籍人的效力两个方面。

（1）属人主义

属人主义即法律只适用于本国公民，不论其身是在国内还是在国外，非本国公民即使身在该国领域内也不适用。

（2）属地主义

法律适用于该国管辖地区内的所有人，不论是否是本国公民，都受法律约束和法律保护，本国公民不在本国，则不受本国法律的约束和保护。

（3）保护主义

保护主义即以维护本国利益作为是否适用本国法律的依据，任何侵害了本国利益的人，不论其国籍和所在地域，都要受该国法律的追究。

（4）以属地主义为主，与属人主义、保护主义相结合

以属地主义为主，与属人主义、保护主义相结合，即既要维护本国利益，坚持本国主权，又要尊重他国主权，照顾法律适用中的实际可能性。

我国采用的是第四种原则。根据我国法律，法对人的效力包括两个方面。①对中国公民的效力。中国公民在中国领域内一律适用中国法律。在中国境外的中国公民，也应遵守中国法律并受中国法律保护。②对外国人和无国籍人的效力。外国人和无国籍人在中国领域内，除法律另有规定的外，适用中国法律，这是国家主权原则的必然要求。

案例讨论1-3

2019年10月，安徽省天长市公安局出入境管理大队民警和汊涧派出所社区民警在走访中得知，一家少儿英语教育机构为了提升知名度，以便招收更多的学生，非法聘请了一名没有取得外国人就业许可证和工作类居留许可的加纳留学生和一名没有取得外国人在滁州市范围内就业许可证的摩洛哥人从事英语教学。

问题：我国法律是否适用于本案中的加纳留学生和摩洛哥人？本案应如何处理？

三、法律规范、法律部门与法律体系

法是国家制定或认可的，并由国家强制力保证实施的行为规范的总和。法的最小构成单位称为法律规范，调整同类社会关系的法律规范构成一国的法律部门，不同的法律部门

形成一个有机的整体就是法律体系。

（一）法律规范

1. 法律规范的概念

法律规范是指由国家制定或认可，并由国家强制力保证实施的行为规则，法律规范是法的基本构成单位。法律规范具有以下几个特征：①法律规范是由国家制定、认可的，由国家强制力保证实施的行为规范；②法律规范规定了社会关系参与者法律上的权利和义务；③法律规范是普遍适用、并能反复适用的；④法律规范具有严密的逻辑结构；⑤法律规范是法的基本构成单位。

2. 法律规范的结构

法律规范的结构是指每一个法律规范由哪些要素构成。一般包括假定、处理和法律后果三个要素。

（1）假定

假定又称为条件或适用条件，是指法律规范中所规定的有关适用该法律规范的条件的部分。

（2）处理

处理也称为行为模式，即法律关于允许做什么、禁止做什么和必须做什么的规定。法律的最直接的目的就是指引人们的行为，因此指示即行为模式是法律规范中最基本的要素，是核心部分。

（3）法律后果

法律后果是法律规范中对于遵守或违反规则的行为将产生何种法律后果的规定。法律后果可分为肯定性后果和否定性后果两种形式。

3. 法律规范的分类

根据不同的分类标准，法律规范也可以分为不同的种类。

（1）按照法律规范"处理"部分内容的不同性质可以分为授权性规范、义务性规范和禁止性规范。

授权性规范是指规定人们有权自己做出某种行为，或要求他人做出某种行为的法律规范；义务性规范是指要求人们必须做出一定行为，即承担一定积极作为义务的法律规范；禁止性规范是指禁止人们做出一定行为，即承担一定消极不作为义务的法律规范。

（2）按照法律规范的强制性程度不同，可以分为强制性规范和任意性规范。

强制性规范也称为命令性规范，是指对于权利和义务的规定十分明确，不允许人们以任何方式加以变更或违反的法律规范。任意性规范也称允许性规范，是指允许人们在法定范围内自行确定其权利和义务的法律规范，只有在他们未确定时，才为他们规定一定的权利和义务。

（二）法律部门

1. 法律部门的概念

法律部门又称为部门法，是调整同一类社会关系的法律规范的总和，是法律体系的基本单位。例如，调整平等主体之间的人身关系和财产关系的法律规范构成民法部门，调整犯罪和刑罚的法律规范构成刑法部门。

2. 划分法律部门的标准

划分法律部门的主要标准是法律规范的调整对象，即法律规范所调整的不同社会关系，除此之外，法律的调整方法也是划分法律部门的依据。

3. 我国的法律部门

按照法律部门的划分标准，我国的法律部门主要包括以下方面。

（1）宪法

宪法是我国法律体系中的主导部门，是我国的根本大法。宪法主要规定我国社会制度、国家制度、公民基本权利和义务、国家机关的组织和活动的基本原则等根本性问题，调整社会关系最主要、最基本的方面，具有最高的法律效力，是制定其他法律的立法基础。

（2）民法

民法是调整平等主体的公民之间、法人之间、公民与法人之间财产关系和人身关系的法律规范的总和。民法主要规定自然人制度、法人制度、民事法律行为制度、代理制度、时效制度、物权制度、债权制度、人身权制度、知识产权制度、民事责任制度、婚姻家庭制度等社会经济所必需的法律制度。民法是一切市场经济国家，特别是发达国家制定最早、最完备、最为基本的法律。

（3）经济法

经济法是一个比较新兴的法律部门，经济法是调整国家干预经济活动过程中发生的经济关系的法律规范的总称。经济法大体包括两个部分的内容，一部分是创造平等竞争环境、维护市场秩序的法律，包括反垄断法、反不正当竞争法、产品质量法、消费者权益保护法；另一部分是国家宏观调控方面的法律，包括预算法、税法、审计法、会计法、银行法等。

（4）行政法

行政法是调整国家行政管理活动产生的社会关系的法律规范的总和。行政法包括行政法总则、行政主体法、行政处罚法、行政复议法、行政诉讼法及专门行政法。

（5）劳动法

劳动法是调整劳动关系，以及由此产生的其他关系的法律规范的总称。劳动法主要规定劳动合同的订立和解除程序、集体合同的签订和执行办法、工作时间和劳动报酬、安全卫生、劳动纪律及奖惩办法、劳动保险制度、工会和职工民主管理、女职工和未成年工的保护、劳动争议处理等内容。

（6）刑法

刑法是调整犯罪和刑罚的法律规范的总称。刑法调整的社会关系范围非常广泛，不仅仅局限于某一特定类型的社会关系，所有危害社会的犯罪行为都由刑法调整。

（7）诉讼法

诉讼法是规定诉讼程序的法律的总称，是指打官司时所应遵循的行为规范。诉讼法是典型的法律程序法，其任务是从程序方面保证实体法的实施。根据诉讼案件的性质，诉讼法可以分为刑事诉讼法、民事诉讼法和行政诉讼法。

(三) 法律体系

法律体系是指由一个国家的全部现行规律规范分类组合为不同的法律部门而形成的有机联系的统一整体。法律体系具有以下特点。

(1) 法律体系是部门法构成的体系，部门法是构成法律体系的基本单位。

(2) 法律体系是由一国国内法构成的体系，而不是由几个国家的法律构成。

(3) 法律体系是由一国现行法构成的体系，反映一国法律的现实情况，不包括已经废止不再有效的法律，一般也不包括尚未制定或者已经制定但尚未生效的法律。

任务二 认识物流法

任务导入：济南某大型超市向青岛某食品厂采购一批海产品，青岛某食品厂委托德信物流公司进行运输。由于暴雨导致交通阻断，物流公司迟延两天送达。在商品入库时，超市依据采购协议进行检验，发现货物没有达到合同规定的质量标准，提出退货和赔偿等要求。同时，该批货物违反国家规定的食品卫生标准，被当地执法部门依法查封。

任务要求：本案例中的法律事实有哪些？它们是行为还是事件？本案例中，哪些是物流行为法律关系？哪些是物流管理法律关系？结合本案，理解物流法律关系的构成要素。

一、物流法的概念

1. 物流法的含义

物流法是调整物流活动的法律规范的总称。根据中华人民共和国国家标准《物流术语》(GB/T 18354—2021) 规定，物流活动包括运输、储存、装卸、搬运、包装、流通加工、配送、信息处理等基本环节。

2. 我国物流立法

物流法律制度涉及采购、运输、仓储、包装、配送、流通加工等各个方面，有法律、法规、部门规章等不同层次，但是在我国，物流法还不是一个独立的法律部门，调整物流活动的法律规范散见于民法、经济法、行政法等相关法律及国际条约、国际惯例中。

二、物流法的调整对象

法的调整对象就是法所调整的社会关系。物流法的调整对象是物流关系，具体包括以下几种关系。

1. 物流主体法律关系

物流企业在设立、变更、终止和企业内部管理过程中发生的经济关系，称为物流主体法律关系。调整物流主体关系的法律主要由企业法构成，具体包括公司法、个人独资企业法、合伙企业法、外商投资企业法等。

2. 物流行为法律关系

物流主体从事的采购、运输、仓储、加工、保险等社会关系称为物流行为法律关系。调整物流行为关系的法律主要包括民法典、海商法、保险法等。

3. 物流行政监管法律关系

现代物流业涉及运输、仓储、口岸服务、贸易、信息处理等多个领域，国家发改委、交通运输部、民用航空局、商务部、海关总署等多个部门都对物流活动进行监管。调整物流监管关系的法律包括邮政法、海关法、道路交通安全法、环境保护法、危险化学品安全管理条例等。

4. 物流市场秩序维护法律关系

物流法调整市场秩序关系主要是为了规范市场行为，维护物流市场的公平竞争秩序，防止垄断。物流市场秩序维护法律主要有反不正当竞争法、产品质量法、消费者权益保护法等。

5. 物流争议解决法律关系

物流主体在从事物流活动中产生的争议可以采用仲裁、诉讼等方式解决。解决物流争议的法律主要包括仲裁法、民事诉讼法等。

三、物流法律关系

（一）物流法律关系的概念

法律关系是指法律规范在调整人们行为的过程中所形成的一种特殊的社会关系，即法律上的权利义务关系。物流法律关系是法律关系的一种表现形式，是指物流关系被物流法律规范确认和调整之后所形成的权利和义务关系。物流法律关系具有以下特征。

1. 物流法律关系是由物流法律规范确认和调整所形成的社会关系

物流法律规范是物流法律关系产生的前提和基础，没有物流法律规范的具体规定，物流法律关系就不能产生，其内容也无法实现。

2. 物流法律关系是以具体的权利和义务为内容的一种社会关系

法律关系是以权利和义务为内容的社会关系，权利和义务是法律关系的核心，物流法律关系的核心同样也是权利义务关系。

3. 物流法律关系是由国家强制力保证实施的社会关系

物流法律关系的权利义务一旦形成，即受国家强制力的保护，任何一方当事人不得违背，否则就要承担法律责任。

（二）物流法律关系的构成要素

法律关系的构成要素是指形成当事人之间权利义务关系的必要条件，任何法律关系都是由主体、客体和内容三个要素构成的，物流法律关系也不例外。物流法律关系的构成要素是指物流法律关系主体之间权利和义务关系的必要组成部分，包括物流法律关系的主体、客体和内容，这三者紧密相连，缺一不可。

1. 物流法律关系的主体

法律关系的主体即法律关系的参加者，法律关系的主体主要包括自然人和法人。物流法律关系主体即物流法主体,是指参加物流法律关系,依法享有权利、承担义务的当事人。物流法律关系的主体是构建物流法律关系的第一要素。在我国,物流法律关系的主体包括以下几类。

(1) 国家物流管理机关

国家物流管理机关是行使国家物流管理职能的各种机关的通称。国家物流管理机关依法行使对物流活动的经济管理职能,包括工商行政管理部门、商务部门、税务部门、金融部门、交通管理部门、物价管理部门、产品重量管理部门、海关等。

(2) 物流企业和其他社会组织

物流企业是物流法律关系主体中最重要、最普遍的一种类型。物流企业是依法设立的,以营利为目的的社会经济组织,包括各类法人企业和其他非法人企业。其他社会组织是指事业单位、社会团体等,它们在某些情况下也会成为物流法律关系的主体。

(3) 个体工商户、承包经营户和自然人

个体工商户、承包经营户和自然人在参加物流法律关系过程中,可以是物流服务的提供者,也可以是物流服务的接受者,因此,它们也能成为物流法律关系的主体。

2. 物流法律关系的客体

法律关系的客体是指权利和义务所指向的对象,没有法律关系的客体作为中介,就不可能形成法律关系。因此,客体是构成任何法律关系都必须具备的一个要素。物流法律关系的客体是指物流法律关系主体的权利和义务指向的对象。物流法律关系的客体主要有以下几类。

(1) 物

物是指具有一定经济价值,能为物流法律关系主体自由支配,并符合法律规定的物质资料,包括实物、货币和有价证券。

(2) 物流行为

物流行为是指物流法律关系主体为实现一定的经济目的所实施的行为,主要包括物流组织管理行为、完成一定工作的行为和提供一定劳务的行为等。物流行业的特点决定了物流行为是物流法律关系最常见的客体。

(3) 智力成果

智力成果是指人们脑力劳动所创造的非物质财富,主要包括商标、专利、专有技术、经济信息等无形资产等。

案例讨论 1-4

A 企业与 B 公司签订一份货物买卖合同,委托 C 运输公司运输,该批货物现存放在 D 仓库。关于这三个法律关系的客体是什么,小李和小张的认识不一致。

问题:分析本案例中涉及的三个法律关系的客体各自是什么,并说明理由。

3. 物流法律关系的内容

法律关系的内容是指法律关系主体所享有的权利和承担的义务。物流法律关系的内容就是物流法律关系的主体在物流法律关系中所享有的权利和承担的义务。物流法律关系的内容分为两种:经济权利和经济义务。

(1) 经济权利

经济权利是指物流法律关系主体根据物流法律、法规的规定或约定而享有为或不为一定行为,或者要求他人为或不为一定行为的权利。经济权利主要包括财产所有权、经济职权、经营管理权、知识产权等。财产所有权即所有权,是指所有者对其财产依法享有的独立支配权,包括占有、使用、收益和处分的权能。经济职权是指国家机关在行使经济管理职能时依法享有的权利,主要内容包括经济决策权、经济命令权、经济协调权、经济批准权、经济监督权等。经营管理权是财产所有权派生出来的一种权利,具体是指企业对于国家授予其经营管理的财产享有占有、使用和依法处分的权利。知识产权是人们对其创造的智力成果所享有的专有权利,主要包括商标权、专利权、著作权等。

(2) 经济义务

经济义务是指物流法律关系主体为满足权利主体的要求,依法为一定行为或不为一定行为的责任。义务可分为法定义务和约定义务,法定义务是法律明文规定义务。约定义务是参加物流法律关系时双方当事人协商议定的义务,当事人约定的义务,必须以法律为依据。物流法律关系主体的义务主要包括:严格履行合同的义务;依法纳税的义务;保证产品质量的义务;不侵犯消费者权益的义务;禁止不正当竞争的义务;尊重知识产权的义务;不侵犯商业秘密的义务等。

4. 物流法律关系的发生、变更和消灭

(1) 物流法律关系的发生、变更和消灭的概念

物流法律关系的发生是指在特定的物流法律关系主体之间形成一定的权利和义务关系。物流法律关系的变更是指已经形成的物流法律关系通过一定的法律事实而引起的变化,包括主体、客体和内容的变化。物流法律关系的终止是指物流法律关系主体之间的权利和义务的消灭。

(2) 物流法律事实

物流法律关系的发生、变更和终止都要基于一定的法律事实的出现。法律事实是指能够引起物流法律关系发生、变更和终止的客观情况。

法律事实按照是否与法律主体的主观意志有联系可以分为法律事件和法律行为两种。法律事件是指不以法律主体的意志为转移,能够引起法律关系产生、变更和终止的客观现象。具体包括两种:一种是自然事件,如地震、海啸、泥石流等;另一种是社会事件,如战争、动乱等,它们都能引起法律关系的产生、变更或终止。法律行为是指法律主体有意识的、能够引起法律关系产生、变更和终止的活动。法律行为包括合法行为和违法行为。

四、物流法律责任

(一) 法律责任的概念与种类

法律责任是指公民、法人或其他组织实施违法行为而受到的相应法律制裁。法律责任从性质上说可分为三种:民事法律责任、行政法律责任和刑事法律责任。在物流活动中,物流法律关系主体违反法律规定可能要承担的责任也包括民事法律责任、行政法律责任和刑事法律责任。

(二) 民事法律责任

1. 民事责任的概念

民事法律责任是指由于民事违法、违约行为或根据法律规定所应承担的不利民事法律后果,民事责任主要表现为一种财产上的责任。承担民事责任的主体主要是公民、法人和其他组织。

2. 民事责任的种类

承担民事法律责任的方式主要包括:停止侵害,排除妨碍,消除危险,返还财产,恢复原状、修理、重作、更换,赔偿损失,支付违约金,消除影响、恢复名誉,赔礼道歉。

(三) 行政法律责任

1. 行政责任的概念

行政法律责任是指违反行政法律法规规定的单位和个人所应承受的由国家行政机关或国家授权单位对其给予的制裁。行政责任主要是一种管理或职务上的责任。

承担行政责任的主体比较广泛,除了国家机关和国家公务人员外,还包括普通公民或其他组织、团体。

2. 行政责任的种类

行政责任的形式有以下两种。

(1) 行政处分

行政处分是指对违反法律规定的国家机关工作人员或被授权、委托的执法人员所实施的内部制裁措施,行政处分的种类主要有警告、记过、记大过、降级、撤职、开除。

(2) 行政处罚

行政处罚是指行政主体对行政相对人违反法律规范尚未构成犯罪的行为所给予的法律制裁,具体种类有警告、罚款、没收违法所得、没收非法财物、责令停产停业、暂扣或者吊销许可证、暂扣或者吊销执照、行政拘留等。其中,行政拘留属于人身自由罚,责令停产停业、暂扣或者吊销许可证、暂扣或者吊销执照属于行为罚,罚款、没收违法所得、没收非法财物属于财产罚,警告属于声誉罚。

(四) 刑事法律责任

1. 刑事责任的概念

刑事责任是行为人因实施刑法规定的犯罪行为所应承受的由国家审判机关(人民法院)依照刑事法律给予的制裁后果,是法律责任中最严厉的责任形式。刑事责任是严格的个人责任,并主要是人身责任,责任主体主要是公民,但也可以是法人。

2. 刑事责任的种类

刑事责任主要通过刑罚而实现,刑罚可以分为主刑和附加刑两类。附加刑可以附加于主刑之后作为主刑的补充,同主刑一起适用,也可以独立适用。

(1) 主刑

主刑包括管制、拘役、有期徒刑、无期徒刑、死刑。

管制是指对犯罪人不予关押,但限制其一定自由,由公安机关执行的刑罚方法。管制的期限为3个月以上2年以下。

拘役是短期剥夺犯罪人自由，就近关押并实行教育劳动改造的刑罚方法。拘役的期限为1个月以上6个月以下。

有期徒刑是指剥夺犯罪人一定期限的人身自由，并强制进行劳动和教育改造的刑罚方法。有期徒刑的期限为6个月以上15年以下。

无期徒刑是剥夺犯罪人终身自由，实行强迫劳动和教育改造的刑罚方法。被判处无期徒刑的犯罪分子，应当附加剥夺政治权利终身。

死刑是剥夺犯罪人生命的刑罚方法。对于被判处死刑的犯罪分子，应当剥夺政治权利终身。对于应当判处死刑的犯罪分子，如果不是必须立即执行的，可以判处死刑同时宣告缓期2年执行。

（2）附加刑

附加刑包括罚金、剥夺政治权利、没收财产、驱逐出境。

罚金是人民法院判处犯罪人向国家缴纳一定数额金钱的刑罚方法。

剥夺政治权利是指依法剥夺犯罪人一定期限参加管理国家和政治活动的权利的刑罚方法。剥夺政治权利是剥夺如下权利：选举权和被选举权；言论、出版、集会、结社、游行、示威自由的权利；担任国家机关职务的权利；担任国有公司、企业、事业单位和人民团体领导职务的权利。

没收财产是将犯罪分子个人所有的财产的部分或全部强制无偿地收归国有的一种刑罚方法。

驱逐出境是强迫犯罪的外国人离开中国国（边）境的一种刑罚方法。对于犯罪外国人，可以独立适用或者附加适用驱逐出境。

项目训练

知识练习

1. 基本概念

   法律　法律渊源　法律部门　法律关系

2. 选择题

   （1）法的渊源有（　　）。

   A. 宪法　　　　　B. 法律　　　　　C. 行政法规　　　　　D. 国际条约

   （2）物流法调整的社会关系包括（　　）。

   A. 物流主体关系　　　　　　　B. 物流行为关系

   C. 物流市场秩序关系　　　　　D. 物流监管关系

   （3）物流法律关系的要素包括（　　）。

   A. 主体　　　　　B. 客体　　　　　C. 内容　　　　　D. 法律事实

   （4）物流法律关系客体包括（　　）。

   A. 物　　　　　B. 物流行为　　　　　C. 智力成果　　　　　D. 经济职权

   （5）以下选项中属于法律事件的有（　　）。

   A. 地震　　　　　B. 战争　　　　　C. 海啸　　　　　D. 签订合同

(6) 法的渊源主要是指法的形式意义上的渊源，即法的创制方式和表现形式。关于我国法的渊源，下列表述正确的是（　　）。
　　A. 判例是我国重要的法律渊源
　　B. 习惯在我国法的渊源中意义重大
　　C. 特别行政区法律不属于我国法的渊源
　　D. 我国法的渊源以宪法为核心，以制定法为主
(7) 法律部门划分的主要标准是（　　）。
　　A. 法律调整对象　　B. 法律调整方法　　C. 法律体系　　D. 法律渊源
(8) 下列立法中，属于程序法的是（　　）。
　　A. 民法　　B. 民事诉讼法　　C. 仲裁法　　D. 经济法
(9) 引起财产继承关系的法律事实属于（　　）。
　　A. 行为　　B. 事件　　C. 积极行为　　D. 消极行为
(10) 下列选项中，可以成为物流法律关系主体的有（　　）。
　　A. 自然人　　B. 法人企业　　C. 其他组织　　D. 个体工商户

3. 问答题

(1) 法的渊源有哪些？
(2) 我国主要法律部门有哪些？
(3) 物流法律关系的构成要素有哪些？
(4) 什么是法律事实，包括哪几类？
(5) 法律责任包括哪几种？

案例分析

在代理一件物流运输纠纷的诉讼中，张律师为支持自己的观点，在法庭上提出了以下几个依据：①《中华人民共和国民法典》的某条规定可以支持自己的观点；②本省高级人民法院在处理一件类似的运输合同纠纷案件时所做出的判决，其结果与自己的观点一致；③《最高人民法院关于适用〈中华人民共和国民法典〉总则编若干问题的解释》中的相关规定，可以支持自己的看法；④某著名学者在其著作中的论点，与自己观点一致，该论点已经被我国法律界广泛接受。

问题：
(1) 张律师提出的 4 个依据是否可能被法庭在审判中所采纳？
(2) 正确识别适用法的渊源。

实训操作

物流活动涉及的领域比较多，我国尚未形成统一的物流法典，调整物流活动的法律散见于民法、经济法、行政法等法律法规中。请同学们查阅资料，了解我国物流方面的法律有哪些，能够正确运用物流相关法律解决物流活动中的问题。

项目二

物流企业法律制度

学习目标

知识目标

- 了解个人独资企业的概念和特征,掌握个人独资企业的设立条件,熟悉个人独资企业事务管理的方式。
- 了解合伙企业的概念特征,掌握合伙企业的设立条件和程序,熟悉合伙企业的财产及份额转让规则,掌握合伙企业的事务执行方式,掌握入伙、退伙的规则,熟悉合伙债务的承担规则。
- 了解公司的概念与特征,掌握公司的设立条件及程序,掌握公司组织机构的产生及运行规则,掌握公司资本制度,熟悉公司解散及债务承担规则。

能力目标

- 能够运用个人独资企业法的原理处理个人独资企业设立、经营过程中涉及的法律问题。
- 能够起草合伙协议书、根据合伙企业设立条件、程序处理合伙企业设立事务;能够处理入伙及退伙过程中的法律事务。
- 能够正确填写公司登记申请书、获取验资证明等材料,处理公司登记事务;能够根据公司法及章程的规定明确股东的权利和义务;能够正确处理公司股权转让、债务承担等法律事务。

企业是市场经济活动的主体,是以营利为目的的社会组织。物流企业是物流法律关系中最常见的主体,按照不同的分类标准物流企业可以分为以下几种:按照所有制划分,物流企业可分为国有企业、集体所有制企业、私营企业、外资企业;按照业务内容的不同,物流企业可分为运输型企业、仓储型企业和综合服务型企业;按照企业组织形式的不同,可以将物流企业分为个人独资企业、合伙企业、公司企业。本书主要介绍个人独资企业、合伙企业和公司企业。

任务一 个人独资企业法律制度

任务导入:顾某是一家国有企业的职工,近年来其就职企业的效益连连滑坡,面临破产。他很想自立门户创建一家独资企业,自己做老板。他根据自己的理解和一些非官方途径了解到的信息，勾勒出欲设立企业的大致情况如下。①企业名称为"香飘飘"面点制作有限责任公司，自己为该企业董事长。②听说独资企业的注册资本只要1元钱，即象征性地出一点就可以了，所以资本暂定为400元，外加一些碗筷、几把桌椅；而且注册资本越低，他承担的责任也就越少。顾某准备借用一处即将拆迁的街面房作为经营场所，到几个月后面临拆迁时再想办法解决经营场地问题。③顾某计划雇用3名左右的职工，但支付的工资中不包含社会养老金、失业保险金、医疗保险金等内容，这些项目由职工自己想办法解决。④由于企业业务较少，没必要设置账簿、配备专门的财会人员。⑤又由于顾某不太懂经营管理，所以他准备聘用一名经理来管理企业；但是又需控制经理的权力，较重大的事项均由顾某自己来决定。如果经理在外代表企业所进行的活动超越其职权对企业不利的，则由该经理自行对外负责。⑥独资企业不取得法人资格故无须登记，过几天去做一块企业的招牌挂在经营场所即可开业了。

任务要求：
(1) 顾某的想法和计划中哪些是不符合法律规定的？
(2) 结合本案，熟悉个人独资企业的特征及设立条件。

一、个人独资企业的概念和特征

个人独资企业简称个人企业，是指由一个自然人投资，全部资产为投资人所有的营利性经济组织。依照我国《个人独资企业法》规定，个人独资企业是指在中国境内设立，由一个自然人投资，财产为投资人个人所有，投资人以其个人财产对企业债务承担无限责任的经营实体。个人独资企业具有以下法律特征。

(1) 个人独资企业是由一个自然人投资的企业。
(2) 个人独资企业的财产归投资人个人所有。这里的"财产"包括投资人投入的财产和个人独资企业存续期间积累的财产。
(3) 投资人以其个人财产对企业债务承担无限责任，不具有法人资格。
(4) 个人独资企业的内部机构设置简单，经营管理方式灵活。个人独资企业的投资人既是企业的所有者，又可以是企业的经营者。

二、个人独资企业法的概念

个人独资企业法是调整个人独资企业的法律规范的总称。1999年8月30日第九届全国人大常委会第十一次会议通过了《中华人民共和国个人独资企业法》（以下简称《个人独资企业法》），该法自2000年1月1日起施行。

三、个人独资企业的设立

（一）个人独资企业的设立条件

根据《个人独资企业法》第8条的规定，设立个人独资企业应当具备下列条件。

(1) 投资人为一个自然人，并且只能是中国公民。但是，并不是所有的中国公民都可以投资设立个人独资企业。如无民事行为能力人、国家公务员、党政机关领导干部、警官、法官、检察官、商业银行工作人员等，不得作为投资人申请设立个人独资企业。

> 【难点提示】 个人投资企业的投资人
> ① 投资人只能是自然人，不包括法人。
> ② 投资人只能是具有中国国籍的自然人，不包括港、澳、台同胞（港、澳、台同胞设立的企业适用《中华人民共和国外商投资法》）。

（2）有合法的企业名称。个人独资企业的名称中不得使用"有限""有限责任"或者"公司"字样。

（3）有投资人申报的出资。投资人可以用货币、实物、土地使用权、知识产权或者其他财产权利出资。投资人可以个人财产出资，也可以家庭共有财产作为个人出资。以家庭共有财产作为个人出资的，投资人应当在设立登记申请书上予以注明，投资人以其家庭财产作为个人出资的，应当依法以家庭共有财产对企业债务承担无限责任。

（4）有固定的生产经营场所和必要的生产经营条件。

（5）有必要的从业人员。

（二）个人独资企业的设立程序

申请设立个人独资企业，应当由投资人或者其委托的代理人向个人独资企业所在地的登记机关提出申请，登记机关应当在收到设立申请文件之日起15日内，对符合法律规定条件的，予以登记，发给营业执照；对不符合法律规定条件的，不予登记。个人独资企业的营业执照的签发日期，为个人独资企业成立日期。在未领取营业执照前，投资人不得以个人独资企业名义从事经营活动。

个人独资企业设立分支机构，应当由投资人或者其委托的代理人向分支机构所在地的登记机关申请设立登记。分支机构的民事责任由设立该分支机构的个人独资企业承担。

实务操作指南
个人独资企业的注册流程

1. 需准备的材料

（1）投资人签署的《个人独资企业登记（备案）申请书》。

（2）投资人身份证明。

（3）投资人委托代理人的，应当提交投资人的委托书原件和代理人的身份证明或资格证明复印件（核对原件）。

（4）企业住所证明。

（5）《名称预先核准通知书》（设立申请前已经办理名称预先核准的须提交）。

（6）从事法律、行政法规规定须报经有关部门审批的业务的，应当提交有关部门的批准文件。

(7) 国家工商行政管理总局规定提交的其他文件。

2. 个人独资企业申请办理流程

(1) 申请：由投资人或者其委托的代理人向个人独资企业所在地登记机关申请设立登记。

(2) 受理、审查和决定：登记机关应当在收到全部文件之日起 15 日内，作出核准登记或者不予登记的决定。予以核准的，发给营业执照；不予核准的，发给企业登记驳回通知书。

四、个人独资企业的事务执行

(一) 个人独资企业事务管理的方式

个人独资企业投资人可以自行管理企业事务，也可以委托或者聘用其他具有民事行为能力的人负责企业的事务管理。投资人委托或者聘用他人管理个人独资企业事务，应当与受托人或者被聘用的人签订书面合同，明确委托的具体内容和授予的权利范围。

受托人或者被聘用的人员应当履行诚信、勤勉义务，按照与投资人签订的合同负责个人独资企业的事务管理，不得有下列行为：①利用职务上的便利，索取或者收受贿赂；②利用职务或者工作上的便利侵占企业财产；③挪用企业的资金归个人使用或者借贷给他人；④擅自将企业资金以个人名义或者以他人名义开立账户储存；⑤擅自以企业财产提供担保；⑥未经投资人同意，从事与本企业相竞争的业务；⑦未经投资人同意，同本企业订立合同或者进行交易；⑧未经投资人同意，擅自将企业商标或者其他知识产权转让给他人使用；⑨泄露本企业的商业秘密；⑩法律、行政法规禁止的其他行为。

投资人对受托人或者被聘用的人员职权的限制，不得对抗善意第三人。

案例讨论 2-1

万某因出国留学将自己的个人独资企业委托陈某管理，并授权陈某在 5 万元以内的开支和 50 万元以内的交易可自行决定。陈某受托期间实施了以下行为：①未经万某同意与不知情的某公司签订交易额为 100 万元的合同；②未经万某同意将自己的轿车以 10 万元出售给本企业；③未经万某同意向某电视台支付广告费 8 万元；④未经万某同意将企业的商标有偿转让。

问题：陈某实施的哪些行为是无效的？

(二) 个人独资企业事务管理的内容

个人独资企业应当依法设置会计账簿，进行会计核算。个人独资企业招用职工的，应当依法与职工签订劳动合同，保障职工的劳动安全，按时、足额发放职工工资。个人独资企业应当按照国家规定参加社会保险，为职工缴纳社会保险费，否则应承担法律责任。

五、个人独资企业的解散清算

（一）个人独资企业的解散

个人独资企业解散的原因包括：①投资人决定解散；②投资人死亡或者被宣告死亡，无继承人或者继承人决定放弃继承；③被依法吊销营业执照；④法律、行政法规规定的其他情形。

（二）个人独资企业的清算

个人独资企业解散时，应当进行清算。《个人独资企业法》规定，个人独资企业解散，由投资人自行清算或者由债权人指定清算人进行清算。

投资人自行清算的，应当在清算前15日内书面通知债权人，无法通知的，应当予以公告。债权人应当在接到通知之日起30日内，未接到通知的应当在公告之日起60日内，向投资人申报其债权。

个人独资企业解散后，原投资人对个人独资企业存续期间的债务仍应承担偿还责任，但债权人在5年内未向债务人提出偿债请求的，该责任消灭。

个人独资企业解散的，应当按照下列顺序清偿债务：①所欠职工工资和社会保险费用；②所欠税款；③其他债务。

个人独资企业财产不足以清偿债务的，投资人应当以其个人其他财产予以清偿。

清算期间，个人独资企业不得开展与清算目的无关的经营活动。在按前述财产清偿顺序清偿债务前，投资人不得转移、隐匿财产。

个人独资企业清算结束后，投资人或者人民法院指定的清算人应当编制清算报告，并于清算结束之日起15日内向原登记机关申请注销登记。经登记机关注销登记，个人独资企业终止。

案例讨论 2-2

王先生从自己所有的150万元资产中拿出100万元开办了一家物流个人独资企业，因王先生不善经营而未获收益，且欠下180万元的债务，债权人主张债权时，企业的100万元财产不足以清偿180万元的债务。王先生与父母共同居住，父母有存款60万，住房一套。

问题：

（1）该项债务的清偿责任应如何确定？

（2）债权人能否要求王先生的父母偿还该债务？

任务二　合伙企业法律制度

任务导入：王某、周某、李某、杜某决定合伙做生意，成立一家普通合伙企业。其中，王某是县财政局的科长。四人签订了合伙协议，约定：①企业名称为大鹏汽车修理部；②王某以货币出资10万元，周某用店面出资折算为5万元，杜某以自己的修车技术出资折算为5万元，李某则负责经营，其劳务折算出资5万元；③企业若有盈利，则大家平分；若有亏损，则与李某无关，其余三人平摊。④企业解散时，各自收回自己的出资。

合伙协议经全体签字后，3月20日，李某持该协议向县工商局申请设立登记，县工商局于5月12日电话告知李某，因条件不符，不予登记。

任务要求：
(1) 本案中合伙人身份是否合格，为什么？
(2) 该合伙协议内容是否合法？
(3) 该企业设立程序中存在哪些问题？
(4) 结合本案，熟悉普通合伙企业设立的条件及程序。

一、合伙企业的概念和特征

(一) 合伙企业的概念

合伙企业是指自然人、法人和其他组织依照《合伙企业法》在中国境内设立的普通合伙企业和有限合伙企业。普通合伙企业由普通合伙人组成，合伙人对合伙企业债务承担无限连带责任。有限合伙企业由普通合伙人和有限合伙人组成，普通合伙人对合伙企业债务承担无限连带责任，有限合伙人以其认缴的出资额为限对合伙企业债务承担责任。

(二) 合伙企业的特征

(1) 合伙企业以合伙协议为成立的法律基础。
(2) 合伙企业须由全体合伙人共同出资，共同经营。
(3) 合伙人共负盈亏，共担风险，普通合伙人对合伙企业债务承担无限连带责任，有限合伙人以其认缴的出资额为限对合伙企业债务承担责任。

二、合伙企业法的概念

合伙企业法是指调整合伙企业合伙关系的法律规范的总称。1997年2月23日第八届全国人民代表大会常务委员会第24次会议通过了《中华人民共和国合伙企业法》(以下简称《合伙企业法》)，2006年8月27日第十届全国人民代表大会常务委员会第23次会议对该法进行了修订，修订后的合伙企业法自2007年6月1日起实施。

三、普通合伙企业

(一) 普通合伙企业的设立

1. 普通合伙企业的设立条件

《合伙企业法》规定，设立合伙企业应当具备下列条件。

(1) 有两个以上合伙人。自然人、法人和其他组织都可以依法成为普通合伙企业的合伙人。合伙人为自然人的，应当具有完全民事行为能力，无民事行为能力人和限制民事行为能力人不得成为合伙企业的合伙人。法律、行政法规规定禁止从事营利性活动的人，不得成为合伙企业的合伙人。国有独资公司、国有企业以及公益性的事业单位、社会团体不得成为普通合伙人。

（2）有书面合伙协议。合伙协议应当载明下列事项：合伙企业的名称和主要经营场所的地点；合伙目的和合伙经营范围；合伙人的姓名或者名称、住所；合伙人的出资方式、数额和缴付期限；利润分配、亏损分担方式；合伙事务的执行；入伙与退伙；争议解决办法；合伙企业的解散与清算；违约责任等。协议经全体合伙人签名、盖章后生效。

实务操作指南

合伙协议范本

第一章 总则

第一条 根据《合伙企业法》及有关法律、行政法规、规章的有关规定，经协商一致订立本协议。

第二条 本企业为普通合伙企业，是根据协议自愿组成的共同经营体。全体合伙人愿意遵守国家有关的法律、法规、规章，依法纳税，守法经营。

第三条 本协议条款与法律、行政法规、规章不符的，以法律、行政法规、规章的规定为准。

第四条 本协议经全体合伙人签名、盖章后生效。合伙人按照合伙协议享有权利，履行义务。

第二章 合伙企业的名称和主要经营场所的地点

第五条 合伙企业名称：_____。

第六条 企业经营场所：_____。

第三章 合伙目的和合伙经营范围（及合伙期限）

第七条 合伙目的：为了保护全体合伙人的合伙权益，使本合伙企业取得最佳经济效益。（注：可根据实际情况，另行描述）

第八条 合伙经营范围：_____。

（注：参照《国民经济行业分类标准》具体填写。合伙经营范围用语不规范的，以企业登记机关根据前款加以规范、核准登记的为准。合伙经营范围变更时依法向企业登记机关办理变更登记）

第九条 合伙期限为××年。

（注：合伙协议约定合伙期限的，增加本条）

第四章 合伙人的姓名或者名称、住所

第十条 合伙人共_____个，分别是：

1. _____

　住所（址）：_____

　证件名称：_____

　证件号码：_____

2. _____

　住所（址）：_____

　证件名称：_____

　证件号码：_____

以上合伙人为自然人的，都具有完全民事行为能力。

第五章 合伙人的出资方式、数额和缴付期限

第十一条 合伙人的出资方式、数额和缴付期限。

1. 合伙人：_____

以货币出资_____万元，以_____（实物、知识产权、土地使用权、劳务或其他非货币财产权利，根据实际情况选择）作价出资_____万元，总认缴出资_____万元，占注册资本的_____%。

首期实缴出资_____万元，在申请合伙企业设立登记前缴纳，其余认缴出资在领取营业执照之日起_____个月内缴足。

2. 合伙人：_____

以货币出资_____万元，以_____（实物、知识产权、土地使用权、劳务或其他非货币财产权利，根据实际情况选择）作价出资_____万元，总认缴出资_____万元，占注册资本的_____%。

首期实缴出资_____万元，在申请合伙企业设立登记前缴纳，其余认缴出资在领取营业执照之日起_____个月内缴足。

（注：可续写，以非货币财产出资的，依照法律、行政法规的规定，需要办理财产权转移手续的，应当依法办理）

第六章 利润分配、亏损分担方式

第十二条 合伙企业的利润分配，按如下方式分配：

_____。

第十三条 合伙企业的亏损分担，按如下方式分担：

_____。

（注：不得约定将全部利润分配给部分合伙人或者由部分合伙人承担全部亏损。合伙协议未约定或者约定不明确的，由合伙人协商决定；协商不成立的，由合伙人按照实缴出资比例分配、分担；无法确定出资比例的，由合伙人平均分配、分担。）

第七章 合伙事务的执行

第十四条 合伙人对执行合伙事务享有同等的权利。

经全体合伙人决定（注：也可依据《合伙企业法》第二十六条的规定在本条约定其他决定方式，例如"经三分之二以上合伙人决定"），委托（列出所委托合伙人）执行合伙事务；其中法人合伙人1委派_____、其他组织合伙人1委派_____（注：可根据实际续写，如无非自然人合伙人，此内容删去）代表其执行合伙事务，其他合伙人不再执行合伙事务（注：如果全体合伙人都执行合伙事务，此内容应删除）。执行合伙事务的合伙人对外代表企业。

第十五条 不执行合伙事务的合伙人有权监督执行事务合伙人执行合伙事务的情况。执行事务合伙人应当定期向其他合伙人报告事务执行情况，以及合伙企业的经营和财务状况，其执行合伙事务所产生的收益归合伙企业，所产生的费用和亏损由合伙企业承担。

第十六条 合伙人分别执行合伙事务的，执行事务合伙人可以对其他合伙人执行的事务提出异议。提出异议时，暂停该事务的执行。如果发生争议，依照本协议第十

六条的规定作出表决。受委托执行合伙事务的合伙人不按照合伙协议的决定执行事务的，其他合伙人可以决定撤销该委托。

第十七条　合伙人对合伙企业有关事项作出决议，实行合伙人一人一票并经全体合伙人过半数通过的表决办法。

（注：也可依据《合伙企业法》第三十条的规定在本条约定其他表决办法）

第十八条　合伙企业的下列事项应当经全体合伙人一致同意（注：也可依据《合伙企业法》第三十一条的规定在本条约定其他同意方式，例如约定下列全部或某一事项"应当经三分之二以上合伙人同意"或"经全体合伙事务执行人一致同意"等）：

（一）改变合伙企业的名称；

（二）改变合伙企业的经营范围、主要经营场所的地点；

（三）处分合伙企业的不动产；

（四）转让或者处分合伙企业的知识产权和其他财产权利；

（五）以合伙企业名义为他人提供担保；

（六）聘任合伙人以外的人担任合伙企业的经营管理人员。

第十九条　合伙人不得自营或者同他人合作经营与本合伙企业相竞争的业务。除经全体合伙人一致同意（注：也可依据《合伙企业法》第三十二条的规定在本条约定其他同意方式）外，合伙人不得同本合伙企业进行交易。

第二十条　合伙人经全体合伙人决定，可以增加或者减少对合伙企业的出资。（注：也可依据《合伙企业法》第三十四条的规定在本条约定合伙人是否可以增加或减少对合伙企业的出资；如果可以，也可约定其他决定方式）

第八章　入伙与退伙

第二十一条　新合伙人入伙，经全体合伙人一致同意（注：也可依据《合伙企业法》第四十三条的规定在本条约定其他同意方式），依法订立书面入伙协议。订立入伙协议时，原合伙人应当向新合伙人如实告知原合伙企业的经营状况和财物状况。入伙的新合伙人与原合伙人享有同等权利，承担同等责任（注：也可依据《合伙企业法》第四十四条的规定在本条约定新合伙人的其他权利和责任）。新合伙人对入伙前合伙企业的债务承担无限连带责任。

第二十二条　有《合伙企业法》第四十五条规定的情形之一的，合伙人可以退伙。（注：合伙协议约定合伙期限的，保留；否则，删除）

合伙人在不给合伙企业事务执行造成不利影响的情况下，可以退伙，但应当提前三十日通知其他合伙人。（注：合伙协议未约定合伙期限的，保留；否则，删除）

合伙人违反《合伙企业法》第四十五，或四十六条规定退伙的，应当赔偿由此给合伙企业造成的损失。

第二十三条　合伙人有《合伙企业法》第四十八条规定的情形之一的，当然退伙。

合伙人被依法认定为无民事行为能力人或者限制民事行为能力人的，经其他合伙人一致同意，可以依法转为有限合伙人，普通合伙企业依法转为有限合伙企业。其他合伙人未能一致同意的，该无民事行为能力或者限制民事行为能力的合伙人退伙。

退伙事由实际发生之日为退伙生效日。

第二十四条 合伙人有《合伙企业法》第四十九条规定的情形之一的，经其他合伙人一致同意，可以决议将其除名。

对合伙人的除名决议应当书面通知被除名人。被除名人接到除名通知之日，除名生效，被除名人退伙。被除名人对除名决议有异议的，可以自接到除名通知之日起三十日内，向人民法院起诉。

第二十五条 合伙人死亡或者被依法宣告死亡的，对该合伙人在合伙企业中的财产份额享有合法继承权的继承人，经全体合伙人一致同意（注：也可依据《合伙企业法》第五十条的规定在本条约定其他同意方式），从继承开始之日起，取得该合伙企业的合伙人资格。

有《合伙企业法》第五十条规定的情形之一，合伙企业应当向合伙人的继承人退还被继承合伙人的财产份额。

合伙人的继承人为无民事行为能力人或者限制民事行为能力人的，经全体合伙人一致同意，可以依法成为有限合伙人，普通合伙企业依法转为有限合伙企业。全体合伙人未能一致同意的，合伙企业应当将被继承合伙人的财产份额退还该继承人。经全体合伙人决定，可以退还货币，也可以退还实物（注：也可依据《合伙企业法》第五十二条的规定在本条约定其他退还办法）。

第二十六条 退伙人对基于其退伙前的原因发生的合伙企业债务，承担无限连带责任。合伙人退伙时，合伙企业财产少于合伙企业债务的，退伙人应当依照本协议第十一条的规定分担亏损。

第九章 争议解决办法

第二十七条 合伙人履行合伙协议发生争议的，合伙人可以通过协商或者调解解决。不愿通过协商、调解解决或者协商、调解不成的，可以按照合伙协议约定的仲裁条款或者事后达成的书面仲裁协议，向仲裁机构申请仲裁。合伙协议中未订立仲裁条款，事后又没有达成书面仲裁协议的，可以向人民法院起诉。

第十章 合伙企业的解散与清算

第二十八条 合伙企业有下列情形之一的，应当解散：

（一）合伙期限届满，合伙人决定不再经营；
（二）合伙协议约定的解散事由出现；
（三）全体合伙人决定解散；
（四）合伙人已不具备法定人数满三十天；
（五）合伙协议约定的合伙目的已经实现或者无法实现；
（六）依法被吊销营业执照、责令关闭或者被撤销；
（七）法律、行政法规规定的其他原因。

第二十九条 合伙企业清算办法应当按《合伙企业法》的规定进行清算。

清算期间，合伙企业存续，不得开展与清算无关的经营活动。

合伙企业财产在支付清算费用和职工工资、社会保险费用、法定补偿金，以及缴纳所欠税款、清偿债务后的剩余财产，依照第十一条的规定进行分配。

第三十条 清算结束后，清算人应当编制清算报告，经全体合伙人签名、盖章后，在十五日内向企业登记机关报送清算报告,申请办理合伙企业注销登记。

第十一章 违约责任

第三十一条 合伙人违反合伙协议的,应当依法承担违约责任。

第十二章 其他事项

第三十二条 经全体合伙人协商一致(注:也可根据《合伙企业法》第十九条第二款另行约定),可以修改或者补充合伙协议。

第三十三条 本协议一式_____份,合伙人各持一份,并报合伙企业登记机关一份。(注:此条供合伙人参考,设立合伙企业必须依法向企业登记机关提交合伙协议)

本协议未尽事宜,按国家有关规定执行。

全体合伙人签名、盖章:(注:可选择。合伙人为自然人的应签名,合伙人为法人、其他组织的应加盖公章)

年 月 日

(3) 有合伙人认缴或者实际缴付的出资。合伙人可以用货币、实物、知识产权、土地使用权或者其他财产权利出资,也可以用劳务出资。合伙人以实物、知识产权、土地使用权或者其他财产权利出资,需要评估作价的,可以由全体合伙人协商确定,也可以由全体合伙人委托法定评估机构评估。合伙人以劳务出资的,其评估办法由全体合伙人协商确定,并在合伙协议中载明。

以非货币财产出资的,依照法律、行政法规的规定,需要办理财产权转移手续的,应当依法办理。

(4) 有合伙企业的名称和生产经营场所。普通合伙企业名称中应当标明"普通合伙"字样。

(5) 法律、行政法规规定的其他条件。

2. 普通合伙企业设立的程序

申请设立合伙企业,应当向企业登记机关提交登记申请书、合伙协议书、合伙人身份证明等文件。企业登记机关应当自受理申请之日起 20 日内,做出是否登记的决定。予以登记的,发给营业执照;不予登记的,应当给予书面答复,并说明理由。

合伙企业的营业执照签发日期,为合伙企业成立日期。合伙企业领取营业执照前,合伙人不得以合伙企业名义从事合伙业务。

实务操作指南

合伙企业的注册流程

1. 需准备的材料

(1) 全体合伙人签署的合伙企业登记(备案)申请书。

(2) 全体合伙人的主体资格证明或者自然人的身份证明。

(3) 全体合伙人指定代表或者共同委托代理人的委托书。

(4) 全体合伙人签署的合伙协议。

(5) 全体合伙人签署的对各合伙人缴付出资的确认书。

(6) 主要经营场所证明。

(7) 名称预先核准通知书(设立申请前已经办理名称预先核准的须提交)。

(8) 全体合伙人签署的委托执行事务合伙人的委托书;执行事务合伙人是法人或其他组织的,还应当提交其委派代表的委托书和身份证明复印件(核对原件)。

(9) 以非货币形式出资的,提交全体合伙人签署的协商作价确认书或者经全体合伙人委托的法定评估机构出具的评估作价证明。

(10) 法律、行政法规或者国务院规定设立合伙企业须经批准的,或者从事法律、行政法规或者国务院决定规定在登记前须经批准的经营项目,须提交有关批准文件。

(11) 法律、行政法规规定设立特殊的普通合伙企业需要提交合伙人的职业资格证明的,提交相应证明。

(12) 国家工商行政管理总局规定提交的其他文件。

2. 合伙企业注册流程

(1) 申请:由全体合伙人指定的代表或者共同委托的代理人向企业登记机关申请设立登记。

(2) 受理、审查和决定:申请人提交的登记申请材料齐全、符合法定形式,企业登记机关能够当场登记的,应予当场登记,发给合伙企业营业执照。

除前款规定情形外,企业登记机关应当自受理申请之日起20日内,作出是否登记的决定。予以登记的,发给合伙企业营业执照;不予登记的,应当给予书面答复,并说明理由。

(二) 普通合伙企业的财产

普通合伙企业财产的财产包括三个部分:一是合伙人的出资;二是以合伙企业名义取得的收益;三是合伙企业依法取得的其他财产。

合伙人在合伙企业清算前,不得请求分割合伙企业的财产;但是,法律另有规定的除外。合伙人在合伙企业清算前私自转移或者处分合伙企业财产的,合伙企业不得以此对抗善意第三人。

除合伙协议另有约定外,合伙人向合伙人以外的人转让其在合伙企业中的全部或者部分财产份额时,须经其他合伙人一致同意。合伙人之间转让在合伙企业中的全部或者部分财产份额时,应当通知其他合伙人。合伙人向合伙人以外的人转让其在合伙企业中的财产份额的,在同等条件下,其他合伙人有优先购买权;但是,合伙协议另有约定的除外。合伙人以外的人依法受让合伙人在合伙企业中的财产份额的,经修改合伙协议即成为合伙企业的合伙人,依照《合伙企业法》和修改后的合伙协议享有权利,履行义务。

合伙人以其在合伙企业中的财产份额出质的,须经其他合伙人一致同意;未经其他合伙人一致同意,其行为无效,由此给善意第三人造成损失的,由行为人依法承担赔偿责任。

(三)普通合伙企业事务的执行

1. 普通合伙企业事务执行的方式

根据《合伙企业法》的规定,合伙人执行合伙企业事务可以有两种形式:一是全体合伙人共同执行合伙企业事务;二是按照合伙协议约定或者全体合伙人的决定,委托1名或者数名合伙人执行合伙事务。采取第二种形式的,其他合伙人不再执行合伙企业事务。不参加执行事务的合伙人有权监督执行事务的合伙人,检查其执行合伙事务的情况。执行事务的合伙人应当向其他不参加执行事务的合伙人报告事务执行情况以及合伙的经营状况和财务状况,其执行合伙企业事务所产生的收益归全体合伙人,所产生的亏损或者民事责任,由全体合伙人承担。被委托执行合伙企业事务的合伙人不按照合伙协议或者合体合伙人的决定执行事务的,其他合伙人可以决定撤销该委托。

合伙企业对合伙人执行合伙事务以及对外代表合伙企业权利的限制,不得对抗善意第三人。

除合伙协议另有约定外,合伙企业的下列事务必须经全体合伙人一致同意:改变合伙企业的名称;改变合伙企业的经营范围、主要经营场所的地点;处分合伙企业的不动产;转让或者处分合伙企业的知识产权和其他财产权利;以合伙企业名义为他人提供担保;聘任合伙人以外的人担任合伙企业的经营管理人员。

2. 普通合伙人在执行合伙事务中的权利义务

(1) 普通合伙人的权利

合伙企业法对于合伙人权利的规定主要包括:①合伙人对执行合伙事务享有同等的权利;②不执行合伙事务的合伙人有权监督执行合伙事务合伙人执行合伙事务的情况;③合伙人有权随时了解企业的经营状况,为了解合伙企业的经营状况和财务状况,有权查阅合伙企业的会计账簿等财务资料;④合伙人分别执行合伙事务的,执行事务合伙人可以对其他合伙人执行的事务提出异议。提出异议时,应当暂停该项事务的执行。⑤受委托执行合伙事务的合伙人不按照合伙协议或者全体合伙人的决定执行事务的,其他合伙人可以决定撤销该委托。

(2) 普通合伙人的义务

合伙人的义务主要包括以下三个方面:①执行合伙事务的合伙人应当定期向其他不执行合伙事务的合伙人报告事务执行情况以及合伙企业的经营和财务状况;②合伙人不得自营或者同他人合作经营与本合伙企业相竞争的业务;③除合伙协议另有约定或者经全体合伙人一致同意外,合伙人不得同本合伙企业进行交易;④不得从事损害本企业利益的活动。

案例讨论 2-3

某合伙企业共有6个合伙人,合伙协议约定由甲执行合伙企业事务,对外代表合伙企业,甲须一年向其他合伙人报告两次事务执行情况,以及合伙企业的经营状况、财务状况。甲在两年多时间内没有召开合伙人会议,报告合伙企业情况,并自行聘请了合伙人之外的第三人做经理,甲还自行以合伙企业的名义为他人担保,后因债务人丧失清偿能力,导致合伙企业被追究担保责任。

问题:甲的行为违反了哪些法律规定?应承担什么法律责任?

(四)普通合伙企业的利润分配与亏损分担

合伙企业的利润分配、亏损分担,按照合伙协议的约定办理;合伙协议未约定或者约定不明确的,由合伙人协商决定;协商不成的,由合伙人按照实缴出资比例分配、分担;无法确定出资比例的,由合伙人平均分配、分担。合伙协议不得约定将全部利润分配给部分合伙人或者由部分合伙人承担全部亏损。

(五)普通合伙企业的债务清偿

合伙企业对其债务,应先以其全部财产进行清偿。合伙企业不能清偿到期债务的,合伙人承担无限连带责任。合伙人由于承担无限连带责任,清偿数额超过其亏损分担比例的,有权向其他合伙人追偿。

合伙人发生与合伙企业无关的债务,相关债权人不得以其债权抵销其对合伙企业的债务;也不得代位行使合伙人在合伙企业中的权利。

合伙人的自有财产不足清偿其与合伙企业无关的债务的,该合伙人可以以其从合伙企业中分取的收益用于清偿;债权人也可以依法请求人民法院强制执行该合伙人在合伙企业中的财产份额用于清偿。人民法院强制执行合伙人的财产份额时,应当通知全体合伙人,其他合伙人有优先购买权;其他合伙人未购买,又不同意将该财产份额转让给他人的,依照法律规定为该合伙人办理退伙结算,或者办理削减该合伙人相应财产份额的结算。

(六)普通合伙企业的入伙、退伙

1. 入伙

入伙是指合伙企业成立以后,合伙人以外的第三人加入合伙企业,取得合伙人资格的行为。新合伙人入伙,除合伙协议另有约定外,应当经全体合伙人一致同意,并依法订立书面入伙协议。订立入伙协议时,原合伙人应当向新合伙人如实告知原合伙企业的经营状况和财务状况。入伙的新合伙人与原合伙人享有同等权利,承担同等责任。入伙协议另有约定的,从其约定。新合伙人对入伙前合伙企业的债务承担无限连带责任。

2. 退伙

退伙就是合伙人退出合伙企业,不再具有合伙人的资格。退伙一般包括自愿退伙、法定退伙和除名退伙。

(1)自愿退伙。自愿退伙是指合伙人按照自己的意愿而退出合伙。自愿退伙的原因包括两种情况:第一种情况是合伙协议约定合伙企业的经营期限的,如果有下列情形之一,合伙人可以退伙:合伙协议约定的退伙事由出现;经全体合伙人同意退伙;发生合伙人难以继续参加合伙企业的事由;其他合伙人严重违反合伙协议约定的义务。第二种情况为合伙协议未约定合伙企业的经营期限的,合伙人在不给合伙企业事务造成不利影响的情况下,可以退伙,但应当提前30日通知其他合伙人。

(2)法定退伙。法定退伙也称为当然退伙,是指根据法律规定的原因而出现的退伙。《合伙企业法》第48条规定,合伙人有下列情形之一的,当然退伙:作为合伙人的自然人死亡或者被依法宣告死亡;个人丧失偿债能力;作为合伙人的法人或者其他组织依法被吊销营业执照、责令关闭撤销,或者被宣告破产;法律规定或者合伙协议约定合伙人必须具有相关资格而丧失该资格；合伙人在合伙企业中的全部财产份额被人民法院强制执行。

合伙人被依法认定为无民事行为能力人或者限制民事行为能力人的，经其他合伙人一致同意，可以依法转为有限合伙人，普通合伙企业依法转为有限合伙企业。其他合伙人未能一致同意的，该无民事行为能力或者限制民事行为能力的合伙人退伙。

合伙人死亡或者被依法宣告死亡的，对该合伙人在合伙企业中的财产份额享有合法继承权的继承人，按照合伙协议的约定或者经全体合伙人一致同意，从继承开始之日起，取得该合伙企业的合伙人资格。

有下列情形之一的，合伙企业应当向合伙人的继承人退还被继承合伙人的财产份额：继承人不愿意成为合伙人；法律规定或者合伙协议约定合伙人必须具有相关资格，而该继承人未取得该资格；合伙协议约定不能成为合伙人的其他情形。

合伙人的继承人为无民事行为能力人或者限制民事行为能力人的，经全体合伙人一致同意，可以依法成为有限合伙人，普通合伙企业依法转为有限合伙企业。全体合伙人未能一致同意的，合伙企业应当将被继承合伙人的财产份额退还该继承人。

（3）除名退伙。合伙人有下列情形之一的，经其他合伙人一致同意，可以决议将其除名：未履行出资义务；因故意或者重大过失给合伙企业造成损失；执行合伙企业事务有不正当行为；合伙协议约定的其他事由。

对合伙人的除名决议应当书面通知被除名人。被除名人接到除名通知之日，除名生效，被除名人退伙。被除名人对除名决议有异议的，可以自接到除名通知之日起30日内，向人民法院起诉。

（4）退伙的法律后果。合伙人退伙，其他合伙人应当与该退伙人按照退伙时的合伙企业财产状况进行结算，退还退伙人的财产份额。退伙人对给合伙企业造成的损失负有赔偿责任的，相应扣减其应当赔偿的数额。

退伙时有未了结的合伙企业事务的，待该事务了结后进行结算。

退伙人在合伙企业中财产份额的退还办法，由合伙协议约定或者由全体合伙人决定，可以退还货币，也可以退还实物。

退伙人对基于其退伙前的原因发生的合伙企业债务，承担无限连带责任。

合伙人退伙时，合伙企业财产少于合伙企业债务的，退伙人应当依照法律规定分担亏损。

案例讨论 2-4

王某、李某、吴某三人设立一家物流合伙企业，2021年8月，该合伙企业欠某公司货款30万元。同年12月，吴某经李某与王某同意退伙，依约承担了15万元的合伙债务。2022年2月，蔡某经王某与李某同意入伙，并约定蔡某对入伙前该合伙企业所欠债务不承担责任。同年10月，某公司要求四人对30万元债务承担连带还款责任，吴某主张其只应归还15万元，蔡某主张其没有还款责任。各方发生纠纷。

问题：吴某与蔡某对合伙企业的债务是否应承担连带还款责任？为什么？

四、有限合伙企业

(一) 有限合伙企业的设立

设立有限合伙企业,应符合以下条件。

(1) 有限合伙企业由2个以上50个以下合伙人设立,法律另有规定的除外。有限合伙企业至少应当有1个普通合伙人。国有独资公司、国有企业以及公益性的事业单位、社会团体不得成为有限合伙企业的普通合伙人。

(2) 有限合伙企业名称中应当标明"有限合伙"字样,不得使用"有限公司""有限责任公司"等字样。

(3) 有限合伙企业的合伙协议除符合普通合伙协议要求外,还应当载明下列事项:普通合伙人和有限合伙人的姓名或者名称、住所;执行事务合伙人应具备的条件和选择程序;执行事务合伙人权限与违约处理办法;执行事务合伙人的除名条件和更换程序;有限合伙人入伙、退伙的条件、程序以及相关责任;有限合伙人和普通合伙人相互转变程序。

(4) 有限合伙人可以用货币、实物、知识产权、土地使用权或者其他财产权利作价出资,但有限合伙人不得以劳务出资。

有限合伙人应当按照合伙协议的约定按期足额缴纳出资;未按期足额缴纳的,应当承担补缴义务,并对其他合伙人承担违约责任。有限合伙企业登记事项中应当载明有限合伙人的姓名或者名称及认缴的出资数额。

(二) 有限合伙企业事务的执行

有限合伙企业由普通合伙人执行合伙事务。执行事务的合伙人可以要求在合伙协议中确定执行事务的报酬及报酬提取方式。

有限合伙人不执行合伙事务,不得对外代表有限合伙企业。有限合伙人的下列行为,不视为执行合伙事务:参与决定普通合伙人入伙、退伙;对企业的经营管理提出建议;参与选择承办有限合伙企业审计业务的会计师事务所;获取经审计的有限合伙企业财务会计报告;对涉及自身利益的情况,查阅有限合伙企业财务会计账簿等财务资料;在有限合伙企业中的利益受到侵害时,向有责任的合伙人主张权利或者提起诉讼;执行事务合伙人怠于行使权利时,督促其行使权利或者为了本企业的利益以自己的名义提起诉讼;依法为本企业提供担保。

(三) 有限合伙人的权利及与第三人的关系

除合伙协议另有约定外,有限合伙人可以同本有限合伙企业进行交易;有限合伙人可以自营或者同他人合作经营与本有限合伙企业相竞争的业务;有限合伙人可以将其在有限合伙企业中的财产份额出质。

有限合伙人可以按照合伙协议的约定向合伙人以外的人转让其在有限合伙企业中的财产份额,但应当提前30日通知其他合伙人。

有限合伙人的自有财产不足清偿其与合伙企业无关的债务的,该合伙人可以以其从有限合伙企业中分取的收益用于清偿;债权人也可以依法请求人民法院强制执行该合伙人在有限合伙企业中的财产份额用于清偿。人民法院强制执行有限合伙人的财产份额时,应当通知全体合伙人。在同等条件下，其他合伙人有优先购买权。

第三人有理由相信有限合伙人为普通合伙人并与其交易的，该有限合伙人对该笔交易承担与普通合伙人同样的责任。

有限合伙人未经授权以有限合伙企业名义与他人进行交易，给有限合伙企业或者其他合伙人造成损失的，该有限合伙人应当承担赔偿责任。

案例讨论 2-5

甲、乙共同出资设立 A 有限合伙企业，甲出资 10 万元，为有限合伙人，乙出资 5 万元为普通合伙人。丙欲与 A 企业建立业务关系，多次到 A 企业进行洽谈，每次都是甲进行接待，并洽谈业务细节，乙有时在场，但并没有告知丙甲的有限合伙人的身份，甲以 A 有限合伙企业的名义与丙签订了三次合同，前两次均已付款。丙第三次发货后，A 企业拒绝付款。

问题：甲是否应对该债务承担无限连带责任？

（四）有限合伙企业的入伙与退伙

新入伙的有限合伙人对入伙前有限合伙企业的债务，以其认缴的出资额为限承担责任。

有限合伙人有以下情形之一的，当然退伙：作为合伙人的自然人死亡或者被依法宣告死亡；作为合伙人的法人或者其他组织依法被吊销营业执照、责令关闭撤销，或者被宣告破产；法律规定或者合伙协议约定合伙人必须具有相关资格而丧失该资格；合伙人在合伙企业中的全部财产份额被人民法院强制执行。

作为有限合伙人的自然人在有限合伙企业存续期间丧失民事行为能力的，其他合伙人不得因此要求其退伙。

作为有限合伙人的自然人死亡、被依法宣告死亡或者作为有限合伙人的法人及其他组织终止时，其继承人或者权利承受人可以依法取得该有限合伙人在有限合伙企业中的资格。

有限合伙人退伙后，对基于其退伙前的原因发生的有限合伙企业债务，以其退伙时从有限合伙企业中取回的财产承担责任。

（五）有限合伙人与普通合伙人的资格转换

除合伙协议另有约定外，普通合伙人转变为有限合伙人，或者有限合伙人转变为普通合伙人，应当经全体合伙人一致同意。

有限合伙人转变为普通合伙人的，对其作为有限合伙人期间有限合伙企业发生的债务承担无限连带责任。

普通合伙人转变为有限合伙人的，对其作为普通合伙人期间合伙企业发生的债务承担无限连带责任。

案例讨论 2-6

甲、乙、丙、丁成立一个物流有限合伙企业，其中甲、乙为普通合伙人，丙、丁为有限合伙人。一年后甲转为有限合伙人，丙转为普通合伙人。此前，合伙企业欠银行 50 万元，该债务直至合伙企业被宣告破产仍未偿还。

问题：甲、乙、丙、丁四个合伙人对该50万元债务应如何承担清偿责任？

【难点提示】 普通合伙人与有限合伙人的区别（表2-1）

表 2-1

项目	普通合伙人	有限合伙人
合伙人资格	自然人、法人和其他组织都可以依法成为普通合伙企业的合伙人。但是，国有独资公司、国有企业以及公益性的事业单位、社会团体不得成为有限合伙企业的普通合伙人	自然人、法人和其他组织均可成为有限合伙人
承担的责任	对合伙企业债务承担无限连带责任	以其认缴的出资额为限对合伙企业债务承担责任
经营管理权	普通合伙人执行合伙事务	有限合伙人不执行合伙事务，不得对外代表有限合伙企业
出资方式	可以用货币、实物、知识产权、土地使用权或者其他财产权利出资，也可以用劳务出资	可以用货币、实物、知识产权、土地使用权或者其他财产权利作价出资，但不得以劳务出资
竞业禁止义务	不得自营或者同他人合作经营与本合伙企业相竞争的业务	可以自营或者同他人合作经营与本有限合伙企业相竞争的业务，合伙协议另有约定的除外
自我交易义务	除合伙协议另有约定或者经全体合伙人一致同意外，普通合伙人不得同本合伙企业进行交易	有限合伙人可以同本有限合伙企业进行交易
合伙份额出质	普通合伙人以其在合伙企业中的财产份额出质的，须经其他合伙人一致同意；未经其他合伙人一致同意，其行为无效，由此给善意第三人造成损失的，由行为人依法承担赔偿责任	有限合伙人可以将其在有限合伙企业中的财产份额出质
合伙份额转让	除合伙协议另有约定外，普通合伙人向合伙人以外的人转让其在合伙企业中的全部或者部分财产份额时，须经其他合伙人一致同意	有限合伙人可以按照合伙协议的约定向合伙人以外的人转让其在有限合伙企业中的财产份额，但应当提前30日通知其他合伙人
入伙责任	新入伙的普通合伙人对入伙前合伙企业的债务承担无限连带责任	新入伙的有限合伙人对入伙前有限合伙企业的债务，以其认缴的出资额为限承担责任
退伙责任	普通合伙人对退伙前发生的合伙企业债务承担无限连带责任	有限合伙人退伙后，对退伙前的合伙企业债务，以其退伙时从有限合伙企业中取回的财产承担责任

五、合伙企业的解散与清算

(一) 合伙企业的解散

合伙企业的解散是指合伙企业的终止。合伙企业有下列情形之一的,应当解散:①合伙期限届满,合伙人决定不再经营;②合伙协议约定的解散事由出现;③全体合伙人决定解散;④合伙人已不具备法定人数满30天;⑤合伙协议约定的合伙目的已经实现或者无法实现;⑥依法被吊销营业执照、责令关闭或者被撤销;⑦法律、行政法规规定的其他原因。

(二) 合伙企业的清算

1. 清算人的确定

合伙企业解散,应当由清算人进行清算。清算人由全体合伙人担任;经全体合伙人过半数同意,可以自合伙企业解散事由出现后15日内指定一个或者数个合伙人,或者委托第三人担任清算人。自合伙企业解散事由出现之日起15日内未确定清算人的,合伙人或者其他利害关系人可以申请人民法院指定清算人。

2. 清算人的职责

清算人在清算期间执行下列事务:清理合伙企业财产,分别编制资产负债表和财产清单;处理与清算有关的合伙企业未了结事务;清缴所欠税款;清理债权、债务;处理合伙企业清偿债务后的剩余财产;代表合伙企业参加诉讼或者仲裁活动。

清算期间,合伙企业存续,但不得开展与清算无关的经营活动。

3. 债务清偿

合伙企业财产在支付清算费用和职工工资、社会保险费用、法定补偿金以及缴纳所欠税款、清偿债务后的剩余财产,依照法律的规定进行分配。

清算结束,清算人应当编制清算报告,经全体合伙人签名、盖章后,在15日内向企业登记机关报送清算报告,申请办理合伙企业注销登记。

合伙企业注销后,原普通合伙人对合伙企业存续期间的债务仍应承担无限连带责任。

合伙企业不能清偿到期债务的,债权人可以依法向人民法院提出破产清算申请,也可以要求普通合伙人清偿。

合伙企业依法被宣告破产的,普通合伙人对合伙企业债务仍应承担无限连带责任。

案例讨论 2-7

王某、于某、张某、赵某共同出资成立一家普通合伙企业,在经营过程中,合伙企业向A厂赊购货物,共计欠款86 000元。由于经营不善,无力偿还债务,四人决定解散该合伙企业。王某、于某、张某、赵某对合伙期间的债权、债务进行了清算,约定该86 000元债务由王某承担。A厂向王某、于某、张某和赵某索要债务,但于某、张某和赵某三人均称该笔欠款应当由王某一人偿还。

问题：
(1) 王某、于某、张某、赵某的约定是否合法？
(2) 该企业解散时，该如何偿还债务？

任务三　公司法律制度

任务导入：路路通有限公司是由张甲、张乙两兄弟于2017年8月发起设立的运输有限责任公司。2021年2月，路路通公司从骏达汽车销售有限公司购置了一批货车，约定一年内将货款全部付清，但是2022年2月的时候，路路通公司仍然欠下骏达公司45万元的货款迟迟未还。

骏达公司于是向法院起诉路路通公司归还货款，法院判决骏达公司胜诉，但是路路通公司迟迟没有履行判决。原来路路通公司由于经营不善，已经严重亏损，现在根本无力偿还债务。骏达公司于是向法院起诉张甲、张乙兄弟二人，要求变卖兄弟二人的个人住房以抵偿债务。

任务要求：路路通公司无力偿还债务，债权人骏达公司能否要求张甲、张乙兄弟二人承担责任？结合本案，分析个人独资企业、合伙企业及公司企业的不同点。

一、公司的概念与特征

公司是指依法设立的以营利为目的的企业法人。公司具有以下法律特征。

(1) 公司应当依法设立。公司必须依照法定条件、程序设立，是投资者依照法定条件和程序设立的经济组织。

(2) 公司以营利为目的，具有营利性。公司必须从事经营活动，其经营活动的目的在于获取利润，营利性是公司区别于非营利性法人组织的重要特征。

(3) 公司具有法人性。公司是法人的典型形态，公司具有法人性，即公司是依法设立、有独立财产、能够独立承担民事责任的企业法人。法人性特征是公司区别于合伙企业的主要特征。

二、公司的种类

根据不同的分类方法，可以将公司分为不同的种类。

(1) 按照公司的财产责任形式，可将公司分为无限责任公司、有限责任公司、股份有限公司和两合公司。我国公司法只确认了其中的两种公司形态，即有限责任公司和股份有限公司。

(2) 按照公司之间的相互控制与依附关系，可将公司分为母公司和子公司。母公司与子公司都是独立的法人，各自以其名义独立对外进行经营活动，各自以其财产对自己的债务独立承担责任。

(3) 按照公司内部的管辖关系，可将公司分为总公司和分公司。总公司具有法人资格，分公司一般没有法人资格，分公司没有自己独立的财产，不能独立对外承担民事责任。

除此之外，按照公司的信用基础，还可将公司分为人合公司、资合公司、人合兼资合公司；按照公司的国籍不同，可将公司分为本国公司、外国公司和跨国公司。

三、公司法的概念

公司法是调整公司在设立、变更、终止以及运营过程中发生的社会关系的法律规范的总称。1993年12月29日，第八届全国人大常委会第五次会议审议通过了《中华人民共和国公司法》(以下简称《公司法》)，该法分别于1999年、2004年、2013年、2018年进行了四次修正。

我国公司法的适用范围是在中国境内设立的有限责任公司和股份有限公司。

四、有限责任公司

(一) 有限责任公司的概念

有限责任公司是依照《公司法》设立的，股东以其出资额为限对公司承担责任，公司以其全部财产对公司债务承担责任的企业法人。

(二) 有限责任公司的特征

(1) 股东数额的有限性。我国《公司法》规定股东人数为1人以上50人以下。

(2) 股东责任的有限性。有限责任公司的股东以其出资额对公司承担责任，公司以其全部资产对公司的债务承担责任。

(3) 公司具有封闭性。有限责任公司不能向社会公开募集公司资本，不能发行股票。

(4) 公司组织的简便性。有限责任公司的设立条件、程序，组织机构等都比股份有限公司简单。

(5) 是人合性与资合性相结合的公司。有限责任公司的人合性体现在股东人数有最高限额、禁止公开募集资本、股权转让受到限制；其资合性主要表现为股东不能以劳务、信用出资。

(三) 有限责任公司的设立

1. 有限责任公司的设立条件

(1) 股东符合法定人数。我国《公司法》规定，有限责任公司由50人以下股东出资设立。

(2) 有符合公司章程规定的全体股东认缴出资额。一般的公司在设立时无须事先实缴资本，只需认缴资本即可。但是，也并非所有公司的设立都没有最低注册资本要求和资本实缴要求，出于某些行业的市场监管需要，《公司法》第26条规定：有限责任公司的注册资本为在公司登记机关登记的全体股东认缴出资额。法律、行政法规以及国务院决定对有限责任公司注册资本实缴、注册资本最低限额另有规定的，从其规定。

【难点提示】 股东的出资方式

股东可以用货币出资，也可以用实物、知识产权、土地使用权等可以用货币估价并可以依法转让的非货币财产作价出资；但是，法律、行政法规规定不得作为出资的财产除外。对作为出资的非货币财产应当评估作价，核实财产，不得高估或者低估作价。法律、行政法规对评估作价有规定的，从其规定。

(3) 股东共同制定公司章程。有限责任公司章程应当载明下列事项：公司名称和住所；公司经营范围；公司注册资本；股东的姓名或者名称；股东的出资方式、出资额和出资时间；公司的机构及其产生办法、职权、议事规则；公司法定代表人；股东会会议认为需要规定的其他事项。

(4) 有公司名称，建立符合有限责任公司要求的组织机构。设立有限责任公司，必须在公司名称中标明"有限责任公司"或者"有限公司"字样。有限责任公司的组织机构包括股东会、董事会、监事会和经理。

案例讨论 2-8

三个企业准备投资组建一新的有限责任公司。经协商，他们共同制定了公司章程。章程中有如下条款：①公司由甲、乙、丙三方组建；②公司注册资本为人民币 120 万元；③甲方以专利权和专有技术出资，折价为人民币 30 万元；乙方以现金 20 万元出资，另以机器设备折价 20 万元出资；丙方以土地使用权与房屋折价 50 万元出资；④公司获得利润时，除依法提取各项基金外，甲、乙、丙分别按 40%、30%、30%的比例进行利润分配；⑤公司设立董事会，董事长负责董事会工作；⑥公司经理由董事会聘任，作为法定代表人，负责日常经营管理工作；⑦公司存续期间，出资各方均可自由抽回投资。

问题：上述章程中的条款，哪些符合规定？哪些不符合规定？为什么？

(5) 有公司住所。

2. 有限责任公司的设立程序

(1) 订立公司章程。设立公司必须由全体股东共同制定订立章程，将要设立的公司的基本情况及各方面的权利义务加以明确规定。

(2) 股东缴纳出资。股东以货币出资的，应当按期将货币出资足额存入有限责任公司在银行开设的账户；以非货币财产出资的，应当依法办理其财产权的转移手续。股东不按照公司章程中的规定缴纳出资的，除应当向公司足额缴纳外，还应当向已按期足额缴纳出资的股东承担违约责任。

(3) 申请设立登记。股东认定公司章程规定的出资后，由全体股东指定的代表或者共同委托的代理人向公司登记机关申请设立登记。公司登记机关审查后，对符合法定条件的予以登记并发给营业执照，公司营业执照签发日期为公司成立日期。

实务操作指南

有限责任公司的注册流程

市场监督总局 2019 年发布的《企业登记提交材料规范》国市监注〔2019〕2 号规定，公司设立登记提交材料规范如下。

(1) 公司登记(备案)申请书。

(2) 公司章程(有限责任公司由全体股东签署、股份有限公司由全体发起人签署)。

(3) 股东、发起人的主体资格证明或自然人身份证明。

(4) 法定代表人、董事、监事和经理的任职文件。

(5) 住所使用证明。

(6) 募集设立的股份有限公司提交依法设立的验资机构出具的验资证明,涉及发起人首次出资是非货币财产的、提交已办理财产转移手续的证明文件。

(7) 募集设立的股份有限公司公开发行股票的应提交国务院证券监管机构核准文件。

(8) 其他须提交的批准文件或者许可证件的复印件。

(四) 有限责任公司的组织机构

1. 股东会

(1) 股东会的组成和职权

有限责任公司的股东会由全体股东组成,股东会是公司的权力机构,负责决定公司的重大事项。

股东会行使下列职权:决定公司的经营方针和投资计划;选举和更换非由职工代表担任的董事、监事,决定有关董事、监事的报酬事项;审议批准董事会的报告;审议批准监事会或者监事的报告;审议批准公司的年度财务预算方案、决算方案;审议批准公司的利润分配方案和弥补亏损方案;对公司增加或者减少注册资本作出决议;对发行公司债券作出决议;对公司合并、分立、解散、清算或者变更公司形式作出决议;修改公司章程;公司章程规定的其他职权。

(2) 股东会会议

股东会会议分为定期会议和临时会议。定期会议应当依照公司章程的规定按时召开。代表1/10以上表决权的股东,1/3以上的董事,监事会或者不设监事会的公司的监事提议召开临时会议的,应当召开临时会议。

股东会会议由股东按照出资比例行使表决权;但是,公司章程另有规定的除外。股东会的议事方式和表决程序,除《公司法》有规定的外,由公司章程规定。

股东会的决议,根据其议事方式和表决程序的不同,一般可以分为普通决议与特别决议两种。普通决议是就公司的一般事项所作的决议,需要代表1/2以上表决权的股东通过。特别决议是就公司特别重大的事项所作的决议,需要代表2/3以上表决权的股东通过,通过特别决议而决定的事项有:修改公司章程,增加或者减少注册资本,公司合并、分立、解散或者变更公司形式。

2. 董事会

(1) 董事会的组成和职权

董事会是股东会的常设执行机关,由股东选举产生,行使公司的经营管理权。董事会的成员为3至13人;股东人数较少或者规模较小的有限责任公司,可以设一名执行董事,不设董事会,执行董事可以兼任公司经理。两个以上的国有企业或者两个以上的其他国有投资主体投资设立的有限责任公司,其董事会成员中应当有公司职工代表;其他有限责任公司董事会成员中可以有公司职工代表。董事会中的职工代表由公司职工通过职工代表大会、职工大会或者其他形式民主选举产生。

董事会设董事长一人,可以设副董事长。董事长、副董事长的产生办法由公司章程规定。董事任期由公司章程规定，但每届任期不得超过3年。董事任期届满，连选可以连任。

董事会对股东会负责，行使下列职权：召集股东会会议，并向股东会报告工作；执行股东会的决议；决定公司的经营计划和投资方案；制定公司的年度财务预算方案、决算方案；制定公司的利润分配方案和弥补亏损方案；制定公司增加或者减少注册资本以及发行公司债券的方案；制定公司合并、分立、解散或者变更公司形式的方案；决定公司内部管理机构的设置；决定聘任或者解聘公司经理及其报酬事项，并根据经理的提名决定聘任或者解聘公司副经理、财务负责人及其报酬事项；制定公司的基本管理制度；公司章程规定的其他职权。

（2）董事会会议

董事会会议由董事长召集和主持；董事长不能履行职务或者不履行职务的，由副董事长召集和主持；副董事长不能履行职务或者不履行职务的，由半数以上董事共同推举一名董事召集和主持。

董事会的议事方式和表决程序，除《公司法》有规定的外，由公司章程规定。董事会决议的表决，实行一人一票。

3. 监事会

（1）监事会的组成和职权

监事会是公司经营活动的监督机构，行使对经营管理者的监督权。《公司法》规定，有限责任公司设监事会，其成员不得少于3人。股东人数较少或者规模较小的有限责任公司，可以设1至2名监事，不设监事会。

监事会应当包括股东代表和适当比例的公司职工代表，其中职工代表的比例不得低于1/3，具体比例由公司章程规定。监事会中的职工代表由公司职工通过职工代表大会、职工大会或者其他形式民主选举产生。

监事的任期每届为三年。监事任期届满，连选可以连任。

监事会、不设监事会的公司的监事行使下列职权：检查公司财务；对董事、高级管理人员执行公司职务的行为进行监督，对违反法律、行政法规、公司章程或者股东会决议的董事、高级管理人员提出罢免的建议；当董事、高级管理人员的行为损害公司的利益时，要求董事、高级管理人员予以纠正；提议召开临时股东会会议，在董事会不履行本法规定的召集和主持股东会会议职责时召集和主持股东会会议；向股东会会议提出提案；依照法律规定，对董事、高级管理人员提起诉讼；公司章程规定的其他职权。

（2）监事会会议

监事会每年度至少召开一次会议，监事可以提议召开临时监事会会议。监事会的议事方式和表决程序，除《公司法》有规定的外，由公司章程规定。监事会决议应当经半数以上监事通过。

4. 经理

经理是有限责任公司的辅助业务执行机关，是公司日常经营管理工作的负责人。经理由董事会聘任或解聘，对董事会负责。股东人数较少、规模较小的公司，执行董事可以兼任公司经理。经理列席董事会会议。

经理行使下列职权：主持公司的生产经营管理工作，组织实施董事会决议；组织实施公司年度经营计划和投资方案；拟订公司内部管理机构设置方案；拟订公司的基本管理制度；制定公司的具体规章；提请聘任或者解聘公司副经理、财务负责人；决定聘任或者解聘除应由董事会决定聘任或者解聘以外的负责管理人员；董事会授予的其他职权。

根据《公司法》第13条规定，公司法定代表人依照公司章程的规定，由董事长、执行董事或者经理担任，并依法登记。公司法定代表人变更，应当办理变更登记。

【难点提示】 法定代表人要承担的责任与风险。

通常情况下，法定代表人代表公司做出的行为由公司承担相应的法律后果，法定代表人个人无须就履行职务的行为承担法律责任。但是，法定代表人如果违反法律法规和公司章程的规定仍然可能承担相应的民事、行政或刑事责任。

1. 法定代表人的民事责任

（1）损失赔偿责任。因法定代表人的故意、过失或者违反法律行政法规或公司章程的规定而给公司造成损失，公司有权就该损失向法定代表人主张赔偿责任。

（2）法定代表人滥用职权所获取的收入归入公司。我国《公司法》第148条规定了公司董事、高管的忠实义务，同时规定违反忠实义务的收入应当归公司所有。

2. 法定代表人的行政责任

企业法人有下列情形之一的，除法人承担责任外，对法定代表人可以给予行政处分、罚款，构成犯罪的，依法追究刑事责任：

（1）超出登记机关核准登记的经营范围从事非法经营的；

（2）向登记机关、税务机关隐瞒真实情况、弄虚作假的；

（3）抽逃资金、隐匿财产逃避债务的；

（4）解散、被撤销、被宣告破产后，擅自处理财产的；

（5）变更、终止时不及时申请办理登记和公告，使利害关系人遭受重大损失的；

（6）从事法律禁止的其他活动，损害国家利益或者社会公共利益的。

如果公司存在非法经营、抽逃资金、隐匿财产逃避债务的行为，作为法院可以直接对企业的法定代表人进行罚款，同时可以向有关部门提出司法建议，由有关部门给予行政处分。当然，法定代表人不知情且无过错的除外。

3. 法定代表人的刑事责任

一般情况下，对于公司的犯罪行为，应由公司承担刑事责任，法定代表人并不因此而承担刑事责任。但是考虑到多数情况下公司犯罪是按照公司主管人员的意志而实施的，因此，公司犯罪时不仅仅会处罚公司，很多情况下还会追究主管人员和主要负责人的责任，即实行双罚制度。在双罚制度下，负有责任的直接负责的主管人员通常会被理解成企业的法定代表人。

常见的涉及企业法定代表人的犯罪包括：提供虚假财会报告罪；妨害清算罪；逃税罪；逃避追缴欠税罪；骗取出口退税罪；虚开增值税专用发票罪；生产、销售伪劣商品罪；拒不支付劳动报酬罪；侵犯知识产权罪，等等。

(五) 有限责任公司的股权转让

1. 内部股权转让

《公司法》规定,有限责任公司的股东之间可以相互转让其全部或者部分股权。

2. 外部股权转让

股东向股东以外的人转让股权,应当经其他股东过半数同意,股东应就其股权转让事项书面通知其他股东征求同意,其他股东在接到书面通知之日起满30日未答复的,视为同意转让,其他股东半数以上不同意转让的,不同意的股东应当购买该转让的股权;不购买的,视为同意转让。

经股东同意转让的股权,在同等条件下,其他股东有优先购买权。两个以上股东主张行使优先购买权的,协商确定各自的购买比例;协商不成的,按照转让时各自的出资比例行使优先购买权。

实务操作指南

股权转让协议范本

转让方:＿＿＿＿＿＿＿＿＿＿(以下称甲方)

受让方:＿＿＿＿＿＿＿＿＿＿(以下称乙方)

甲方与乙方就转让＿＿＿＿＿＿有限公司(下称A公司)股权之有关事宜,经协商一致,达成如下协议。

第一条 标的物

甲方将其拥有的A公司＿＿＿＿＿％股权转让给乙方。

第二条 价款和支付方式

2.1 甲方转让给乙方之股权价款折人民币＿＿＿＿＿＿万元。

2.2 乙方以现金或其他等价物的方式支付股权价款。

第三条 双方责任和义务

3.1 甲方责任和义务

a. 保证其转让之股权无法律瑕疵,可以对抗任何第三人;

b. 负责向有关部门办理本次股权转让之审批及变更登记等有关手续;

c. 承担本次股权转让所需缴纳的全部税费。

3.2 乙方责任和义务

a. 按照本协议第二条之规定向甲方足额支付价款;

b. 协助甲方办理本次股权转让手续;

c. 本次股权转让行为生效后,按照出资比例对A公司分享利润和分担亏损。

第四条 违约责任

4.1 甲方向乙方转让之股权如有瑕疵,应于发现瑕疵之日起十五日内消除该瑕疵,并向乙方支付＿＿＿＿＿＿万元违约金,乙方可暂停支付价款,待瑕疵消除之后恢复支付,瑕疵消除所费时日自付款期限中扣除;甲方未能在瑕疵发现之日起十五日内将之消除,乙方有权解除本协议,并向甲方收取＿＿＿＿＿＿万元违约金。

4.2 乙方未能按照本协议第二条之规定向甲方支付价款,甲方有权解除本协议,已收价款不再退还,并向乙方收取_____万元违约金。

第五条 其他

5.1 如发生争议,经协商不能解决的,任何一方可提交有管辖权的法院审理。

5.2 本协议使用文字为中文,其他文字文本与中文文本有异的,以中文文本为准。

5.3 本协议一式_____份,双方各持_____份,其余报有关部门备案,具有同等法律效力。

甲方(公章或签字):_____　　　乙方(公章或签字):_____

法定代表人(签字):_____　　　法定代表人(签字):_____

　　　　　年　　月　　日　　　　　　　　　　　年　　月　　日

案例讨论 2-9

甲、乙、丙、丁四人出资设立有限责任公司。公司注册资本 100 万元人民币,甲出资 40 万元,乙、丙、丁每人各出 20 万元。乙欠戊 30 万元,期限 1 年,到期乙无法偿还欠款。于是向戊提出用自己的公司股权抵债。

(1) 乙个人能否决定以自己 20 万元公司股权直接抵偿戊的债务?

(2) 乙向甲转让其在公司的股份,他个人能决定吗?

(3) 若乙打算以其股份向戊抵债,征求甲、丙、丁的意见,甲和丁都同意,丙不置可否,但也不愿意出资购买乙的股份,应当如何处理?

(4) 若丙说:"我买乙的股份,但出价 10 万元。因为我有优先购买权。"而戊出资 20 万元,该股份应转让给谁?为什么?

五、股份有限公司

(一)股份有限公司的概念与特征

1. 股份有限公司的概念

股份有限公司是指全部资本分为均等份额,股东以其所持股份为限对公司承担责任,公司以其全部资产对公司债务承担责任的企业法人。

2. 股份有限公司的特征

股份有限公司具有以下法律特征。

(1) 股东数额的广泛性。股份有限公司的股东人数具有广泛性,各国公司法对股东数额均仅规定最低限额,没有规定最高限额。我国《公司法》规定,股份有限公司的股东为 2 人以上。

(2) 股东责任的有限性。股份有限公司的股东以其认购的股份为限对公司承担责任,公司以其全部资产对公司的债务承担责任。

(3) 公司股份的等额性。股份有限公司的资本划分为若干等额股份,股份是构成公司资本的最小单位,也是计算股东权利义务的基本单位。

(4) 公开性。股份有限公司募股集资的方式是开放的，无论是发起设立还是募集设立，都须向社会公开或在一定范围内公开募集资本，招股公开，财务经营状况也公开。

(5) 股份公司是最典型的资合公司。股份有限公司的信用基础在于其资本，与公司成员的信用无关，股东只能以货币、实物、知识产权等出资，不能以信用或劳务出资。同时，股份有限公司的股份可以自由转让。

(二) 股份有限公司的设立

1. 股份有限公司设立的条件

设立股份有限公司应符合以下条件。

(1) 发起人符合法定人数。《公司法》第78条规定：设立股份有限公司，应当有而2人以上200人以下为发起人，其中须有半数以上的发起人在中国境内有住所。

(2) 有符合公司章程规定的全体发起人认购的股本总额或者募集的实收股本总额。

(3) 股份的发行、筹办事项符合法律规定。

(4) 发起人制定公司章程，采用募集方式设立的经创立大会通过。

(5) 有公司名称，建立符合股份有限公司要求的组织机构。

(6) 有公司住所。公司应有相对稳定的地点开展经营活动。

2. 股份有限公司设立的程序

(1) 发起设立

发起设立是指由发起人认购公司应发行的全部股份而设立公司。

以发起设立方式设立股份有限公司的，发起人应当书面认足公司章程规定其认购的股份；一次缴纳的，应即缴纳全部出资；分期缴纳的，应即缴纳首期出资。以非货币财产出资的，应当依法办理其财产权的转移手续。发起人不依照前款规定缴纳出资的，应当按照发起人协议承担违约责任。

发起人首次缴纳出资后，应当选举董事会和监事会，由董事会向公司登记机关申请设立登记。公司登记机关在收到公司设立登记的申请或后，在法定的期间内应作出是否予以登记的决定，对于符合条件的，应予以登记，发给公司营业执照。

(2) 募集设立

募集设立是指由发起人认购公司应发行股份的一部分，其余股份向社会公开募集或者向特定对象募集而设立公司。募集方式是股份有限公司设立的主要方式。

股份有限公司采取募集方式设立的，注册资本为在公司登记机关登记的实收股本总额。发起人认购的股份不得少于公司股份总数的35%，法律、行政法规另有规定的，从其规定。

发起人必须一次性缴足认购股款并经依法设立的验资机构验资并出具证明。

以募集方式设立股份有限公司公开发行股票的，还应当向公司登记机关报送国务院证券监督管理机构的核准文件。

发起人应当自股款缴足之日起30日内主持召开公司创立大会。创立大会由发起人、认股人组成。发起人应当在创立大会召开15日前将会议日期通知各认股人或者予以公告。创立大会应有代表股份总数过半数的发起人、认股人出席，方可举行。

董事会应于创立大会结束后30日内，向公司登记机关报送有关文件，申请设立登记。以募集方式设立股份有限公司公开发行股票的，还应当向公司登记机关报送国务院证券监督管理机构的核准文件。公司登记机关自收到股份有限公司设立申请之日起 30 日内,作出是否予以登记的决定。对符合条件的,予以登记,发给公司营业执照。

案例讨论 2-10

2022 年 4 月,某市经济协作发展公司与长征汽车集团公司(私营)等 3 家公司订立了以募集方式设立某汽车配件股份有限公司的发起人协议,公司注册资本 5 000 万元,募集设立。同年 5 月 6 日,3 家发起人公司按协议制定章程,认购部分股份,起草招股说明书,签订股票承销协议、代收股款协议,经国务院证券监督管理机构批准,向社会公开募股。由于该汽车配件公司发展前景光明,所以股份募集顺利,发行股份股款缴足后经约定的验资机构验资证明后,发起人认为已完成任务,迟迟不召开创立大会,经股民强烈要求才在 2 个月后召开创立大会,发起人为图省事,只通知了代表股份总数的 1/3 以上的认股人出席,会议决定了一些法定事项。

问题:该汽车配件股份有限公司在设立程序上存在什么问题?

(三)股份有限公司的组织机构

股份有限公司的组织机构包括股东大会、董事会、监事会和经理,这些机构的组成、职权等与有限公司组织机构的规定基本相同。

1. 股东大会

(1)股东大会的组成和职权

股份有限公司股东大会由全体股东组成。股东大会是公司的权力机构。有限责任公司股东会职权的规定,适用于股份有限公司股东大会,其职权与有限责任公司股东会的职权相同。

(2)股东大会的会议

股东大会应当每年召开一次。有下列情形之一的,应当在 2 个月内召开临时股东大会:董事人数不足本法规定人数或者公司章程所定人数的 2/3 时;公司未弥补的亏损达实收股本总额 1/3 时;单独或者合计持有公司 10% 以上股份的股东请求时;董事会认为必要时;监事会提议召开时;公司章程规定的其他情形。

股东大会作出决议,必须经出席会议的股东所持表决权过半数通过。但是,股东大会作出修改公司章程、增加或者减少注册资本的决议,以及公司合并、分立、解散或者变更公司形式的决议,必须经出席会议的股东所持表决权的 2/3 以上通过。

2. 董事会

(1)董事会的组成及职权

股份有限公司设董事会,其成员为 5 至 19 人。董事会成员中可以有公司职工代表。董事会中的职工代表由公司职工通过职工代表大会、职工大会或者其他形式民主选举产生。董事会设董事长一人,可以设副董事长。董事长和副董事长由董事会以全体董事的过半数选举产生。

股份有限公司董事会的职权与有限责任公司董事会的职权相同。

(2)董事会会议

董事会每年度至少召开两次会议,每次会议应当于会议召开 10 日前通知全体董事和监事。代表 1/10 以上表决权的股东、1/3 以上董事或者监事会，可以提议召开董事会临时会议。董事长应当自接到提议后 10 日内，召集和主持董事会会议。

董事会会议应有过半数的董事出席方可举行。董事会作出决议，必须经全体董事的过半数通过。董事会决议的表决，实行一人一票。

3. 监事会

（1）监事会的组成及职权

股份有限公司设监事会，其成员不得少于 3 人。监事会应当包括股东代表和适当比例的公司职工代表，其中职工代表的比例不得低于 1/3，具体比例由公司章程规定。监事会中的职工代表由公司职工通过职工代表大会、职工大会或者其他形式民主选举产生。

监事会设主席一人，可以设副主席。监事会主席和副主席由全体监事过半数选举产生。

监事会的职权适用有限责任公司监事会职权的规定。

（2）监事会会议

监事会每 6 个月至少召开一次会议。监事可以提议召开临时监事会会议。监事会的议事方式和表决程序，除《公司法》有规定的外，由公司章程规定。监事会决议应当经半数以上监事通过。

4. 经理

股份有限公司设经理，由董事会决定聘任或者解聘。

《公司法》关于有限责任公司经理职权的规定，适用于股份有限公司经理。

公司董事会可以决定由董事会成员兼任经理。

5. 公司董事、监事、高级管理人员的任职资格和义务

（1）公司董事、监事、高级管理人员的任职资格

《公司法》第 146 条规定，有下列情形之一的，不得担任公司的董事、监事、高级管理人员：无民事行为能力或者限制民事行为能力；因贪污、贿赂、侵占财产、挪用财产或者破坏社会主义市场经济秩序，被判处刑罚，执行期满未逾 5 年，或者因犯罪被剥夺政治权利，执行期满未逾 5 年；担任破产清算的公司、企业的董事或者厂长、经理，对该公司、企业的破产负有个人责任的，自该公司、企业破产清算完结之日起未逾 3 年；担任因违法被吊销营业执照、责令关闭的公司、企业的法定代表人，并负有个人责任的，自该公司、企业被吊销营业执照之日起未逾 3 年；个人所负数额较大的债务到期未清偿。

除此之外，国家公务员不能兼任公司的董事、监事、高级管理人员。

（2）公司董事、监事、高级管理人员的义务

① 忠实义务和勤勉义务。董事、监事、高级管理人员应当遵守法律、行政法规和公司章程，对公司负有忠实义务和勤勉义务。董事、监事、高级管理人员不得利用职权收受贿赂或者其他非法收入，不得侵占公司的财产。董事、高级管理人员不得有下列行为：挪用公司资金；将公司资金以其个人名义或者以其他个人名义开立账户存储；违反公司章程的规定，未经股东会、股东大会或者董事会同意，将公司资金借贷给他人或者以公司财产为他人提供担保；违反公司章程的规定或者未经股东会、股东大会同意，与本公司订立合同或者进行交易；未经股东会或者股东大会同意，利用职务便利为自己或者他人谋取属于

公司的商业机会，自营或者为他人经营与所任职公司同类的业务；接受他人与公司交易的佣金归为己有；擅自披露公司秘密；违反对公司忠实义务的其他行为。

董事、高级管理人员违反上述规定所得的收入应当归公司所有。

② 注意义务。董事、监事、高级管理人员执行公司职务时违反法律、行政法规或者公司章程的规定，给公司造成损失的，应当承担赔偿责任。董事、高级管理人员违反法律、行政法规或者公司章程的规定，损害股东利益的，股东可以向人民法院提起诉讼。

案例讨论 2-11

2019年10月，刘某被某通信器材股份有限公司聘为主营市场的副总经理。一年后，因刘某工作成绩突出，在年度股东大会上被选为董事。2021年1月，刘某受朋友邀约合伙从事手机的批零业务。2022年2月，某通信器材公司发现了刘某的这一行为，认为手机的批零业务是公司的主要业务之一，刘某瞒着公司与他人合伙从事与公司相同的业务，侵犯了公司的利益。经股东大会表决，决定罢免刘某的董事职务和副总经理职务，同时要求刘某将与他人合伙期间所得的收入22万元交予公司，刘某拒绝。刘某认为自己与他人合伙从事手机的批零生意，并没有影响公司的业务，相反这期间公司的手机业务一直在增长，因此拒绝将所得收入22万元交予公司。某通信器材公司遂向人民法院提出诉讼，要求刘某将与他人合伙经营手机生意所得收入收归公司所有。

问题：

（1）某通信器材公司罢免刘某董事和副总经理职务的行为是否合法？

（2）刘某和朋友共同从事手机批零业务的行为是否合法？某通信器材公司要求刘某将从事手机批零业务期间的收入交予公司的主张是否合法？

【难点提示】　有限责任公司与股份有限公司的区别（表2-2）。

表　2-2

项目	有限责任公司	股份有限公司
设立方式	只能以发起方式设立	既可以发起设立，也可以募集设立
股东人数	1到50人	2人以上，股东没有最高数额限制
出资证明形式	出资证明书	股票
股权转让	股权转让受到一定限制。除公司章程另有规定外，在股东之间可以自由转让其全部或部分股权，股东向股东之外的人转让股权，应当经过其他股东过半数同意。经股东同意转让的股权，在同等条件下，其他股东有优先购买权	股票以自由转让为原则，以法律限制为例外。股东向股东之外的人转让股票时，其他股东无优先购买权。股票还可以依法在证券交易所上市交易
组织机构	组织机构设置灵活，公司的股东人数较少或者规模较小的，可以不设董事会，只设一名执行董事；可以不设监事会，而只设1至2名监事	必须设置股东大会、董事会、监事会

续表

项目	有限责任公司	股份有限公司
企业分离程度	所有权与经营权分离程度较低,股东多通过出任经营职务直接参与公司的经营管理,决定公司事务,强调当事人的意思自治	股份有限公司尤其是向社会公众发行股票的上市公司,所有权与经营权分离程度较高,强调组织机构与法人治理机制的完善,法律对其规定较多的强制性义务
信息披露义务	具有封闭性,不需要对外披露财务状况和经营信息	具有开放性,尤其是采取募集方式设立的股份有限公司,负有法律规定的信息披露义务,其财务状况和经营情况等要依法进行公开披露

六、公司的合并、分立、终止

(一) 公司的合并

公司的合并是指两个以上的公司合并为一个公司的行为。

我国《公司法》规定,公司合并可以采取吸收合并或者新设合并。一个公司吸收其他公司加入本公司为吸收合并,被吸收的公司解散。两个以上公司合并设立一个新的公司为新设合并,合并各方解散。

根据《公司法》第173条的规定,公司合并,应当由合并各方签订合并协议,并编制资产负债表及财产清单。公司应当自作出合并决议之日起10日内通知债权人,并于30日内在报纸上公告。债权人自接到通知书之日起30日内,未接到通知书的自公告之日起45日内,可以要求公司清偿债务或者提供相应的担保。

合并协议经各公司股东会批准后,应当依法向公司登记机关办理变更登记。存续公司应进行变更登记,新设公司进行设立登记注册,被解散的公司应进行注销登记。

公司合并时,合并各方的债权、债务,应当由合并后存续的公司或者新设的公司承继。

(二) 公司的分立

公司的分立是指一个公司分为两个以上的公司。

公司分立可以采取存续分立和解散分立两种形式。存续分立是指一个公司分离成两个以上公司,原公司继续存在并设立一个以上新的公司。解散分立是指一个公司分解为两个以上公司,原公司解散并设立两个以上新的公司。

公司分立的程序与公司合并的程序基本一样。

公司分立前的债务由分立后的公司承担连带责任。但是,公司在分立前与债权人就债务清偿达成的书面协议另有约定的除外。

案例讨论2-12

某有限责任公司经董事会全体一致做出决议,决定该公司分立为两个完全独立的新公司,经编制资产负债表及财产清单后,订立了分立协议,进行了财产分割,然后直接宣布新设的两个公司开始以独立的法人资格进行经营活动。

问题： 该公司的分立程序上有何违法之处？

（三）公司的终止

1. 公司终止的原因

公司的终止是指公司资格的消灭。公司终止的原因包括：①公司章程规定的营业期限届满或者公司章程规定的其他解散事由出现；②股东会或者股东大会决议解散；③因公司合并或者分立需要解散；④依法被吊销营业执照、责令关闭或者被撤销；⑤公司经营管理发生严重困难，继续存续会使股东利益受到重大损失，通过其他途径不能解决的，持有公司全部股东表决权10%以上的股东，可以请求人民法院解散公司。

2. 公司的清算

公司的清算是指公司终止时对其财产进行清理的过程。公司终止后，应指定清算人对公司的债权、债务和公司财产进行清理。

（1）清算组的组成

《公司法》规定，公司解散的，应当在解散事由出现之日起15日内成立清算组，开始清算。有限责任公司的清算组由股东组成，股份有限公司的清算组由董事或者股东大会确定的人员组成。逾期不成立清算组进行清算的，债权人可以申请人民法院指定有关人员组成清算组进行清算。人民法院应当受理该申请，并及时组织清算组进行清算。

（2）清算组的职权

清算组在清算期间行使下列职权：清理公司财产，分别编制资产负债表和财产清单；通知、公告债权人；处理与清算有关的公司未了结的业务；清缴所欠税款以及清算过程中产生的税款；清理债权、债务；处理公司清偿债务后的剩余财产；代表公司参与民事诉讼活动。

（3）清算的程序

① 登记、申报债权。清算组应当自成立之日起10日内通知债权人，并于60日内在报纸上公告。债权人应当自接到通知书之日起30日内，未接到通知书的自公告之日起45日内，向清算组申报其债权。债权人申报债权，应当说明债权的有关事项，并提供证明材料。清算组应当对债权进行核定登记。

在申报债权期间，清算组不得对债权人进行清偿。

② 清理公司财产，制订清算方案。清算组在清理公司财产、编制资产负债表和财产清单后，应当制订清算方案，并报股东会、股东大会或者人民法院确认。

③ 清偿公司债务。公司财产在分别支付清算费用、职工的工资、社会保险费用和法定补偿金，缴纳所欠税款，清偿公司债务后的剩余财产，有限责任公司按照股东的出资比例分配，股份有限公司按照股东持有的股份比例分配。

清算期间，公司存续，但不得开展与清算无关的经营活动。公司财产在未依照上述规定清偿前，不得分配给股东。

④ 注销公司登记并公告。公司清算结束后，清算组应当制作清算报告，报股东会、股东大会或者人民法院确认，并报送公司登记机关，申请注销公司登记，公告公司终止。

项目训练

知识练习

1. 基本概念

个人独资企业　合伙企业　普通合伙企业　有限合伙企业　公司　有限责任公司　股份有限公司

2. 选择题

(1) 下列关于个人独资企业的表述中，正确的是(　　)。

  A. 个人独资企业的投资人可以是自然人、法人或者其他组织。

  B. 个人独资企业的投资人对企业债务承担无限责任

  C. 个人独资企业不能以自己的名义从事民事活动

  D. 个人独资企业具有法人资格

(2) 根据《个人独资企业法》的规定，个人独资企业解散后，原投资人对个人独资企业存续期间的债务仍应承担偿还责任，但债权人在一定期间内未向债务人提出偿债要求的，该责任消灭。该期间是(　　)。

  A. 6个月　　　　B. 1年　　　　C. 3年　　　　D. 5年

(3) 个人独资企业聘用的经营管理人员，未经投资人同意，不得从事的行为有(　　)。

  A. 从事与本企业相竞争的业务　　　B. 同本企业订立合同或者进行交易

  C. 将企业专利权转让给他人使用　　D. 将企业商标权转让给他人使用

(4) 合伙企业存续期内，合伙人向合伙人以外的人转让其在合伙企业中的全部或者部分财产份额时，须经(　　)。

  A. 其他合伙人一致同意　　　　　　B. 2/3以上合伙人同意

  C. 经合伙人过半数同意　　　　　　D. 经执行合伙企业事务的人一致同意

(5) 根据《合伙企业法》规定，合伙人有(　　)情形的，为当然退伙。

  A. 作为合伙人的自然人死亡　　　　B. 未履行出资义务

  C. 作为合伙人的法人被宣告破产　　D. 个人丧失偿债能力

(6) 某合伙企业欠甲到期借款3万元，该合伙企业合伙人乙也欠甲到期借款2万元；甲向该合伙企业购买了一批产品，应付货款5万元。下列表述中，符合合伙企业法规定的是(　　)。

  A. 甲可将其所欠合伙企业5万元货款与该合伙企业所欠其3万元到期借款以及合伙人乙所欠其2万元到期借款相抵销，甲无须再向合伙企业偿付货款

  B. 甲只能将其所欠合伙企业5万元货款与该合伙企业所欠其3万元到期借款进行抵销，因此，甲仍应向该合伙企业偿付2万元

  C. 甲只能将其所欠合伙企业5万元货款与乙所欠其2万元到期借款进行抵销，因此，甲仍应向该合伙企业偿付3万元

  D. 甲所欠合伙企业之债务与该合伙企业及乙所欠其债务之间均不能抵销

(7) 合伙企业财产在支付清算费用后，还应支付（　　）。

　　A. 合伙企业的债务

　　B. 合伙企业所欠税款

　　C. 返还合伙所欠税款

　　D. 合伙企业所欠招用的职工工资和劳动保险费用

(8) 根据我国《公司法》的规定，下列各项中，属于有限责任公司董事会行使的职权是（　　）。

　　A. 决定减少注册资本　　　　　　B. 聘任或解聘公司经理

　　C. 聘任和解聘董事　　　　　　　D. 修改公司章程

(9) 下列各项中，不属于有限责任公司的出资方式是（　　）。

　　A. 土地所有权　　　　　　　　　B. 房屋

　　C. 工业产权　　　　　　　　　　D. 机器设备

(10) 下列事项中，不用经过有限责任公司股东会决议并经代表 2/3 以上表决权的股东通过的有（　　）。

　　A. 向股东以外的人转让出资　　　B. 修改公司基本管理制度

　　C. 审议董事会亏损弥补方案　　　D. 公司与其他公司合并

3. 问答题

(1) 个人独资企业的设立条件有哪些？

(2) 个人独资企业的债务清偿的规则是怎样的？

(3) 普通合伙企业的设立条件有哪些？

(4) 普通合伙企业的事务执行方式有哪几种？

(5) 有限责任公司设立的条件有哪些？

(6) 股份有限公司设立的条件有哪些？

(7) 有限责任公司的组织机构有哪些？其各自职权是什么？

(8) 公司合并、分立的形式、程序、法律后果如何？

(9) 公司终止的原因有哪些？

案例分析

【案例1】 2021年，21岁的大三学生王某得到祖父遗赠40万元，经过一番准备，于2021年6月，投资30万元，设立了一家酒吧，聘用同学周某（22岁）做业务员，并约定超过5万元的合同必须经过他同意。由于生意不景气，欠外债10万元。2021年8月王某以酒吧作抵押向银行贷款10万元，作为营业资金。周某利用外出采购材料之机，将经手的8万元营业款借给某个体户，周某从该个体户处接受好处费7 000元。又与张三签订了10万元的合同，造成企业亏损3万元。周某的行为使得酒吧无力继续经营。王某决定解散，同时王某要求周某尽快归还出借的资金，但周某不仅不归还资金，反而不辞而别。王某与李某于2022年8月1日结婚，婚前王某之父赠一套房产和一汽车与其子，李某之父赠50万元与其女，2022年8月15日，李某美国亲属赠20万美元给她，并为她买了一套房屋。

问题：

(1) 王某聘用业务员周某有无不妥，为什么？

(2) 周某的借款合同是否有效？周某是否应承担赔偿责任？

(3) 周某与张三签订的合同是否有效？亏损的 3 万元如何处理？

(4) 该企业所欠债务应如何偿还，为什么？

【案例 2】甲、乙、丙三人共同出资开办合伙企业，合伙协议约定：企业名称为万里汽配厂。甲以货币出资 20 万元，乙以设备作价出资 15 万元，丙以劳务出资作价 5 万元。三人未约定利润分配和亏损分担比例。由甲执行合伙企业事务，对外代表合伙。

请根据在合伙企业经营期间发生的以下业务回答问题。

(1) 本案中合伙协议约定的内容是否合法？

(2) 若甲未与乙和丙商量，将企业商标私自转让给姚某，后被乙和丙发现并主张无效。在何种情况下该商标转让有效，何种情况下无效？

(3) 乙见合伙企业生意不错，和另一个朋友范某在不远处又合伙开了一个汽车配件经营部，是否合法？如何处理？

(4) 未经乙和丙同意，甲将自己的千斤顶以市场价卖给了本合伙企业，效力如何？在怎样的条件下，甲本人可与合伙企业进行交易？

(5) 因经营不善面临亏损，甲和乙想退出合伙企业，若没有新的合伙人加入，应该如何处理？若只有乙想退出，而又有唐某想接替乙的份额，甲也想以同样价格购买乙的份额，应如何处理？若唐某出的价格比甲高，又如何处理？

(6) 唐某入伙后，发现他入伙之前的原合伙企业资不抵债，债权人孟某向法院起诉，哪些人可以成为合格被告，为什么？

(7) 若唐某入伙以后，合伙企业新欠张某债务，已退伙的乙应否对此负责？

(8) 唐某个人欠张某 10 万元，无力偿还，张某主张代位行使唐某在合伙中的利润分配权，如何处理？若唐某从合伙分得 10 万元利润，张某向唐某主张用利润偿还，应否支持？唐某个人资产无力偿还，张某向法院主张强制执行唐某的合伙份额，应否支持？

(9) 唐某个人欠张某 10 万元，张某又欠合伙企业 10 万元，张某主张抵销，效力如何？

(10) 若合伙企业解散时，合伙人有甲和丙，债权人为孟某，合伙企业有 20 万元资产，欠债 30 万元，甲有个人资产 100 万元，丙只有个人资产 5 万元。孟某主张甲直接向其偿还 30 万元债务，甲主张应先用合伙企业的 20 万元偿还，然后才能向他和丙主张剩余的债权。

问题：

甲的主张是否合法？若甲向孟某偿还了 10 万元后，合伙企业债务全部清结，因甲和丙没有亏损的分担比例，丙以甲未经其同意独自对外偿还债务为由只愿意承担 2 万元的债务，丙应如何处理？

【案例 3】2020 年 3 月，甲、乙、丙、丁四人出资设立太平有限责任公司。拟定章程为：除每年召开一次股东会议外，还可以召开临时股东会议，召开临时会议必须经代表 1/2 表决权的股东或 1/2 董事提出召开。在申请设立登记时，公司登记机关指出了公司章程存在的问题，经全体股东协商后予以纠正。2020年3月公司成立，注册资本3 600万元，其中甲以专利权作价出资800万元，乙以现金出资1 200万元，丙丁各以现金出资800万元。公司成立后，由甲召集主持股东会首次会议，设立了董事会。5月，公司董事会发现，甲作为出资的专利权实际价额600万元，为了使公司注册资本达到3 600万元，公司董事会提出解决方案，即由甲补足其差额200万元，如果甲不能补足差额，则由其他股东按照出资比例分担该差额。2021年6月，公司董事会制订了一个增资方案，方案提出公司注册资本增到5 000万元，增资方案提交股东会表决时，甲、乙、丙同意，丁反对。股东会通过了增资决议，并授权董事会执行。2022年太平公司在北京依法成立了北京分公司，北京分公司经营过程中，因违反合同被诉至法院。原告以太平公司是北京分公司的总公司为由，要求太平公司承担违约责任。

问题：
(1) 太平公司设立前拟定的章程中有关召开临时股东会的决定是否合法？为什么？
(2) 太平公司首次股东会由甲召集和主持是否符合《公司法》的规定？为什么？
(3) 太平公司作出的关于甲出资不足的解决方案是否符合《公司法》的规定？为什么？
(4) 太平公司股东会作出的增资决议是否符合《公司法》的规定？为什么？
(5) 太平公司是否应为北京分公司承担责任？为什么？

实训操作

(1) 模拟设立一家个人独资企业，熟悉个人独资企业申请创办的具体流程。
(2) 起草一份合伙协议，模拟设立合伙企业，熟悉合伙企业设立的相关问题。
(3) 甲、乙、丙准备设立一家有限责任公司，请帮他们起草一份公司章程，准备设立公司所需要的相关文件。

项目二

合同法律制度

学习目标

知识目标

➢ 了解合同的概念、特征、种类。
➢ 熟悉合同订立的过程。
➢ 掌握合同的形式与内容。
➢ 掌握合同的效力状况。
➢ 掌握合同担保的方式。
➢ 掌握合同的履行规则。
➢ 掌握违约责任的归责原则、构成要件及责任方式。

能力目标

➢ 能够参照合同范本签订合同。
➢ 能够判断合同的法律效力,能修改有瑕疵的合同。
➢ 能够正确选择适用担保方式。
➢ 能够依法履行合同。
➢ 能够正确判定合同责任,处理合同违约纠纷。

任务一 认识合同

任务导入:甲企业与乙企业达成口头协议,由乙企业在半年之内供应甲企业 50 吨钢材。三个月后,乙企业以原定钢材价格过低为由要求加价,并提出,如果甲企业表示同意,双方立即签订书面合同,否则乙企业将不能按期供货。甲企业表示反对,并声称,如乙企业到期不履行协议,将向法院起诉。

任务要求:甲企业与乙企业的口头协议成立生效吗?结合本案熟悉合同的类别。

一、合同与合同立法

(一) 合同的概念与特征

合同是平等主体的自然人、法人、其他组织之间设立、变更、终止民事权利义务关系的协议。

合同具有以下特征：①合同是两个或两个以上当事人的法律行为；②合同是以设立、变更和终止民事权利义务关系为内容的协议；③合同当事人具有平等的法律地位。

(二) 合同立法

调整合同关系的法律主要是2021年1月1日生效的《中华人民共和国民法典》(以下简称《民法典》)。《民法典》第三编"合同"的第一分编"通则"规定了合同的订立、合同的效力、合同的履行、合同的保全、合同的变更和转让、合同的权利义务终止、违约责任等内容，第二分编"典型合同"规定了买卖合同等19种具体合同。

二、合同的分类

根据不同的标准，合同可以划分成不同的种类。

(一) 有名合同与无名合同

这是根据法律是否对合同的名称作出明确规定来划分的。法律上赋予一定名称，并以专门规范加以调整的合同，称为有名合同；法律未作规定的合同为无名合同。我国《民法典》中规定了买卖合同，供用电、水、气、热力合同，赠与合同，借款合同，保证合同，租赁合同，融资租赁合同，保理合同，承揽合同，建设工程合同，运输合同，技术合同，保管合同，仓储合同，委托合同，物业服务合同，行纪合同，中介合同，合伙合同租赁合同、运输合同等19种有名合同；《民法典》没有明文规定的合同，都是无名合同。有名合同直接适用《民法典》第三编第二分编"典型合同"的规定，无名合同可以参照适用《民法典》第三编第一分编"通则"的规定。

(二) 单务合同与双务合同

按照双方当事人是否互负义务，将合同分为单务合同与双务合同。单务合同是指合同关系中一方只承担义务，另一方只享受权利的合同。双务合同是指合同双方当事人互享债权，互负债务的合同。大部分合同都是双务合同，只有少数几类合同属于单务合同，例如赠与合同、借用合同。

(三) 有偿合同与无偿合同

根据当事人取得权利是否以偿付为代价，把合同分为有偿合同和无偿合同。有偿合同是指当事人取得权利必须偿付一定代价的合同。无偿合同是指当事人一方只享有合同权利而不偿付任何代价的合同。大部分合同都是有偿的，如买卖、租赁、借贷合同等合同；无偿合同比较少，主要有赠与合同、借用合同。

(四) 要式合同与不要式合同

根据合同的成立是否需要特定的形式，可将合同分为要式合同与不要式合同。要式合同是指法律要求必须具备一定的形式和手续的合同。不要式合同是指法律不要求必须具备一定形式和手续的合同。

(五) 诺成合同与实践合同

这是根据合同的成立是否需要交付标的物为要件来划分的。诺成合同是指只要当事人意思表示一致即可成立的合同；实践合同是指合同的成立除了双方当事人意思表示一致外，还需交付标的物才能成立的合同。买卖合同、租赁合同、承揽合同等大多数合同都属于诺成合同，实践合同仅限于法律规定的少数合同，如借用、保管、定金、自然人之间的借款合同。

案例讨论 3-1

小梅与小丽是朋友。小丽因生意资金链断裂急需 10 万元，3 月 10 日小丽向小梅提出借款，刚好小梅有笔定期存款第二天到期，于是，双方对该笔借款达成一致，小丽于当天向小梅出具借款协议一份。第二天，小丽来找小梅取钱却得知小梅已经将借给了亲戚。小丽很生气，认为双方已经签订了借款协议，小梅的行为构成违约。

问题：小丽和小梅的借款合同成立了吗？小梅的行为构成违约吗？

6. 主合同和从合同

这是根据合同是否具有从属性划分的。凡不依其他合同的存在为前提而能独立成立的合同，称为主合同。凡必须以其他合同的存在为前提始能成立的合同，称为从合同。例如，债权合同为主合同，保证该合同债务之履行的保证合同为从合同。

任务二　合同的订立

任务导入：某超市想要购进一批毛巾，于是向几家毛巾厂发出邮件，称：本超市欲购进毛巾，如果有全棉新款，请附图样与说明，我超市将派人前往洽谈购买事宜。于是有几家毛巾厂都回复，称自己满足该超市的要求并且附上了图样与说明。其中一家毛巾厂甲厂寄送了图样和说明后，又送了 100 条毛巾到该超市，超市看货后不满意，于是决定不购买甲厂的毛巾。甲厂认为超市发出的是要约，他送毛巾的行为是承诺，双方已经成立合同，超市拒绝购买是违约行为，应该承担违约责任。而超市认为他发邮件的行为是一种要约邀请而不是要约，超市不受该行为约束。

任务要求：
(1) 超市发出的邮件是要约还是要约邀请？
(2) 超市和甲厂是否成立合同？
(3) 超市是否构成违约？结合本案，分析理解合同成立的要件，熟悉合同订立的过程，判断合同成立的时间。

合同成立须具备一定的条件，包括三个方面：有两个或两个以上当事人；双方对主要条款达成合意；合同的成立应具备要约和承诺阶段。要约和承诺也就是合同订立的过程。

一、合同订立的程序

合同的订立是指合同当事人就合同的主要条款经过协商达成一致的法律行为。合同的订立程序主要包括要约和承诺。

(一) 要约

要约是一方当事人向另一方当事人发出的希望与之订立合同的意思表示。发出要约的一方称为要约人，接受要约的对方称为受要约人。

1. 要约的有效条件

要约必须符合以下条件：①要约必须由特定的当事人发出；②要约的内容必须具体确定；③要约应表明经受要约人承诺，要约人即受该意思表示的约束。

2. 要约的法律效力

(1) 要约的生效时间

我国《民法典》规定，要约到达受要约人时生效。采用口头方式的要约，在受要约人了解要约时即可生效；采用书面形式的要约，在要约到达受要约人时生效；采用数据电文形式订立合同的，收件人指定特定系统接收数据电文的，数据电文进入该特定系统的时间，即视为到达时间；未指定特定系统的，该数据电文进入收件人的任何系统的首次时间，为到达的时间。

(2) 要约法律效力的内容

要约的法律效力包括对要约人的约束力和对受要约人的约束力两个方面。

① 对要约人的约束力。对要约人的约束力是指在要约有效期内，要约人不得随意变更或撤销要约。

② 对受要约人的约束力。受要约人接到要约后即取得承诺的资格，有权决定是否做出承诺。当然，受要约人可以拒绝承诺，并且不需要通知要约人。

3. 要约的撤回与撤销

(1) 要约的撤回是指在要约生效前，要约人使其失去法律效力的意思表示。我国《民法典》规定要约可以撤回，但撤回要约的通知必须在要约到达受要约人之前或与要约同时到达受要约人。

(2) 要约的撤销是指在要约生效后，要约人使其法律效力归于消灭的意思表示。要约可以撤销，但撤销要约的通知应当在受要约人发出承诺通知之前到达受要约人。在以下两种情况下要约不得撤销，一是要约人确定了承诺期限或以其他方式明示要约是不可撤销的；二是受要约人有理由认为该要约是不可撤销的，并且已经为履行合同做了准备工作的。

4. 要约的失效

要约的失效是指要约丧失了法律上的约束力。导致要约失效的原因主要包括以下方面：①拒绝要约的通知到达要约人；②要约人依法撤销要约；③承诺期限届满，受要约人未做出承诺；④受要约人对要约的内容做出实质性变更。

5. 要约邀请

要约邀请也称为要约引诱，是指希望对方向自己发出要约的意思表示，也就是一方当事人邀请对方向自己发出要约。要约邀请不是订立合同的必经程序，发出要约邀请的目的是促使对方向自己发出要约。根据我国《民法典》的规定，寄送商品价目表、招标公告、拍卖公告、招股说明书、商业广告等属于要约邀请，其中，商业广告的内容符合要约规定的，视为要约。

【难点提示】 要约与要约邀请的区别（表 3-1）

表 3-1

项目	要约	要约邀请
目的不同	以订立合同为直接目的	唤起相对人向自己发出要约
效力不同	受约人承诺，合同成立	不会产生合同成立的结果
内容不同	包括合同成立的必要条款	不包括合同必要条款，只是笼统地宣传自己的业务能力、产品质量、服务态度等
对象不同	一般应针对特定人（一人或多人）	不特定的人
方式不同	对话或信函	借助电视、广播、报刊，一般双方不发生实际接触

（二）承诺

承诺是受要约人同意要约的意思表示。

1. 承诺的有效条件

承诺应符合以下条件。①承诺必须由受要约人或其代理人发出。②承诺必须向要约人做出。③承诺的内容应该和要约的内容相一致。受要约人对要约的实质性内容加以变更，为新要约，也称为"反要约"。有关合同的标的、数量、质量、价款或报酬、履行期限、履行地点和方式、违约责任和争议解决的方法等的变更，是对要约内容的实质性变更。④承诺必须在要约的有效期内做出。

2. 承诺的方式

根据我国《民法典》的规定，承诺应以通知的方式做出。至于以何种方式通知，法律并未具体规定。一般认为，承诺的形式应与要约的形式相一致。

另外，《民法典》还规定，承诺应以通知的方式做出，但根据交易习惯或者要约表明可以通过行为做出承诺的除外。需要注意的是，以行为做出承诺，不包括单纯的沉默或不作为，除法律有特别规定或当事人另有约定外，沉默或不作为不能被视为承诺。

3. 承诺的法律效力

（1）承诺生效的时间

承诺通知到达要约人时生效。承诺不需要通知的，根据交易习惯或者要约的要求做出承诺的行为时生效。

（2）承诺法律效力的内容

承诺的通知一旦到达要约人，合同即告成立。在承诺不需要通知的情况下，根据交易习惯或者要约的要求，受要约人做出承诺行为，也使承诺产生法律效力，合同成立。

4. 承诺的撤回

承诺的撤回是指承诺人阻止承诺发生法律效力的意思表示。《民法典》规定，承诺可以撤回，但撤回承诺的通知应当在承诺通知到达要约人之前或者与承诺通知同时到达要约人。

二、合同的内容与形式

1. 合同的内容

合同的内容即合同的条款。合同的内容由当事人约定，一般包括以下条款：①当事人的名称或者姓名和住所；②标的；③数量和质量；④价款或者报酬；⑤履行期限、地点和方式；⑥违约责任；⑦解决争议的方法。

2. 合同的形式

合同的形式是指合同当事人意思表示一致的表现形式。我国《民法典》规定：当事人订立合同可以采用口头形式、书面形式和其他形式。

三、合同成立的时间和地点

1. 合同成立的时间

（1）一般情况下，承诺生效的时间就是合同成立的时间。

（2）当事人采用合同书形式订立合同的，自当事人均签名、盖章或者按指印时合同成立。在签名、盖章或者按指印之前，当事人一方已经履行主要义务，对方接受时，该合同成立。

（3）法律、行政法规规定或者当事人约定合同应当采用书面形式订立，当事人未采用书面形式但是一方已经履行主要义务，对方接受时，该合同成立。

（4）当事人采用信件、数据电文等形式订立合同要求签订确认书的，签订确认书时合同成立。当事人一方通过互联网等信息网络发布的商品或者服务信息符合要约条件的，对方选择该商品或者服务并提交订单成功时合同成立，但是当事人另有约定的除外。

案例讨论 3-2

甲、乙双方约定以书面合同的方式，由乙方向甲方供应一批上等绸缎礼服，由于双方一直以来合作多次均未出现任何问题。乙方生产的绸缎礼服急需出手，于是在双方还未正式签订书面合同的情况下，乙方径直将礼服送往甲方工厂，通过交涉甲方愿意接受。事后在销售过程中由于此种礼服供过于求，甲方存货无法正常销售出去，于是甲方希望向乙方退货，乙方没有答应甲方的要求。不得已甲方以低价销售，致使损失100万元。在多次向乙方交涉未果的情况下，甲方向法院起诉称双方未按约定签订书面合同，合同关系不成立，主张合同无效。

问题：甲、乙双方合同成立吗？为什么？

2. 合同成立的地点

一般来说，承诺生效的地点就是合同成立的地点。采用数据电文形式订立合同的，收件人的主营业地为合同成立的地点；没有主营业地的，其经常居住地为合同成立的地点，当事人另有约定的，按照其约定；当事人采用合同书形式订立合同的，最后签名、盖章或者按指印的地点为合同成立的地点，但是当事人另有约定的除外。

实务操作指南

简单的借款合同范本

甲方(出借人):
身份证号码:
联系方式:
乙方(借款人):
身份证号码:
联系方式:
甲乙双方在平等、自愿、等价有偿的基础上,经友好协商,达成如下一致意见,供双方共同信守。

一、借款金额(大写):
二、借款用途:借款人因_____需要,急需一笔资金。
三、借款利率:_____,按年收息,利随本清。
四、借款期限:借款时间自____年____月____日起至____年____月____日止。
五、还款日期和方式:_____
六、违约责任:
借款方应按合同规定的时间还款。如借款方不按期偿还借款,出借方有权限期追回借款,并按合同规定_____%计算加收逾期利息。
七、合同争议的解决方式:本合同在履行过程中发生的争议,由当事人双方友好协商解决,也可由第三人调解。协商或调解不成的,可由任意一方依法向人民法院起诉。
八、本合同自双方签字之日起生效。本合同一式两份,双方各执一份,合同文本具有同等法律效力。

甲方(签字、盖章)　　　　　　　乙方(签字、盖章)
签订日期:　年　月　日　　　　　签订日期:　年　月　日

任务三　合同的效力

任务导入:张某曾是远大运输公司的一名业务员,2022年2月辞职。2022年8月,张某以远大运输公司名义与某食品公司签订了货物运输合同,并借用朋友的货车运送这批货物。运输途中,由于张某驾驶失误发生交通事故,造成货损。食品公司依据运输合同要求远大运输公司赔偿货物损失20万元。远大运输公司回应:该运输合同是张某与食品公司签订的,张某在签订合同时已经离职,不再是远大公司的代理人,远大公司不应承担损失。

任务要求:
(1)本案中张某与食品公司订立的合同是否生效?

(2) 食品公司的损失应由谁负责赔偿？结合本案，熟悉合同效力的几种情况，学会审查判断合同效力。

相关知识：合同效力是法律赋予依法成立的合同所产生的约束力。合同效力一般包括以下四种区别情况：有效、无效、可变更可撤销、效力待定。

一、有效合同

1. 有效合同的概念

有效合同指具有法律约束力的合同。有效合同受到法律的保护。

2. 有效合同的构成条件

(1) 合同当事人具有相应的民事行为能力

根据《民法典》规定，"当事人订立合同，应当具有相应的民事权利能力和民事行为能力。"完全民事行为能力人有权订立合同，限制民事行为能力人只能订立与其年龄、智力或精神状况相适应的合同以及纯获利益的合同。法人的民事行为能力则限制在其核准登记的生产经营和业务范围内。

【难点提示】 民事权利能力和民事行为能力（表 3-2）

表 3-2

法律主体	具体规定			
自然人	民事权利能力	在出生时产生，到死亡时消灭		
	民事行为能力	完全民事行为能力人	(1) 年龄≥18 (2) 16≤年龄<18，以自己的劳动收入为主要生活来源	
			可以独立实施民事法律行为	
		限制民事行为能力人	(1) 8≤年龄<18 (2) 不能完全辨认自己行为的精神病人	
			实施民事法律行为由其法定代理人代理或者经其法定代理人同意、追认；但是，可以独立实施纯获利益的民事法律行为或者与其年龄、智力相适应的民事法律行为	
		无民事行为能力人	(1) 年龄<8 (2) 不能辨认自己行为的精神病人	
			由其法定代理人代理实施民事法律行为	
	民事行为能力必须以民事权利能力为前提，有民事权利能力不一定具有民事行为能力			
法人	民事权利能力、民事行为能力在法人成立时产生，到法人终止时消灭			
	法人的民事权利能力与民事行为能力范围一致			
	法人的民事行为能力通过其法定代表人或其他代理人实现			

（2）合同当事人意思表示真实。所谓意思表示真实，是指表意人的表示行为应当真实地反映其内心的效果意思。一方当事人在被欺诈、胁迫或者重大错误下订立的合同往往不是其真实意思表示，属于无效或可撤销的合同。

（3）合同不违反法律、行政法规的强制性规定，不违背公序良俗。

此外，《民法典》第158条规定：民事法律行为可以附条件，但是按照其性质不得附条件的除外。附生效条件的民事法律行为，自条件成就时生效。附解除条件的民事法律行为，自条件成就时失效。根据该规定，当事人对合同的效力可以约定附条件，附生效条件的合同，自条件成就时生效。附解除条件的合同，自条件成就时失效。当事人为自己的利益不正当地阻止条件成就的，视为条件已成就；不正当地促成条件成就的，视为条件不成就。当事人对合同的效力可以约定附期限。附生效期限的合同，自期限届至时生效。附终止期限的合同，至期限届满时失效。

二、无效合同

1. 无效合同的概念

无效合同是指虽然已经成立但欠缺生效要件，不具有法律约束力的合同。无效合同不受国家法律保护。

无效合同划分为部分无效和全部无效两种情况。部分无效的合同，是指合同的部分内容无效，而且无效的部分并不影响整个合同的法律效力。全部无效合同是指内容违法的合同，自始不具有法律效力。

2. 合同无效的原因

根据《民法典》的规定，有下列情形之一的，合同无效。

（1）无民事行为能力人签订的合同。

（2）以虚假的意思表示签订的合同。

（3）违反法律、法规强制性规定的合同。

（4）违背公序良俗的合同。

（5）恶意串通，损害他人合法权益的合同。

除此之外，《民法典》第506条规定："合同中的下列免责条款无效：①造成对方人身伤害的；②因故意或者重大过失造成对方财损失的。"

案例讨论3-3

某商场与某酒厂签订一份买卖合同，约定商场向酒厂购买10万瓶劣质白酒，货款为30万元，先付款后提货，并约定酒厂需加贴某名牌酒的注册商标，以便商场假冒出售。合同履行时，商场借口一时资金短缺，只付了20万元即提走了全部货物。后酒厂多次催款，商场拒不付款。酒厂遂诉至法院。

问题：

（1）商场与酒厂的签订的合同是否生效？为什么？

（2）本案应如何处理？

三、可变更可撤销合同

（一）可变更可撤销合同的概念

可变更或撤销的合同是指合同订立后，因意思表示不真实，可由当事人行使撤销权使其归于无效，或行使变更权使其内容变更的合同。

可变更、可撤销合同是一种相对有效的合同，在有撤销权的一方行使撤销权之前，合同对双方当事人都是有效的。在当事人行使撤销权，法院或仲裁机构同意撤销该合同后，该合同无效。另外，当事人请求变更的，人民法院不得撤销。

（二）可撤销合同的原因

根据《民法典》的规定，下列合同，当事人一方有权请求人民法院或者仲裁机构变更或者撤销。

（1）因重大误解订立的合同。

（2）乘人之危显失公平的合同，即一方利用对方处于危困状态、缺乏判断能力等情形，致使合同成立时显失公平的。

（3）受欺诈、胁迫订立的合同。一方以欺诈手段，使对方在违背真实意思的情况下订立合同的，受欺诈方有权请求撤销合同；第三人实施欺诈行为，使一方在违背真实意思的情况下签订的合同，对方知道或者应当知道该欺诈行为的，受欺诈方有权请求撤销合同；一方或者第三人以胁迫手段，使对方在违背真实意思的情况下订立合同的，受胁迫方有权请求人民法院或者仲裁机构予以撤销。

（三）撤销权及其行使

撤销权人应请求人民法院或仲裁机构予以变更或者撤销合同。

撤销权可因以下原因消灭：①当事人自知道或者应当知道撤销事由之日起1年内、重大误解的当事人自知道或者应当知道撤销事由之日起90日内没有行使撤销权；②当事人受胁迫，自胁迫行为终止之日起1年内没有行使撤销权；③当事人知道撤销事由后明确表示或者以自己的行为表明放弃撤销权。

当事人自民事法律行为发生之日起5年内没有行使撤销权的，撤销权消灭。

案例讨论3-4

甲首饰店制作了一批项链，在电视上做广告称："本店所生产的该批项链是由国际知名设计师亲自设计的，采用铂金制造，其上镶嵌有从非洲进口的天然钻石。"乙信以为真，便买了一条项链。乙的妻子责怪乙太过草率，便到鉴定机构去鉴定，发现该项链不仅不是铂金制造，而且上面的钻石也只是一种塑料。乙遂多次与甲首饰店交涉，历时一年零六个月，未果，现乙欲诉请法院撤销该买卖关系。

问题：乙的主张能否得到支持？为什么？

【难点提示】 无效合同与可撤销合同的区别(表3-3)

表 3-3

无效合同	1. 违反法律、行政法规规定的生效条件而不发生法律效力，不具有法律约束力的合同 2. 无效合同在内容上常常违反法律的禁止性规定和社会公共利益，具有明显的违法性，对无效合同效力的确认不能由当事人自主选择； 合同的无效，分为合同的全部无效与合同的部分无效两种情况，合同部分无效，不影响其他部分效力的，其他部分仍然有效
可撤销合同	1. 因重大误解，或者显失公平，或一方以欺诈、胁迫手段违背另一方真实意思的情况下订立的合同 2. 可撤销合同主要涉及意思表示不真实的问题，法律将是否主张撤销的权利交给撤销权人，由其决定是否撤销合同；合同被撤销前仍然是有效合同

四、效力待定合同

1. 效力待定合同的概念

效力待定合同也称为可追认的合同是指合同虽然已经成立，但因其不完全符合有关生效要件的规定，因此其效力能否发生，尚未确定，一般须经有权人表示承认才能生效。

2. 效力待定合同的原因

(1) 限制民事行为能力人订立的合同

限制民事行为能力人订立的合同，经法定代理人追认后，该合同有效，但纯获利益的合同或者与其年龄、智力、精神健康状况相适应而订立的合同，不必经法定代理人追认。

(2) 无权代理人订立的合同

根据《民法典》第171条规定，行为人没有代理权、超越代理权或者代理权终止后以被代理人名义订立的合同，未经被代理人追认，对被代理人不发生效力，由行为人承担责任。

(3) 无处分权人订立的合同

无处分权人订立的合同就是无处分权人处分他人财产而与合同相对人订立的合同。无处分权人处分他人财产而订立的合同必须经过权利人的追认，或者无处分权人在合同订立后取得了对财产的处分权，合同才能生效。

【难点提示】 无处分权人订立的合同与善意取得制度的关系

善意取得制度是指无权处分人将其财产有偿转让给第三人，如果受让人取得该财产时出于善意，则受让人将依法即时取得对该物产的所有权的一种法律制度。善意取得制度是均衡所有权人和善意受让人利益的一项制度，首先它在一定程度上维护所有权人的利益，保证所有权安全。其次它侧重维护善意受让人的利益，促进交易安全。当所有权人与善意受让人发生权利冲突时，应当侧重保护善意受让人。这样有利于维护交易的安全，还有利于鼓励交易。

我国《民法典》311条规定：无处分权人将不动产或者动产转让给受让人的，所有权人有权追回；除法律另有规定外，符合下列情形的，受让人取得该不动产或者动产的所有权：①受让人受让该不动产或者动产时是善意；②以合理的价格转让；③转让的不动产或者动产依照法律规定应当登记的已经登记，不需要登记的已经交付给受让人。

受让人依据前述规定取得不动产或者动产的所有权的，原所有权人有权向无处分权人请求损害赔偿。

案例讨论3-5

甲花5 300元购买了一台笔记本电脑。一天，甲将电脑借给同学乙使用，乙擅自将该电脑以同样的价格卖给丙。甲得知后欲找到丙索回电脑，丙认为自己已经支付对价，且他也不知道这台电脑是甲的，拒绝返还。

问题：

（1）甲能否索回电脑？为什么？

（2）假设乙将该电脑赠与丙，甲能否索回电脑？

（4）法定代表人越权订立的合同

《民法典》第504条规定，法人或其他组织的法定代表人、负责人超越权限订立的合同，除相对人知道或应知道其超越权限的以外，该代表行为有效。也就是说，法人或者其他组织的法定代表人、负责人超越权限订立的合同，如果合同相对人是善意的，该代表行为有效；如果相对人是恶意的，这种合同就是无效的。

五、合同被确认无效和被撤销后的法律后果

合同被确认无效或者被撤销后，自始即不发生法律效力，对当事人不具有任何约束力。合同尚未履行的，不再履行；合同正在履行的，应当停止履行；合同已全部履行或者已经部分履行的，应分别情况对于当事人已经取得的财产和造成他人的损失作不同的处理。

1. 返还财产

返还财产是指依合同已交付财产的当事人，在合同被确认无效或被撤销后，有权请求对方返还财产，同时接受财产一方当事人有返还财产的义务。不能返还或没有返还必要的，应当折价补偿。

2. 赔偿损失

《民法典》第157条规定，有过错的一方应当赔偿对方因此所受到的损失，双方都有过错的，应当各自承担相应的责任。

实务操作指南

合同审查的注意事项

（1）合同主体的审查。要审核合同主体是否具备独立的民事行为能力，是否具备特定的资质，还要进行必要的资信调查。

（2）审查合同主要条款是否缺失、表述是否具体明确。合同的主要条款包括：当事人的名称或者姓名和住所；标的；数量和质量；价款或者报酬；履行期限、地点和方式；违约责任；解决争议的方法。此外，还要审查合同期限、各方的权利义务条款、合同生效条款等。

（3）审查合同效力。要根据合同的生效条件审查签约主体是否具备相应的民事行为能力，合同是否存在违反法律和行政法规强制性规定的情况。对于须经审批程序生效的合同、附条件的合同、附期限的合同、行为能力欠缺的人签订的合同、无权代理人签订的合同、法定代表人越权签订的合同、无处分权人签订的合同，要具体情况具体分析，甄别确定合同的效力。

（4）审查合同格式。合同本身可分为三部分：首部、正文及签署部分。首部指合同名称、编号、各方当事人名称、住所、邮政编码、法定代表人、电话、传真、电子信箱、开户行、账号等；正文指合同第一条至最后一条具体条款；签署部分指合同各方签字盖章及签署时间、地点。要审查审查合同三部分是否齐全、是否前后矛盾。这一阶段常见错误主要有：当事人名称不一致、不完全、错误或矛盾；合同名称与实质内容不符（如名为加工合同，实为定作合同）；签署时间前后不一样；地址、法定代表人错误等。

任务四　合同的担保

任务导入：2020年1月10日，张某向中国农业银行某市支行（以下简称某支行）借款80万元，双方签订了借款合同，约定将张某所有的房产抵押给某支行，但双方没有到房管部门办理抵押手续，只是在借款合同上提到了用张某自有的某某地房产作抵押，并将房产证交付给某支行保管。同时，某支行还与胜利小学签订了保证合同，约定由胜利小学承担张某借款债务的连带保证责任，保证期间为借款合同到期之次日起两年。借款到期后，张某未履行还款义务，后经催讨未果。某支行诉至法院，要求张某以所抵押的房产偿还借款本金80万元及利息，胜利小学负连带清偿责任。

任务要求：本案中的保证合同是否有效？银行是否享有抵押权？法院应如何判决？结合本案，熟悉合同担保方式，正确选择适用担保方式。

一、担保概述

1. 担保的概念与特征

担保是为了保证债权实现而采取的法律措施。担保具有以下特征。

（1）从属性。担保具有从属性是指担保从属于主合同，依主合同的存在或将来存在为前提，随主合同的变更而变更、消灭而消灭。

（2）补充性。担保的补充性是指担保一经有效成立，就在主合同债权债务基础上补充了某种权利义务关系，只有在主权利不能正常实现，债权人的权利不能得到满足时，才能行使这一权利，要求担保人承担清偿责任。

2. 担保的立法

我国《民法典》对担保制度进行了规范。《民法典》第二编"物权"的第四分编"担保物权"规定了抵押权、质权、留置权三种担保物权。《民法典》第三编"合同"的第一分编"通则"规定了定金，《民法典》第二分编"典型合同"中对保证合同作出了规定。

3. 担保适用范围与担保方式

当事人对民事法律关系产生的债权，在不违反法律、法规强制性规定的情况下，都可以按照《民法典》规定的方式设定担保。

根据我国《民法典》的规定，担保的方式主要包括保证、抵押、质押、留置和定金。其中，保证属于人的担保，抵押、质押、留置属于物的担保，定金属于金钱担保。

二、保证

1. 保证的概念

保证是指保证人和债权人约定，在债务人未按约定履行债务时，保证人按照约定履行债务或承担责任的行为。保证人承担保证责任后，有权向债务人追偿。

2. 保证人的资格

根据我国《担保法》的规定，具有代为清偿债务能力的法人、其他组织或者公民，可以作保证人。但下列主体在保证方式中受到一定限制。

（1）国家机关不得为保证人，但经国务院批准为使用外国政府或者国际经济组织贷款进行转贷的除外。

（2）学校、幼儿园、医院等以公益为目的非营利法人、非营利组织不得为保证人。

3. 保证合同

（1）保证合同的形式

保证人与债权人应当以书面形式订立保证合同。具体来说，保证合同可以采取以下几种形式：一是保证人和债权人签订单独的书面合同；二是债权人、债务人和保证人在主合同中订立的保证条款；三是保证人和债权人之间就保证事项达成的协议、传真、信函等文字资料。

（2）保证合同的内容

保证合同应当包括以下内容：①被保证的主债权种类、数额；②债务人履行债务的期限；③保证的方式；④保证担保的范围；⑤保证的期间；⑥双方认为需要约定的其他事项。

（3）保证的方式

我国《民法典》规定的保证方式有一般保证和连带责任保证。当事人在保证合同中对保证方式没有约定或者约定不明确的，按照一般保证承担保证责任。一般保证是指当事人在保证合同中约定，债务人不能履行债务时，由保证人承担保证责任的保证。连带责任保证是指当事人在保证合同中约定保证人与债务人对债务承担连带责任的保证。

当事人在保证合同中约定了保证人在债务人不能履行债务或者无力偿还债务时才承担保证责任等类似内容，具有债务人应当先承担责任的意思表示的，人民法院应当将其认定为一般保证。当事人在保证合同中约定了保证人在债务人不履行债务或者未偿还债务时即承担保证责任、无条件承担保证责任等类似内容，不具有债务人应当先承担责任的意思表示的，人民法院应当将其认定为连带责任保证。

一般保证和连带责任保证的区别在于：一般保证的保证人享有先诉抗辩权；而连带责任保证的保证人没有先诉抗辩权，只要债务人在主合同规定的债务履行期届满没有履行债务，债权人就可以要求债务人履行债务，也可以要求保证人在其保证范围内承担保证责任。

4. 保证责任

（1）保证担保的范围

根据《民法典》第 691 条的规定，保证的范围包括主债权及其利息、违约金、损害赔偿金和实现债权的费用。当事人另有约定的，按照其约定。

（2）主债权债务转让及主合同变更时，保证人的责任

债权人转让全部或者部分债权，未通知保证人的，该转让对保证人不发生效力。保证人与债权人约定禁止债权转让，债权人未经保证人书面同意转让债权的，保证人对受让人不再承担保证责任。

保证期间，债权人许可债务人转让债务的，应当取得保证人书面同意，保证人对未经其同意转让的债务，不再承担保证责任。债权人许可债务人转让部分债务未经保证人书面同意的，保证人对未经其同意转让部分的债务，不再承担保证责任。但是，保证人仍应当对未转让部分的债务承担保证责任。

保证期间，债权人与债务人对主合同数量、价款、币种、利率等内容作了变动，未经保证人同意的，如果减轻债务人的债务的，保证人仍应当对变更后的合同承担保证责任；如果加重债务人的债务的，保证人对加重的部分不承担保证责任。

债权人与债务人对主合同履行期限作了变动，未经保证人书面同意的，保证期间为原合同约定的或者法律规定的期间。

债权人与债务人协议变动主合同内容，但并未实际履行的，保证人仍应当承担保证责任。

（3）保证期间

一般保证的保证人与债权人未约定保证期间的，保证期间为主债务履行期届满之日起 6 个月。在合同约定的保证期间和上述期间内，债权人未对债务人提起诉讼或者申请仲裁的，保证人免除保证责任；债权人已提起诉讼或者申请仲裁的，保证期间适用诉讼时效中断的规定。

连带责任保证的保证人与债权人未约定保证期间的，债权人有权自主债务履行期届满之日起 6 个月内要求保证人承担保证责任。在合同约定的保证期间和上述期间内，债权人未要求保证人承担保证责任的，保证人免除保证责任。

5. 保证合同的无效

保证合同的无效是指保证合同不具备法律规定的生效要件，因而不能发生预期的法律效力。保证合同无效有以下几种情形。

（1）主合同无效导致保证合同无效。根据保证合同的从属性，主合同无论基于何种事由而无效，除非当事人另有约定，保证合同无效。

主合同无效导致第三人提供的担保合同无效，担保人无过错的，不承担赔偿责任；担保人有过错的，其承担的赔偿责任不应超过债务人不能清偿部分的 1/3。

(2) 主合同有效，保证合同因自身原因无效，主要有以下几种情况。

① 因保证人资格的欠缺导致保证合同无效。具体包括：国家机关作为保证人签订的保证合同无效；以公益为目的的非营利法人、非营利组织签订的保证合同无效。

② 保证人意思不真实导致保证合同无效。主合同当事人双方串通，骗取保证人提供保证的，保证合同无效。

③ 保证合同违反法律法规的强制性规定和社会公共利益而无效。

主合同有效而第三人提供的担保合同无效，人民法院应当区分不同情形确定担保人的赔偿责任：a. 债权人与担保人均有过错的，担保人承担的赔偿责任不应超过债务人不能清偿部分的1/2；b. 担保人有过错而债权人无过错的，担保人对债务人不能清偿的部分承担赔偿责任；c. 债权人有过错而担保人无过错的，担保人不承担赔偿责任。

担保人因无效担保合同向债权人承担赔偿责任后，可以向债务人追偿，或者在承担赔偿责任的范围内，要求有过错的反担保人承担赔偿责任。

案例讨论3-6

某乡镇企业为购置设备，向银行贷款30万元，企业以自有工具车一辆作抵押（评估价10万元），另由乡财政所作保证。贷款到期后，企业仅归还15万元，其余贷款及利息无法偿付，为此，银行向法院提起诉讼，要求乡财政所承担连带清偿责任。

问题：

(1) 乡财政所是否应承担连带清偿责任？

(2) 本案应如何处理？

三、抵押

1. 抵押的概念

抵押是指债务人或者第三人不转移对某一特定财产的占有，将该财产作为债权的担保，债务人不履行债务或者发生当事人约定的实现抵押权的情形时，债权人有权依照法律规定以该财产折价或者以拍卖、变卖该财产的价款优先受偿的担保方式。在抵押法律关系中，债务人或者第三人为抵押人，债权人为抵押权人，提供担保的财产为抵押物。

2. 抵押物

《民法典》第395条规定，债务人或者第三人有权处分的下列财产可以抵押：①建筑物和其他土地附着物；②建设用地使用权；③海域使用权；④生产设备、原材料、半成品、产品；⑤正在建造的建筑物、船舶、航空器；⑥交通运输工具；⑦法律、行政法规未禁止抵押的其他财产。

另外，根据《民法典》的规定，企业、个体工商户、农业生产经营者可以将现有的以及将有的生产设备、原材料、半成品、产品抵押，债务人不履行到期债务或者发生当事人约定的实现抵押权的情形，债权人有权就实现抵押权时的动产优先受偿。

以建筑物抵押的，该建筑物占用范围内的建设用地使用权一并抵押。以建设用地使用权抵押的，该土地上的建筑物一并抵押。抵押人未依照上述规定一并抵押的，未抵押的财产视为一并抵押。

乡镇、村企业的建设用地使用权不得单独抵押。以乡镇、村企业的厂房等建筑物抵押的，其占用范围内的建设用地使用权一并抵押。

《民法典》第400条规定，下列财产不得抵押：①土地所有权；②宅基地、自留地、自留山等集体所有的土地使用权，但法律规定可以抵押的除外；③学校、幼儿园、医疗机构等以公益为目的成立的非营利法人的教育设施、医疗卫生设施和其他社会公益设施；④所有权、使用权不明或者有争议的财产；⑤依法被查封、扣押、监管的财产；⑥法律、行政法规规定不得抵押的其他财产。

3. 抵押合同和抵押登记

（1）抵押合同的内容

抵押人和抵押权人应当以书面形式订立抵押合同。抵押合同应当包括以下内容：①被担保的主债权种类、数额；②债务人履行债务的期限；③抵押财产的名称、数量、质量、状况、所在地、所有权权属或者使用权权属；④抵押担保的范围；⑤当事人认为需要约定的其他事项。

抵押合同不完全具备上述规定内容的，可以补正。抵押权人在债务履行期届满前，与抵押人约定债务人不履行到期债务时抵押财产归债权人所有的，只能依法就抵押财产优先受偿。

实务操作指南

房屋抵押合同范本

抵 押 人（甲方）：

抵押权人（乙方）：

为确保_____年_____月_____日签订的_____（以下称主合同）的履行，抵押人（以下简称甲方）愿意以其有权处分的房地产作抵押。抵押权人（以下简称乙方）经实地勘验，在充分了解其权属状况及使用与管理现状的基础上，同意接受甲方的房地产抵押。

甲方将房屋抵押给乙方时，该房屋所占用范围的土地使用权一并抵押给乙方。

双方本着平等、自愿的原则，同意就下列房地产抵押事项订立本合同，共同遵守。

第一条　甲方用作抵押的房地产位于_____市_____区_____街（路、小区）_____号_____栋_____单元_____层_____户号，其房屋建筑面_____m²，占地面积_____m²。

第二条　根据主合同，甲乙双方确认：债务人为_____；抵押期限自_____年_____月_____日至_____年_____月_____日。

第三条　经房地产评估机构评估，上述房地产价值为人民币_____（大写），_____（小写）。根据主合同，双方确认：乙方债权标的额（本金）：_____（大写），_____（小写），抵押率为百分之_____。

第四条　甲方保证上述房地产权属清楚。若发生产权纠纷或债权债务，概由甲方负责清理，并承担民事诉讼责任，由此给乙方造成的经济损失，甲方负责赔偿。

第五条　乙方保证按主合同履行其承担的义务，如因乙方延误造成经济损失的，乙方承担赔偿责任。

第六条　抵押房地产现由_____使用。

甲方在抵押期间对抵押的房地产承担维修、养护义务并负有保证抵押房地产完好无损的责任，并随时接受乙方的检查监督。

在抵押期间因使用不当造成毁损，乙方有权要求恢复房地产原状或提供给乙方认可的新的抵押房地产，在无法满足上述条件的基础上，乙方有权要求债务人提前偿还本息。

第七条　抵押期间，甲方不得擅自转让、买卖、租赁抵押房地产不得重复设定抵押，未经乙方书面同意，发生上述行为均属无效。

第八条　抵押期间，甲方如发生分立、合并，由变更后承受抵押房地产方承担或分别承担本合同规定的义务。甲方被宣布解散或破产，乙方有权要求提前处分其抵押房地产。

第九条　在本合同有效期内，未经甲方同意，乙方变更主合同条款或延长主合同履行期限的，甲方可自行解除本合同。

第十条　本合同生效后，甲、乙任何一方不得擅自变更或解除合同，需要变更或解除本合同时，应经双方协商一致，达成书面协议。协议未达成前，本合同各条款仍然有效。

第十一条　本合同在执行中若发生争议，甲乙双方应采取协商解决不成，应向_____仲裁委员会申请仲裁。

第十二条　在抵押期间，抵押房地产被拆迁改造时，甲方必须及时告知乙方，且根据具体情况，变更抵押合同或以房地产拆迁受偿价款偿还乙方的本息，并共同到登记机关办理有关登记手续。

第十三条　抵押期满，如债务人不能偿还债务本息，又未与乙方达成延期协议的，按法定程序处理抵押房地产，清偿债务本息。处理抵押房地产所得价款不足以偿还债务本息和承担处理费用的，乙方有权另行追索；价款偿还债务本息后有剩余的，乙方应退还给甲方。

第十四条　本合同未尽事宜，按照房地产抵押管理规定及国家、省、市有关规定办理。

第十五条　本合同经双方签字盖章后生效。

第十六条　本合同一式三份，甲方一份，乙方一份，房地产市场管理部门存档一份。

第十七条　双方商定的其他事项：

甲方(签章)：　　　　　　　　　乙方(签章)：
法定代表人：　　　　　　　　　法定代表人：
委托代理人：　　　　　　　　　委托代理人：
地　址：　　　　　　　　　　　地　址：
联系电话：　　　　　　　　　　联系电话：
合同签订地点：
合同签订时间：　　年　　月　　日

(2) 抵押登记

抵押登记是指抵押物的登记机关根据当事人的申请，依照法定程序将抵押物上设定的抵押权及抵押权变更终止等记载于抵押物登记簿上的行为。

根据《民法典》的规定，以下列财产抵押的，应当办理抵押登记，抵押权自登记时设立。①建筑物和其他土地附着物；②建设用地使用权；③海域使用权；④正在建造的建筑物、船舶、航空器。不动产抵押合同生效后未办理抵押登记手续，债权人请求抵押人办理抵押登记手续的，人民法院应予支持。即以上述财产进行抵押，如果没有办理抵押登记，只是抵押权不成立，但是抵押合同仍然有效，债权人可以依据有效的抵押合同主张对方当事人的违约责任，要求对抵押合同实际履行，也就是要求完成登记，或者是要求违约损害赔偿。

以动产抵押的，抵押权自抵押合同生效时设立；未经登记，不得对抗善意第三人。

4. 抵押权的实现

债务人不履行到期债务或者发生当事人约定的实现抵押权的情形，抵押权人可以与抵押人协议以抵押财产折价或者以拍卖、变卖该抵押财产所得的价款优先受偿。协议损害其他债权人利益的，其他债权人可以在知道或者应当知道撤销事由之日起1年内请求人民法院撤销该协议。抵押权人与抵押人未就抵押权实现方式达成协议的，抵押权人可以请求人民法院拍卖、变卖抵押财产。抵押财产折价或者拍卖、变卖后，其价款超过债权数额的部分归抵押人所有，不足部分由债务人清偿。

同一财产向两个以上债权人抵押的，拍卖、变卖抵押财产所得的价款依照下列规定清偿：抵押权已登记的，按照登记的先后顺序清偿；顺序相同的，按照债权比例清偿；抵押权已登记的先于未登记的受偿；抵押权未登记的，按照债权比例清偿。

抵押担保期间，抵押物毁损、灭失或者被征收等，抵押权人可以就获得的保险金、赔偿金或者补偿金等优先受偿。被担保债权的履行期未届满的，也可以提存该保险金、赔偿金或者补偿金等。

被担保的债权既有物的担保又有人的担保的，债务人不履行到期债务或者发生当事人约定的实现担保物权的情形，债权人应当按照约定实现债权；没有约定或者约定不明确，债务人自己提供物的担保的，债权人应当先就该物的担保实现债权；第三人提供物的担保的，债权人可以就物的担保实现债权，也可以要求保证人承担保证责任。债权人放弃部分或者全部物的担保，保证人在债权人放弃权利的范围内减轻或免除保证责任。

为债务人抵押担保的第三人，在抵押权人实现抵押权后，有权向债务人追偿。

抵押权人应当在主债权诉讼时效期间行使抵押权；未行使的，人民法院不予保护。

四、质押

(一) 质押的概念与分类

质押是设定质权的行为，是指债务人或第三人将动产或权利交由债权人占有，作为债务履行担保的行为。将出质物交给债权人做债权担保的人，称为出质人；接受并占有出质物的债权人，称为质权人。

根据质物的类别，可将质押分为动产质押和权利质押。

（二）动产质押

1. 动产质押的概念

动产质押是指债务人或者第三人将其动产移交债权人占有，将该动产作为债权的担保。债务人不履行债务时，债权人有权依照法律规定以该动产折价或者以拍卖、变卖该动产的价款优先受偿。

2. 质押合同

出质人和质权人应当以书面形式订立质押合同。质押合同自质物移交于质权人占有时生效。质押合同应当包括以下内容：①被担保的主债权种类、数额；②债务人履行债务的期限；③质物的名称、数量、质量、状况；④质押担保的范围；⑤质物移交的时间；⑥当事人认为需要约定的其他事项。质押合同不完全具备前款规定内容的，可以补正。

质权人在债务履行期限届满前，与出质人约定债务人不履行到期债务时质押财产归债权人所有的，该约定无效，质权人只能依法就质押财产优先受偿。

质权自出质人交付质押财产时设立。即质押财产的交付是质权的成立要件，如果质押财产没有交付，只是质权不成立，但是质押合同仍然是有效的，债权人可以依据有效的质押合同主张对方当事人的违约责任。

3. 质押的实现

质押担保的范围包括主债权及利息、违约金、损害赔偿金、质物保管费用和实现质权的费用。质押合同另有约定的，按照约定。

债务履行期届满债务人履行债务的，或者出质人提前清偿所担保的债权的，质权人应当返还质物。债务履行期届满质权人未受清偿的，可以与出质人协议以质物折价，也可以依法拍卖、变卖质物。质物折价或者拍卖、变卖后，其价款超过债权数额的部分归出质人所有，不足部分由债务人清偿。为债权人质押担保的第三人，在质权人实现质权后，有权向债务人追偿。

出质人可以请求质权人在债务履行期届满后及时行使质权；质权人不行使的，出质人可以请求人民法院拍卖、变卖质押财产。出质人请求质权人及时行使质权，因质权人怠于行使权利造成损害的，由质权人承担赔偿责任。

质权人在质权存续期间，未经出质人同意，擅自使用、处分质押财产，给出质人造成损害的，应当承担赔偿责任。

质权人在质权存续期间，未经出质人同意转质，造成质押财产毁损、灭失的，应当向出质人承担赔偿责任。

质权人负有妥善保管质物的义务。因保管不善致使质物灭失或者毁损的，质权人应当承担赔偿责任。质权人不能妥善保管质物可能致使其灭失或者毁损的，出质人可以要求质权人将质物提存，或者要求提前清偿债权而返还质物。质物有损坏或者价值明显减少的可能，足以危害质权人权利的，质权人可以要求出质人提供相应的担保。出质人不提供的，质权人可以拍卖或者变卖质物，并与出质人协议将拍卖或者变卖所得的价款用于提前清偿所担保的债权或者向与出质人约定的第三人提存。

质押担保期间，质物毁损、灭失或者被征收等，质权人可以就获得的保险金、赔偿金或者补偿金等优先受偿。被担保债权的履行期未届满的,也可以提存该保险金、赔偿金或者补偿金等。

案例讨论3-7

甲与乙是好朋友,甲因扩大店面急需资金向乙借款10万元,乙要求甲提供担保,甲将自己的奥迪车出质给乙,乙因自己不会开车,要求甲将该车开回。后甲向丙借款10万元,又将该车出质给丙,丙对该车进行了占有。该奥迪车的价值为50万元。在丙占有期间,因丁向丙租用该车,丙未经甲同意,即与丁签订了租赁合同。丁因违章驾驶造成该车灭失,为此引起纠纷。

问题:
(1) 甲乙之间的质押合同是否生效?乙是否对该车享有质权?为什么?
(2) 甲丙之间存在何种法律关系?丙是否有权出租该车?为什么?
(3) 甲可就该车损失向谁主张权利?为什么?

(三) 权利质押

所谓权利质押,是指以所有权之外的财产权为标的物而设定的质押。权利质押主要以债权、股权和知识产权中的财产权利作为标的物。

根据《民法典》的规定,债务人或者第三人有权处分的下列权利可以出质:①汇票、支票、本票;②债券、存款单;③仓单、提单;④可以转让的基金份额、股权;⑤可以转让的注册商标专用权、专利权、著作权等知识产权中的财产权;⑥应收账款;⑦法律、行政法规规定可以出质的其他财产权利。

以汇票、支票、本票、债券、存款单、仓单、提单出质的,当事人应当订立书面合同。质权自权利凭证交付质权人时设立;没有权利凭证的,质权自有关部门办理出质登记时设立。

汇票、支票、本票、债券、存款单、仓单、提单的兑现日期或者提货日期先于主债权到期的,质权人可以兑现或者提货,并与出质人协议将兑现的价款或者提取的货物提前清偿债务或者提存。

以基金份额、股权出质的,当事人应当订立书面合同。以基金份额、证券登记结算机构登记的股权出质的,质权自证券登记结算机构办理出质登记时设立;以其他股权出质的,质权自工商行政管理部门办理出质登记时设立。

基金份额、股权出质后,不得转让,但经出质人与质权人协商同意的除外。出质人转让基金份额、股权所得的价款,应当向质权人提前清偿债务或者提存。

以注册商标专用权、专利权、著作权等知识产权中的财产权出质的,当事人应当订立书面合同。质权自有关主管部门办理出质登记时设立。

知识产权中的财产权出质后,出质人不得转让或者许可他人使用,但经出质人与质权人协商同意的除外。出质人转让或者许可他人使用出质的知识产权中的财产权所得的价款,应当向质权人提前清偿债务或者提存。

以应收账款出质的,当事人应当订立书面合同。质权自信贷征信机构办理出质登记时设立。

应收账款出质后，不得转让，但经出质人与质权人协商同意的除外。出质人转让应收账款所得的价款，应当向质权人提前清偿债务或者提存。

权利质押除适用上述规定外，适用动产质押的规定。

五、留置

1. 留置及留置权的概念

留置是指依照法律规定，债权人按照合同约定占有债务人的动产，债务人不按照合同约定的期限履行债务的，债权人有权依照本法规定留置该财产，以该财产折价或者以拍卖、变卖该财产的价款优先受偿。留置权是指债权人依合同约定占有债务人的动产，在债务人不按照合同约定的期限履行债务时，债权人得留置该动产，以作为债权担保的权利。

2. 留置权适用的范围及条件

（1）留置权适用的范围

留置权属于法定担保物权。依照《民法典》的规定，留置权的适用不受债权范围的限制，可以基于包括保管合同、运输合同、加工承揽合同在内的合同之债，也可以是不当得利之债、无因管理之债或者侵权之债。

（2）留置权适用的条件

留置权为法定担保物权，只能依法律的规定当然发生，而不能依当事人的约定产生，因此留置权的成立，须具备法律规定的条件。留置权的成立要件，又称为留置权的取得要件或发生要件。留置权的成立须具备以下条件。①债权人占有债务人的动产。②占有的动产与债权有牵连关系，即债权人留置的动产，应当与债权属于同一法律关系。但企业之间留置的除外，也就是说，企业之间留置只要求留置动产与被担保债权有一般关联性即可，并不要求两者间有直接的法律关系上的同一性。③债权已届清偿期且债务人未按规定期限履行义务。

3. 留置权的实现

留置担保的范围包括主债权及利息、违约金、损害赔偿金，留置物保管费用和实现留置权的费用。

留置权人与债务人应当约定留置财产后的债务履行期限；没有约定或者约定不明确的，留置权人应当给债务人60日以上履行债务的期限，但鲜活易腐等不易保管的动产除外。债务人逾期未履行的，留置权人可以与债务人协议以留置财产折价，也可以就拍卖、变卖留置财产所得的价款优先受偿。留置物折价或者拍卖、变卖后，其价款超过债权数额的部分归债务人所有，不足部分由债务人清偿。

留置权人负有妥善保管留置物的义务。因保管不善致使留置物灭失或者毁损的，留置权人应当承担赔偿责任。

留置权人有权收取留置财产的孳息。

债务人可以请求留置权人在债务履行期届满后行使留置权；留置权人不行使的，债务人可以请求人民法院拍卖、变卖留置财产。

同一动产上已设立抵押权或者质权，该动产又被留置的，留置权人优先受偿。

案例讨论 3-8

甲请乙保管自行车，保管期满后，甲未支付款项，乙留置了自行车。如果乙把自行车随意放在自家后院，任风吹雨打，致使自行车严重生锈而不能用，或者乙将自行车出租给其他人或者未给予宽限期而直接卖给他人。

问题：乙的这些做法是否合法，是否应该承担赔偿责任？

4. 留置权消灭

留置权人对留置财产丧失占有或者留置权人接受债务人另行提供担保的，留置权消灭。

六、定金

定金是债的一种担保方式，是指合同当事人约定的，为确保合同的履行，由一方当事人在法律规定的范围内预先向对方交付的一定款项，合同履行后，给付定金的一方有权收回定金，或者将定金抵作价款；收受定金的一方不履行债务的，应当双倍返还定金。给付定金的一方不履行债务的，则无权要求返还定金。

定金应当以书面形式约定。当事人在定金合同中应当约定交付定金的期限，定金合同从实际交付定金之日起生效。

定金的数额由当事人约定，但不得超过主合同标的额的20%。

案例讨论 3-9

2021年12月2日，原告刘某与被告曹某签订了一份《二手车买卖协议》，被告将两辆二手货车卖给原告，总价款50万元。合同约定签订合同之日原告支付被告购车定金20万元，并对车辆过户办证等事宜也进行了约定。合同签订后，原告于当日将20万元支付给被告，被告当场写下收据。但是由于被告欠他人债务，其所有该两辆货车已经被某县人民法院依法查封，并已经进入执行阶段。原告起诉要求法院判令解除双方签订的《二手车买卖协议》，要求被告双倍返还原告购车定金40万元。

问题：本案应如何处理？为什么？

任务五　合同的履行

任务导入：贾某欠李某10万元，贾某未按期偿还。李某得知张某拖欠贾某12万元未还，故李某以自己的名义向张某主张债权。张某认为，他是拖欠贾某12万元，不需向李某偿还，而且所欠款项并非12万元，因为贾某向张某提供的货物存在瑕疵，实际债权只有8万元。在此期间，贾某将自己价值10万元的轿车以3万元价格卖给了弟弟，李某认为贾某是在恶意逃避履行债务。

任务要求：贾某应采取什么措施实现自己的债权？结合本案，理解合同履行的规则。

一、合同履行的概念和原则

1. 合同履行的概念

合同的履行是指合同的当事人按照合同的约定,全面完成各自应承担的合同义务,使合同关系得以全部终止的行为过程。

2. 合同履行的原则

合同履行的原则是指法律规定的、当事人在履行合同义务时所必须遵循的准则。合同履行的基本原则主要包括以下方面。

(1) 全面履行原则。全面履行原则又称正确履行原则或适当履行原则,是指当事人必须按照合同关于标的、质量、数量、价款或报酬、履行期限、履行地点、履行方式约定,正确而完整地履行自己的合同义务。我国《民法典》第 509 条规定:"当事人应当按照约定全面履行自己的义务。"

(2) 协作履行原则。协作履行原则是指当事人在合同的履行中不仅要适当、全面履行合同的约定,还要基于诚实信用原则,对对方当事人的履行债务行为给予协助,使之能更好地、更方便地履行合同。《民法典》第 509 条规定,当事人应当遵循诚实信用原则,根据合同的性质、目的和交易习惯履行通知、协助、保密等义务。

二、合同履行的具体规则

合同履行规则是指在合同履行过程中需要遵守的具体规范。合同履行的具体规则主要包括以下方面。

1. 合同内容约定明确时的履行规则

按照法律规定或当事人约定的义务正确履行合同。

2. 合同内容约定不明确时的履行规则

(1) 订立补充协议。合同生效后,当事人就质量、价款或者报酬、履行地点等内容没有约定或者约定不明确的,可以协议补充。

(2) 适用合同有关条款或者交易习惯。双方当事人不能达成补充协议的,按照合同有关条款或者交易习惯确定。合同有关条款,指在当事人双方订立的合同中与该条款内容相关的其他条款。交易习惯,指同类交易所遵循的惯常做法,以及当事人历来的交易习惯。

(3) 适用《民法典》规定的补救规则。当事人就有关合同内容约定不明确,依照上述规则仍不能确定的,适用下列规定。质量要求不明确的,按照国家标准、行业标准履行;没有国家标准、行业标准的,按照通常标准或者符合合同目的的特定标准履行。价款或者报酬不明确的,按照订立合同时履行地的市场价格履行;依法应当执行政府定价或者政府指导价的,按照规定履行。履行地点不明确,给付货币的,在接受货币一方所在地履行;交付不动产的,在不动产所在地履行;其他标的,在履行义务一方所在地履行。履行期限不明确的,债务人可以随时履行,债权人也可以随时要求履行,但应当给对方必要的准备时间。履行方式不明确的,按照有利于实现合同目的的方式履行。履行费用的负担不明确的,由履行义务一方负担。

(4) 执行政府定价或政府指导价的合同履行规则。

执行政府定价或者政府指导价的,在合同约定的交付期限内政府价格调整时,按照交付时的价格计价。逾期交付标的物的,遇价格上涨时,按照原价格执行;价格下降时,按照新价格执行。逾期提取标的物或者逾期付款的,遇价格上涨时,按照新价格执行;价格下降时,按照原价格执行。

(5) 向第三人履行债务的规则。

当事人约定由债务人向第三人履行债务的,债务人未向第三人履行债务或者履行债务不符合约定,应当向债权人承担违约责任。

(6) 第三人代为履行债务的规则。

当事人约定由第三人向债权人履行债务的,第三人不履行债务或者履行债务不符合约定,债务人应当向债权人承担违约责任。

三、合同履行中的抗辩权

双务合同履行中的抗辩权,是指双务合同一方当事人在法定条件下对抗对方当事人的请求权、拒绝履行其债务的权利。它包括同时履行抗辩权和不安抗辩权。

(一)同时履行抗辩权

同时履行抗辩权是指当事人互负债务,没有先后履行顺序的,应当同时履行,一方在对方履行前有权拒绝其履行要求。另一方在对方履行债务不符合约定时,有权拒绝其相应的履行要求。

(二)不安抗辩权

1. 不安抗辩权的概念

不安抗辩权是指在双务合同中,应当先履行债务的当事人有证据证明对方不能履行债务或者有不能履行债务的可能的情形存在时,在对方没有对待给付或者提供担保前,有权中止履行合同债务;当另一方对履行合同提供了充分的保证时,应当履行合同。

2. 不安抗辩权的适用

不安抗辩权的适用要具备以下条件:①当事人一方有先履行的义务;②后履行义务一方当事人的履行能力明显降低,有不能履行的现实危险。根据《民法典》第527条的规定,应当先履行债务的当事人,有确切证据证明对方有下列情形之一的,可以中止履行:经营状况严重恶化;转移财产、抽逃资金,以逃避债务;丧失商业信誉;有丧失或者可能丧失履行债务能力的其他情形。

当事人行使不安抗辩权,中止履行的,应当及时通知对方。对方提供适当担保时,应当恢复履行。中止履行后,对方在合理期限内未恢复履行能力并且未提供适当担保的,中止履行的一方可以解除合同。

当事人没有确切证据中止履行的,应当承担违约责任。

四、合同的保全

1. 合同保全的概念

合同的保全是指债务人的财产不当减少而有害于债权人的债权时,债权人可对债务人或第三人实施的行为行使代位权或撤销权,以保护其债权的制度。

2. 债权人代位权

债权人代位权是指当债务人怠于行使其对第三人享有的权利,以致影响债权人债权的实现时,债权人为了保全自己的债权,可以自己的名义代位行使债务人对第三人的权利。

债权人行使代位权的应具备以下条件:①债权人对债务人的债权合法;②债务人对第三人的债权已到期;③债务人怠于行使其债权,对债权人造成损害;④债务人的债权不是专属于债务人本身的权利。

> 【难点提示】 不能代位行使的权利
>
> ①基于抚养、扶养、赡养、继承关系产生的给付请求权;②基于劳动关系产生的劳动报酬、退休金、养老金、抚恤金、安置费请求权;③基于人身伤害和人寿保险产生的赔偿请求权。

3. 债权人撤销权

债权人撤销权是指当债务人所为的减少其财产的行为危害债权实现时,债权人为保全债权得请求法院予以撤销该行为的权利。

债权人行使撤销权应符合以下条件:①债务人实施了一定的处分财产的行为,包括放弃债权、无偿转让财产、以明显不合理的低价转让财产、为第三人提供担保等;②债务人处分财产的行为对债权人的债权造成损害。

债权人代位权和撤销权的行使必须有债权人以自己的名义,向人民法院提起诉讼方能行使。行使的范围都以债权人的债权为限,行使的必要费用由债务人负担。

任务六 合同的变更、转让和终止

任务导入:张某与王某系亲戚关系。2021 年 12 月 5 日,张某因资金周转需要,向王某借款 10 万元,双方对借款利息、还款期限均作了约定。还款期限到来后,张某一下子无法筹出 10 万元归还给王某,于是提出,将自己对第三人秦某的 10 万元未到期债权转让给王某,并向其出具了债权转让通知书。王某一方面碍于亲戚情面,另一方面认为该债权还有 5 个月到期,到期时利息一分都不会少,于是收下了这份债权转让通知书。5 个月后,王某拿着该债权转让通知书找秦某索要债务,秦某以债权人未将此事通知他为由拒绝支付任何款项。王某于是向法院提起了诉讼。

任务要求:秦某是否有义务向王某偿还债务?结合本案,理解适用合同转让的规则。

一、合同的变更

1. 合同变更的概念

合同的变更是指有效成立的合同在尚未履行或未履行完毕之前,由当事人达成协议对合同内容进行修改或补充。

《民法典》第 543 条规定:"当事人协商一致,可以变更合同。法律、行政法规规定变更合同应当办理批准、登记等手续的,依照其规定。"

2. 合同变更的后果

合同变更后,当事人须按变更后的合同履行。

合同变更的效力原则上指向将来,对已履行部分没有溯及力,已履行完毕的部分不因合同的变更而失去法律依据。

二、合同的转让

合同的转让,实际上是合同权利义务的转让,是指合同当事人一方依法将合同权利义务全部或部分地转让给第三人。合同转让包括合同权利的转让、合同义务的转让和合同权利义务的概括转让。

1. 合同权利转让

合同权利转让也称为债权转让,是指合同债权人将其权利转让给第三人的行为。

(1) 合同权利转让的限制性规定

《民法典》第 545 条规定,下列合同权利不得转让:①根据合同性质不得转让的权利;②按照当事人的约定不得转让的权利;③法律规定不得转让的权利。

(2) 合同权利转让的程序

债权人转让权利的,应当通知债务人,即采用通知主义。未经通知,该转让对债务人不发生效力。法律、行政法规规定转让权利应当办理批准、登记等手续的,应当按照规定办理。

2. 合同义务转让

合同义务转让是指债务人将合同的义务全部或者部分地转让给第三人的行为。

与债权转让采取通知主义不同,债务的转让采用同意主义,即债务的转让须经债权人的同意,《民法典》第 551 条规定:"债务人将合同的义务全部或者部分转移给第三人的,应当经债权人同意。"

3. 合同权利义务的概括转移

合同权利义务的概括转让是指合同当事人一方将其合同权利义务一并转让给第三人。《民法典》第 555 条规定:"当事人一方经对方同意,还可以将在合同中的权利和义务一并转让给第三人。"

合同的权利义务一并转让的,适用债权转让、债务转移的相关规定。

三、合同的终止

(一) 合同终止的概念

合同的终止是指合同权利义务归于消灭,债权人不再享有合同权利,债务人不必履行合同义务。

（二）合同终止的原因

根据《民法典》第 557 条规定，有下列情形之一的，合同的权利、义务终止：债务已经按照约定履行；合同解除；债务相互抵销；债务人依法将标的物提存；债权人免除债务；债权债务同归于一人；法律规定或者当事人约定终止的其他情形。

1. 债务已经按照约定履行

债务已经按照约定履行，也称为清偿，是合同终止的一般原因。

2. 合同解除

合同的解除是指合同有效成立后未履行完毕前，当事人通过协议或单方行使解除权的方式，使合同权利义务终止的行为。

根据《民法典》的规定，合同解除主要包括约定解除和法定解除两种。

（1）约定解除是指当事人根据事先约定的解除条件或经当事人协商一致而解除合同。《民法典》第 562 条规定："当事人协商一致，可以解除合同。当事人可以约定一方解除合同的条件。解除合同的条件成就时，解除权人可以解除合同。"

（2）法定解除是指法律规定的解除条件出现时，当事人一方行使法律规定的合同解除权而使合同终止的行为。根据《民法典》第 563 条规定，有下列情形之一的，当事人可以解除合同：因不可抗力致使不能实现合同目的；在履行期限届满之前，当事人一方明确表示或者以自己的行为表明不履行主要债务；当事人一方迟延履行主要债务，经催告后在合理期限内仍未履行；当事人一方迟延履行债务或者有其他违约行为致使不能实现合同目的；⑤法律规定的其他情形。

3. 债务相互抵销

债务相互抵销是指当事人互负到期债务，互享债权，以自己的债权充抵对方的债权，使自己的债务与对方的债务在等额内消灭。抵销分为法定抵销和约定抵销。

法定抵销是指二人互负同种类债务，且债务均已到清偿期，依照法律规定，使相互之间所负同等数额的债务同归消灭。《民法典》第 568 条明确规定了法定抵销："当事人互负到期债务，该债务的标的物种类、品质相同的，任何一方可以将自己的债务与对方的债务抵销，但依照法律规定或者按照合同性质不得抵销的除外。"

约定抵销是指由当事人自行达成协议而抵销。《民法典》第 569 条规定："当事人互负债务，标的物种类、品质不相同的，经双方协商一致，也可以抵销。"

当事人主张抵销的，应当通知对方，通知自到达对方时生效。抵销不得附条件和期限。双方互负的债务不对等时，债务数额大的一方对超出的债务仍应负清偿责任。

4. 债务人依法将标的物提存

提存是指由于债权人的原因，债务人无法向债权人给付合同标的物时，债务人将合同标的物交付提存机关而消灭合同关系的法律制度。根据《民法典》第 570 条规定，有下列情形之一，难以履行债务的，债务人可以将标的物提存：债权人无正当理由拒绝受领；债权人下落不明；债权人死亡未确定继承人或者丧失民事行为能力未确定监护人；法律规定的其他情形。自提存之日起，债务人的债务归于消灭。标的物提存后，毁损、灭失的风险由债权人承担。

5. 债权人免除债务

债权人免除债务是指债权人单方面放弃债权从而消灭合同债务的行为。

6. 债权债务同归于一人

债权和债务同归于一人的也称为混同，是指合同的债权人和债务人合为一体。混同的原因主要有两种，一种是当事人的合并，另一种是债权债务的转让。《民法典》第576条规定："债权和债务同归于一人的，合同的权利义务终止，但涉及第三人利益的除外。"

任务七　违约责任

任务导入：甲油料厂与某供销社订立一份农副产品供销合同，双方约定由供销社在1个月内向甲油料厂供应黄豆30吨，每吨单价1 000元。在合同履行期间，乙公司找到供销社表示愿意以每吨1 500元的单价购买20吨黄豆，供销社见其出价高，就将20吨本来准备运给甲油料厂的黄豆卖给了乙公司，致使只能供应10吨黄豆给甲油料厂。甲油料厂要求供销社按照合同的约定供应剩余的20吨黄豆，供销社表示无法按照原合同的条件供货，并要求解除合同。甲油料厂不同意，坚持要求供销社履行合同。

任务要求：①甲油料厂的要求是否有法律依据？②供销社能否只赔偿损失或者只支付违约金而不继续履行合同？结合本案，分析理解违约责任的构成要件及违约责任的承担方式。

违约责任是指合同当事人不履行合同义务或者履行合同义务不符合约定时应承担的法律责任。

一、违约责任的归责原则及构成要件

1. 违约责任的归责原则

违约责任的归责原则是指确定行为人违约责任的根据和标准。我国《民法典》确定的归责原则是无过错责任原则，即除了有免责事由外，只要当事人不履行合同或不适当履行合同，就应承担违约责任，而不必考虑违约一方主观上是否存在过错。

2. 违约责任的构成要件

违约责任的构成要件，是指违约当事人应具备何种条件才应承担违约责任。由于我国《民法典》在违约责任上采取的是无过错原则，因此，只要当事人有违约行为，就应当承担违约责任，即违约行为是违约责任的构成要件。

违约行为可以分为实际违约和预期违约两种形态。

（1）实际违约

实际违约包括不履行和不适当履行两种情况。不履行，是指当事人一方不履行全部合同义务，以致合同目的不能实现。不适当履行，也称为不完全履行，是指虽然当事人一方履行了合同义务，但其履行不符合合同约定。一般包括数量、质量、地点、方式等方面不符合合同约定。

(2) 预期违约

预期违约是指在合同履行期到来前，一方当事人明确表示或者以自己的行为表明将来不履行合同义务。一方当事人预期违约的，另一方可以在履行期限届满之前要求其承担违约责任。

二、承担违约责任的形式

1. 继续履行

继续履行是指当事人一方不履行合同义务时，根据对方当事人的请求，对原合同未履行的部分继续履行。《民法典》第580条规定，当事人一方不履行非金钱债务或者履行非金钱债务不符合约定的，对方可以要求履行，但有下列情形之一的除外：①法律上或者事实上不能履行；②债务的标的不适于强制履行或者履行费用过高；③债权人在合理期限内未要求履行。

2. 采取补救措施

采取补救措施是指当事人在履行合同过程中，因质量不符合约定，由违约方采取的修理、重作、更换、退货、减少价款或者报酬等措施。

3. 赔偿损失

赔偿损失是指一方当事人不履行合同义务或履行合同义务不符合约定而给对方造成损失，向对方当事人所承担的损害赔偿责任。《民法典》第584条规定："当事人一方不履行合同义务或者履行合同义务不符合约定，给对方造成损失的，损失赔偿额应当相当于因违约所造成的损失，包括合同履行后可以获得的利益，但不得超过违反合同一方订立合同时预见到或者应当预见到的因违反合同可能造成的损失。"

4. 支付违约金

违约金是指合同当事人在合同中预先约定的当一方不履行合同或不完全履行合同时，由违约的一方支付给对方的一定金额的货币。

根据《民法典》第585条的规定，当事人可以约定一方违约时应当根据违约情况向对方支付一定数额的违约金，也可以约定因违约产生的损失赔偿额的计算方法。约定的违约金低于造成的损失的，当事人可以请求人民法院或者仲裁机构予以增加；约定的违约金过分高于造成的损失的，当事人可以请求人民法院或者仲裁机构予以适当减少。

三、违约责任的免除

违约责任的免除是指在合同履行过程中，因出现法定的或约定的不可归责于债务人的免责事由而导致合同不能履行、迟延履行，债务人免予承担违约责任。能够免除违约责任的事由主要包括以下两种。

1. 法定事由

(1) 不可抗力

法定的免责事由最主要的是不可抗力。不可抗力是指合同订立后发生的，当事人不能预见、不能避免、不能克服的客观情况。不可抗力一般包括两类，一类是自然现象，如地震、暴风雨、泥石流等；另一类是社会事件，如战争、罢工、动乱等。

《民法典》规定：因不可抗力不能履行合同的，根据不可抗力的影响，部分或者全部免除责任，但法律另有规定的除外。当事人迟延履行后发生不可抗力的，不能免除责任。

当事人还可约定不可抗力的范围。

当事人一方因不可抗力不能履行合同的，应当及时通知对方，以减轻可能给对方造成的损失，并且在合理期限内提供有关机构出具的证明。

（2）债权人的过错

由于债权人的过错导致债务人不履行合同义务的，债务人不承担违约责任。

（3）货物本身的自然性质或合理损耗。

2. 免责条款

免责条款是指当事人在合同中约定的免除将来可能发生的违约责任的条款。

免责条款一般体现在格式条款中，由于制定格式条款的一方往往是经济强者，接受格式条款的一方是普通消费者，为维护合同公平，《民法典》对免责条款作出了限制：①提供格式条款一方免除其责任、加重对方责任、排除对方主要权利的，该条款无效。②对格式条款的理解发生争议的，应当按通常理解予以解释。对格式条款有两种以上解释的，应当作出不利于提供格式条款一方的解释。格式条款和非格式条款不一致的，应当采用非格式条款。③合同中的下列免责条款无效：a. 造成对方人身伤害的；b. 因故意或者重大过失造成对方财产损失的。

案例讨论 3-10

某日雪后路面结冰，甲打车去火车站赶火车，出租车司机乙提出因路滑难行，如有意外，其概不负责且加倍收费。甲因急于回家，表示同意。行驶过程中，因前方车辆行驶缓慢，乙遂将车驶入人行道，准备超车，但因路面太滑，刹车失控，该车撞到电线杆上，致使甲头部碰伤，因此支出医疗费用5 000余元。之后，甲要求乙赔偿其损失未果，遂诉至法院。而乙则认为其与甲事先有免责约定，不愿承担医疗费用。

问题：乙是否应承担责任？为什么？

项目训练

知识练习

1. 基本概念

合同　要约　承诺　债权人代位权　债权人撤销权　不安抗辩权　提存　混同

2. 选择题

（1）我国《民法典》合同篇调整的关系有（　　）。

　　A. 婚姻关系　　　　B. 收养关系　　　　C. 监护关系　　　　D. 财产关系

（2）可以撤销合同的机构有（　　）。

　　A. 工商管理机关　　B. 合同审批机关　　C. 人民法院　　　　D. 仲裁机构

(3) 下列合同中，属于单务合同的是（　　）。
　　A. 赠与合同　　　B. 买卖合同　　　C. 租赁合同　　　D. 承揽合同
(4) 根据《民法典》的规定，可撤销合同的当事人行使撤销权的有效期限是（　　）。
　　A. 自合同签订之日起 1 年内
　　B. 自合同签订之日起 2 年内
　　C. 自知道或者应当知道撤销事由之日起 1 年内
　　D. 自知道或者应当知道撤销事由之日起 2 年内
(5) 下列关于合同成立时间的表述中，正确的有（　　）。
　　A. 承诺生效时合同成立
　　B. 承诺人收到要约时合同成立
　　C. 要求签订确认书的，签订确认书时合同成立
　　D. 采用合同书形式的，自双方当事人签字或者盖章时合同成立
(6) 债务人履行迟延后发生不可抗力的，（　　）。
　　A. 可以免除责任　　　　　　　　B. 应当免除责任
　　C. 不能免除责任　　　　　　　　D. 可以部分免除
(7) 签订合同必经的两个阶段是（　　）。
　　A. 要约　　　　B. 要约邀请　　　C. 反要约　　　D. 承诺
(8) 限制民事行为能力人订立的合同，经法定代理人追认后，该合同有效。相对人可以催告法定代理人予以追认的期限是（　　）。
　　A. 3 日　　　　B. 10 日　　　　C. 20 日　　　　D. 1 个月
(9) 下列选项中，属于要约的是（　　）。
　　A. 商业广告　　　B. 招标公告　　　C. 自动售货机　　　D. 招租广告
(10) 违约责任的形式包括（　　）。
　　A. 赔偿损失　　　B. 修理　　　C. 更换　　　D. 以上都包括

3. 问答题
(1) 合同的特征有哪些？
(2) 要约与承诺的构成要件有哪些？
(3) 合同的主要条款有哪些？
(4) 合同的生效条件有哪些？
(5) 无效合同的种类有哪些？
(6) 可变更可撤销合同的原因有哪些？
(7) 效力待定合同的原因有哪些？
(8) 合同终止的原因有哪些？
(9) 违约责任的构成要件及责任形式包括哪些？

案例分析

【案例 1】春兰空调机厂库存 500 台某型号空调机。2022 年 4 月 3 日，春兰空调机厂给宝利商场发函询问其是否愿意以每台 3 700 元的价格购买，备有现货，只要数量在 500 台以下，可保证供应，限期在七天内答复。宝利商场恰逢本商场的空调机脱销，急需进一

批空调机，在收函的第二天即 4 月 4 日遂复电称愿意购买 400 台空调机，价格每台 3 500 元并要求将空调机送上门。空调机厂接到宝利商场的电文后，当天回函称愿意接受宝利商场提出的价格条件，但因生产任务繁忙，无法送货上门，要求宝利商场支付运费自提货物，并要求立即答复。宝利商场接到回函后，因忙于购进其他货物，就将该函搁置一边。时隔不久，到 2022 年 5 月中旬，空调机值销售旺季，价格上涨。宝利商场组织车辆到空调厂提货，要求空调机厂按每台 3 500 元供应空调机 400 台。而此时，空调机厂仅剩下库存 100 台，其余已售出。宝利商场为此诉至法院，要求空调机厂履行合同，并赔偿损失。空调机厂则辩称：它与宝利商场的合同根本没有成立，因此不存在承担违约责任或履行合同的问题。

问题：
（1）4 月 3 日，空调机厂向宝利商场的发函行为属于何种性质的法律行为？为什么？
（2）4 月 4 日，宝利商场给空调机厂的回电行为的性质是什么？为什么？
（3）5 月中旬，宝利商场组织车辆到空调机厂提货属于什么性质的法律行为？为什么？
（4）空调机厂和宝利商场的合同是否已经成立？本案该如何处理？

【案例 2】A 公司向某化工厂订购化肥 5 000 吨，双方约定分批交货，并于 2021 年 12 月底前交清。至 2021 年 11 月，化工厂向 A 公司共供应化肥 3 000 吨。此后由于生产能力不够，化工厂无力再向 A 公司供应化肥，在得到 B 公司同意的基础上，化工厂与 A 公司协商，决定由 B 公司在 2021 年 12 月底之前向 A 公司提供化肥 2 000 吨，以此履行化工厂与 A 公司之间的合同。当合同到期时，B 公司没有按时交货。因此，A 公司要求化工厂继续履行合同并承担由于违约而造成的经济损失。但化工厂认为 A 公司已知道并同意由 B 公司继续履行供应 2 000 吨化肥的义务，现在合同未得到适当履行是由于 B 公司违约造成的，与化工厂无关，因此化工厂不应承担任何责任。A 公司无奈以化工厂和 B 公司为被告起诉至法院。

问题：本案应如何处理？说明理由。

实训操作

（1）甲商场要购买乙公司生产的笔记本电脑 1 000 台，请代甲商场拟订一份买卖合同。
（2）审查一份有瑕疵的合同，熟悉合同审查的内容与技巧。

项目四

采购法律制度

学习目标

知识目标

➢ 了解买卖合同的概念、特征,掌握买卖双方的权利和义务,掌握买卖合同风险转移的规则,熟悉买卖合同违约的补救方法。

➢ 掌握政府采购的方式,熟悉政府采购的流程,掌握政府采购中的法律责任。

能力目标

➢ 能够正确行使、履行买卖合同中的权利义务,正确处理买卖合同纠纷。

➢ 能够正确选择政府采购方式,处理相关采购纠纷。

采购是指单位或者个人基于生产、销售或消费等目的购买商品或劳务的交易行为。物流采购是指物流企业为了满足客户或者自身生产经营活动的需要而进行的商品或者劳务采购的行为。

调整采购活动的国内立法主要包括《民法典》中有关买卖合同的法律、《中华人民共和国政府采购法》(以下简称《政府采购法》),国际条约主要是《联合国国际货物销售合同公约》。

任务一 货物买卖法律制度

任务导入:农民甲向一个二手农机经销商购买了一台二手拖拉机,使用后,发现这台拖拉机经常在耕作路途中熄火,无法正常使用,延误农时,修理多次也不见好转。甲提出退货要求,二手农机经销商认为:买方应该知道这是一台二手农机,其性能不可能非常理想,并且自己在销售时也未对该机器作出任何明确的质量担保。

任务要求:该二手农机经销商是否违反了自己的品质担保义务?为什么?结合本案例,分析买卖合同中当事人的义务与责任。

一、买卖合同的概念

买卖合同是出卖人转移标的物的所有权于买受人,买受人支付价款的合同。转移所有权的一方为出卖人或卖方，支付价款而取得所有权的一方为买受人或者买方。买卖合同具有以下特征。

（1）买卖合同是有偿合同。买卖合同的实质是以等价有偿方式转让标的物的所有权，即卖方移转标的物的所有权于买方，买方向卖方支付价款。这是买卖合同的基本特征，使其与赠与合同相区别。

（2）买卖合同是双务合同。在买卖合同中，买方和卖方都享有一定的权利，承担一定的义务。而且，其权利和义务存在对应关系，即买方的权利就是卖方的义务，买方的义务就是卖方的权利。

（3）买卖合同是诺成合同。买卖合同自双方当事人意思表示一致就可以成立，不以一方交付标的物为合同的成立要件，当事人交付标的物属于履行合同。

（4）买卖合同一般是不要式合同。通常情况下，买卖合同的成立、生效并不需要具备一定的形式，但法律另有规定的除外。

（5）买卖合同是双方民事法律行为。

二、买卖合同的条款

买卖合同一般包括以下条款：①买卖双方的名称或者姓名和住所；②标的物名称、规格、型号、生产厂商、产地、数量及价款；③质量要求；④包装方式；⑤交货的时间、地点、方式；⑥检验标准、时间、方法；⑦结算方式；⑧违约责任；⑨解决争议的方法；⑩其他条款（如买卖合同的生效时间等）。

实务操作指南

简单的买卖合同范本

卖方（甲方）：＿＿＿＿＿＿
地址：＿＿＿＿＿＿　联系电话：＿＿＿＿＿＿
法定代表人：＿＿＿＿＿＿　职务：＿＿＿＿＿＿
买方（乙方）：＿＿＿＿＿＿
地址：＿＿＿＿＿＿　联系电话：＿＿＿＿＿＿
法定代表人：＿＿＿＿＿＿　职务：＿＿＿＿＿＿

根据《中华人民共和国民法典》及有关法律、法规规定，甲、乙双方本着平等、自愿、公平、互惠互利和诚实守信的原则，就产品买卖的有关事宜协商一致订立本合同，以便共同遵守。

一、合同价款及付款方式

本合同总价款为人民币＿＿＿＿＿整。本合同签订后，乙方向甲方支付定金＿＿＿＿＿元，在甲方将上述产品送至乙方指定的地点并经乙方验收后，乙方一次性将剩余款项付给甲方。

二、产品质量

1. 甲方保证所提供的产品货真价实，来源合法，无任何法律纠纷和质量问题，如果甲方所提供的产品与第三方出现了纠纷，由此引起的一切法律后果均由甲方承担。

2. 如果乙方在使用上述产品过程中，出现产品质量问题，甲方负责调换，若不能调换，予以退还。

三、违约责任

1. 甲乙双方均应全面履行本合同约定，一方违约给另一方造成损失的，应当承担赔偿责任。

2. 甲方未按合同约定供货的，按延迟供货的部分款，每延迟一日承担货款的万分之五违约金，延迟10日以上的，除支付违约金外，乙方有权解除合同。

3. 乙方未按照合同约定的期限结算的，应按照中国人民银行有关延期付款的规定，延迟一日，需支付结算货款的万分之五的违约金；延迟10日以上的，除支付违约金外，甲方有权解除合同。

4. 乙方不得无故拒绝接货，否则应当承担由此造成的损失和运输费用。

5. 合同解除后，双方应当按照本合同的约定进行对账和结算，不得刁难。

四、其他约定事项

本合同一式两份，自双方签字之日起生效。如果出现纠纷，双方均可向有管辖权的人民法院提起诉讼。

甲方(公章)：_____　　　乙方(公章)：_____
法定代表人(签字)：_____　法定代表人(签字)：_____
____年____月____日　　　　____年____月____日

三、买卖合同当事人的权利义务

(一) 卖方的义务

1. 交付标的物

交付标的物是卖方的首要义务，也是买卖合同最重要的合同目的。交付包括现实交付（简易交付）、占有改定和指示交付。

【难点提示】 货物交付的方式(表4-1)

表 4-1

现实交付	也称简易交付，即卖方将标的物置于买方的实际控制之下，是标的物直接占有的移转，是日常生活中最为常见的交付方式
占有改定	即动产的买卖双方之间特别约定，标的物仍由卖方继续占有，但在买卖合同成立时，视为交付，买方取得间接占有
指示交付	又称返还请求权让与，是指动产由第三人占有时，卖方将其对第三人的返还请求权让与买方以代替支付

(1) 交货时间。根据《民法典》规定，出卖人应当按照约定的时间交付标的物。约定交

付期限的,出卖人可以在该交付期限内的任何时间交付。当事人没有约定标的物的交付期限或者约定不明确的,可以协议补充;不能达成补充协议的,按照合同相关条款或者交易习惯确定。不能确定的,债务人可以随时履行,债权人也可以随时请求履行,但是应当给对方必要的准备时间。

(2) 交货地点。《民法典》第603条规定,出卖人应当按照约定的地点交付标的物。当事人没有约定交付地点或者约定不明确,可以协议补充,不能达成补充协议的,适用下列规定:①标的物需要运输的,出卖人应当将标的物交付给第一承运人以运交给买受人;②标的物不需要运输,出卖人和买受人订立合同时知道标的物在某一地点的,出卖人应当在该地点交付标的物;不知道标的物在某一地点的,应当在出卖人订立合同时的营业地交付标的物。

2. 交付单证,转移货物的所有权

买卖合同以转移标的物所有权为目的,因此出卖人负有转移标的物所有权归买受人的义务。根据《民法典》第598条、第599条的规定,出卖人应当履行向买受人交付标的物或者交付提取标的物的单证,并转移标的物所有权的义务;出卖人应当按照约定或者交易习惯向买受人交付提取标的物单证以外的有关单证和资料。卖方应按照合同规定的时间、地点和方式,提交与货物有关的单据。这些单据主要是提单、商业发票、保险单、检验证书或检疫证书、重量证书等。

在一般情况下,动产买卖交付标的物即可转移物的所有权。但是买卖双方也可以特别约定,只有在买方支付部分或全部价款后所有权才发生转移,即适用所有权保留制度。所有权保留是在移转财产所有权的商品交易中,根据法律的规定或者当事人的约定,财产所有人移转标的物的占有于对方当事人,但仍保留其对该财产的所有权,待对方当事人支付部分或全部价款,或完成特定条件时,该财产的所有权才发生移转的一种法律制度。《民法典》第641条规定:"当事人可以在买卖合同中约定买受人未履行支付价款或者其他义务的,标的物的所有权属于出卖人。"若当事人有此约定,即使交付标的物也不转移所有权。出卖人对标的物保留的所有权,未经登记,不得对抗善意第三人。与动产买卖不同,转让不动产所有权应当依照法律规定登记,未经登记,不发生效力,但是法律另有规定的除外。

3. 品质担保义务

品质担保义务是卖方的又一基本义务。品质担保义务是指卖方就其所交付的标的物具备约定或法定品质的担保义务。卖方应按照合同约定的品质规格交付货物,如果合同没有对货物的品质规格作出约定,则卖方应按合同应适用的法律的有关规定办理。《民法典》对卖方的品质担保义务作出如下规定。

(1) 出卖人应当按照约定的质量要求交付标的物。出卖人提供有关标的物质量说明的,交付的标的物应当符合该说明的质量要求。

(2) 当事人对标的物的质量要求没有约定或者约定不明确的,可以协议补充;不能达成补充协议的,按照合同相关条款或者交易习惯确定。依照此种方法仍然不能确定的,适用下列规定:质量要求不明确的,按照强制性国家标准履行;没有强制性国家标准的,按照推荐性国家标准履行;没有推荐性国家标准的,按照行业标准履行;没有国家标准、行

业标准的，按照通常标准或者符合合同目的的特定标准履行。

（3）凭样品买卖的当事人应当封存样品，并可以对样品质量予以说明。出卖人交付的标的物应当与样品及其说明的质量相同。凭样品买卖的买受人不知道样品有隐蔽瑕疵的，即使交付的标的物与样品相同，出卖人交付的标的物的质量仍然应当符合同种物的通常标准。

4. 权利担保义务

卖方的权利担保义务是指卖方应保证对其所交付的货物享有合法的权利，没有侵犯任何第三人的权利，并且任何第三人都不会就该货物向买方主张任何权利。卖方的权利担保义务主要包括以下三个方面：①卖方应保证对其出售的货物享有合法的权利，如对所售货物的所有权或合法的出售权；②卖方应保证在其出售的货物上不存在任何未向买方透露的担保物权，如抵押权、留置权；③卖方应保证其所售的货物不侵犯他人的知识产权，如不得侵犯他人的商标权、专利权。出卖人就交付的标的物，负有保证第三人对该标的物不享有任何权利的义务，但是法律另有规定的除外。我国《民法典》规定，出卖人就交付的标的物，负有保证第三人对该标的物不享有任何权利的义务，但是法律另有规定的除外。买受人订立合同时知道或者应当知道第三人对买卖的标的物享有权利的，出卖人不承担前条规定的义务。买受人有确切证据证明第三人对标的物享有权利的，可以中止支付相应的价款，但是出卖人提供适当担保的除外。

> **案例讨论 4-1**
>
> 2022 年 8 月，甲将设备作为抵押物抵押给乙银行，从而从银行处取得了贷款。此后，甲又将这套设有抵押权（已办理登记手续）的设备出售并交付给丙。银行贷款到期后，甲未能按时偿还，乙银行于是向丙主张在该设备上所享有的抵押权。
>
> 问题：乙银行的主张能否得到法院的支持？甲是否违反了权利担保义务？为什么？

（二）买方的义务

买卖合同中，买方的基本义务包括支付价款受领标的物和及时检查标的物。

1. 支付货款

价款是买方获取标的物的所有权的对价。依合同的约定向出卖人支付价款，是买方的主要义务。买受人须按合同约定的数额、时间、地点支付价款，合同无约定或约定不明的，应依法律规定、参照交易惯例确定。关于付款的时间和地点，《民法典》作出了具体规定。

（1）付款的时间

买方应当按照约定的时间支付价款。对支付时间没有约定或者约定不明确，双方可以协议补充；不能达成补充协议的，按照合同相关条款或者交易习惯确定。按照此方法仍不能确定的，买受人应当在收到标的物或者提取标的物单证的同时支付。

（2）付款的地点

买受人应当按照约定的地点支付价款。对支付地点没有约定或者约定不明确，双方可以协议补充；不能达成补充协议的，按照合同相关条款或者交易习惯确定。按照此方法仍不能确定的，买受人应当在出卖人的营业地支付；但是，约定支付价款以交付标的物或者交付提取标的物单证为条件的，在交付标的物或者交付提取标的物单证的所在地支付。

(3) 货物价格的确定

买方应当按照约定的数额和支付方式支付价款。对价款的数额和支付方式没有约定或者约定不明确的，双方可以协议补充；不能达成补充协议的，按照合同相关条款或者交易习惯确定。按照此方法仍不能确定的，按照订立合同时履行地的市场价格履行；依法应当执行政府定价或者政府指导价的，依照规定履行。

2. 受领标的物

对于卖方交付标的物及其有关权利和凭证，买方有及时受领义务。出卖人多交标的物的，买受人可以接收或者拒绝接收多交的部分。买受人接收多交部分的，按照约定的价格支付价款；买受人拒绝接收多交部分的，应当及时通知出卖人。

3. 及时检验标的物

买受人收到标的物时应当在约定的检验期限内检验。没有约定检验期限的，应当及时检验。

当事人约定检验期限的，买受人应当在检验期限内将标的物的数量或者质量不符合约定的情形通知出卖人。买受人怠于通知的，视为标的物的数量或者质量符合约定。

当事人没有约定检验期限的，买受人应当在发现或者应当发现标的物的数量或者质量不符合约定的合理期限内通知出卖人。买受人在合理期限内未通知或者自收到标的物之日起 2 年内未通知出卖人的，视为标的物的数量或者质量符合约定；但是，对标的物有质量保证期的，适用质量保证期，不适用该 2 年的规定。出卖人知道或者应当知道提供的标的物不符合约定的，买受人不受上述规定的通知时间的限制。

当事人约定的检验期限过短，根据标的物的性质和交易习惯，买受人在检验期限内难以完成全面检验的，该期限仅视为买受人对标的物的外观瑕疵提出异议的期限。约定的检验期限或者质量保证期短于法律、行政法规规定期限的，应当以法律、行政法规规定的期限为准。

当事人对检验期限未作约定，买受人签收的送货单、确认单等载明标的物数量、型号、规格的，推定买受人已经对数量和外观瑕疵进行检验，但是有相关证据足以推翻的除外。

出卖人依照买受人的指示向第三人交付标的物，出卖人和买受人约定的检验标准与买受人和第三人约定的检验标准不一致的，以出卖人和买受人约定的检验标准为准。

案例讨论 4-2

甲公司向乙公司采购一批设备，合同中约定：甲公司在收货后 30 日内验收，验收无误后付款。甲公司工作人员在收货后由于忙于其他事务而未验收，2 个月后才发现货物存在严重质量问题，遂向乙公司要求退货，乙公司以检验期已过为由拒绝退货。甲公司为此诉至法院。

问题：

(1) 本案中甲公司是否有权要求退货？

(2) 假设甲乙双方未约定检验期限,本案应如何处理?

(3) 如果甲乙双方在合同中约定货物质保期是3年,甲公司在收到设备之日起3年内发现质量问题,甲公司是否可以要求退货?

(4) 假设乙公司故意将有严重质量问题的设备交付给甲公司,甲公司在收到货物2年后才发现质量问题,甲公司还可以要求退货吗?

四、买卖合同中风险及孳息的转移

(一) 风险的转移

风险是指货物可能遭受的意外损失。货物风险的转移是一个非常重要的问题,涉及买卖双方的权利义务。风险转移前货物发生意外的损失由卖方承担,风险转移后的损失由买方承担,在风险转移问题上,最重要的是确定风险转移的时间。我国《民法典》对货物风险的转移作出了具体规定。

1. 一般情况下货物风险的转移

《民法典》第604条规定,标的物毁损、灭失的风险,在标的物交付之前由出卖人承担,交付之后由买受人承担,但是法律另有规定或者当事人另有约定的除外。

2. 买卖合同涉及运输时的风险转移

买卖合同涉及货物的运输时,如果卖方没有义务在指定地点交货,则风险自货交第一承运人时发生转移;如果卖方有义务在指定地点交货,卖方在该指定地点将货物交给承运人时发生转移。

3. 在途货物买卖的风险转移

出卖人已卖出交由承运人运输的在途标的物,除当事人另有约定外,毁损、灭失的风险自合同成立时起由买受人承担。

4. 卖方根本违约时的风险转移

因标的物不符合质量要求,致使不能实现合同目的的,买受人可以拒绝接受标的物或者解除合同。买受人拒绝接受标的物或者解除合同的,标的物毁损、灭失的风险由出卖人承担。标的物毁损、灭失的风险由买受人承担的,不影响因出卖人履行义务不符合约定,买受人请求其承担违约责任的权利。

需要注意的是,出卖人按照约定未交付有关标的物的单证和资料的,不影响标的物毁损、灭失风险的转移。

5. 买方根本违约时的风险转移

出卖人按照约定或者依据法律规定将标的物置于交付地点,买受人违反约定没有收取的,标的物毁损、灭失的风险自违反约定时起由买受人承担。

案例讨论 4-3

2022年6月14日,赵某因急需饲料找到经销商李某,双方商定,赵某以每袋23元的价格购买李某饲料1 000袋,共计人民币23 000元。赵某当即付款10 000元。由于该饲料刚从外地调来尚未入库,双方在场院点过数目后,言明第二天上午 10 时前提货并付清余款。因当晚突然下起大雨,致使饲料全部被淋湿。赵某遂要求李某更换饲料或退回 10 000 元货款,遭李某拒绝。

问题:李某是否更换饲料或退回 10 000 元货款?为什么?

(二)孳息的转移

孳息是指由原物所产生的额外收益。孳息分为天然孳息和法定孳息。天然孳息是指依物的自然属性所产生的物。如耕作土地获得粮食和其他出产物,种植果树结出果实,养殖牲畜获得各种子畜和奶产品等。法定孳息是指根据法律的规定,由法律关系所产生的收益,如房屋出租的租金、借贷产生的利息等。

买卖合同中孳息的转移采取交付主义。《民法典》第 630 条规定,标的物在交付之前产生的孳息,归出卖人所有;交付之后产生的孳息,归买受人所有。但是,当事人另有约定的除外。

【难点提示】 不是所有类型的合同都涉及所有权、风险及孳息的转移

所有权转移、风险转移、孳息转移都采用交付主义,但是仅仅适用于买卖、互易、赠与等转移所有权的合同,而不可扩展于其他合同类型中,如租赁、借用、保管等合同不发生所有权转移,也就不涉及风险及孳息的转移问题。

五、买卖合同违约的救济方法

1. 卖方违约的法律责任

卖方的违约行为一般表现为不交货、迟延交货、交货质量不合格、交货数量不符合合同约定等。卖方违约时,买方的救济方法主要包括以下方面。

(1) 要求卖方实际履行合同义务

当卖方不履行合同义务时,买方可要求其实际履行。具体包括:要求卖方提交符合合同规定的货物;对不符合规定的货物进行修理、更换;提交替代物等。

(2) 给予卖方履行合同的宽限期

当卖方交付货物的时间不符合合同约定,即迟延交货时,买方可以给予卖方一段合理的时间,让其履行合同义务。

(3) 要求卖方减价

当卖方交付的货物不符合合同的约定,但买方仍愿意接收货物的情况下,买方可以要求降价,降价一般按实际交付的货物在交货时的价值与符合合同的货物在当时的价值两者之间的差额计算。

(4) 要求赔偿损失

卖方没有履行合同义务或者不正当履行义务,买方可以要求损害赔偿,而无须证明对方的违约是否出于过失。一方当事人违反合同应承担的赔偿数额应与另一方当事人因他违反合同而遭受的损失额相等,包括受损害方的实际损失,以及他依据该合同可预期获得的

利润。但是，赔偿数额不超过违反合同方在订立合同时应当预料到的损失。

（5）要求支付违约金

卖方没有履行合同义务或者不正当履行义务，买方可以按照合同约定要求卖方支付违约金。

（6）要求解除合同

卖方构成根本违约时，买方可要求解除合同；或者卖方的行为未构成根本违约，买方给予卖方一定的宽限期，如果卖方仍未履行合同，则买方也可以要求解除合同。

案例讨论4-4

A公司与B公司签订了一份买卖合同。合同规定，B公司向A公司提供8 000只计算器。B公司依合同规定的时间将合同项下的货物运抵A公司。经检验，证明计算器存在严重质量缺陷。A公司要求B公司在10天期限内将质量合格的计算器发运给A公司。但B公司交来的货物仍不符合合同规定。A公司经再三考虑，要求解除该合同，并要求B公司赔偿损失，B公司不同意解除合同，认为合同签订后，双方都应履行合同，合同不得解除。

问题：A公司是否可以要求解除合同？为什么？

2. 买方违约时卖方的救济方法

买方的违约行为一般表现为不支付货款或不按时接受货物等。在此情况下，卖方可以采取以下救济措施。

（1）要求买方实际履行合同

如果买方不支付价款、不接受货物或有其他违反合同的行为时，卖方可以要求买方实际履行合同，如要求买方支付货款或接受货物。除非卖方采取了与实际履行的要求相违背的行为，比如卖方要求解除合同就不能再要求买方继续实际履行该合同。

（2）给予买方履行合同的宽限期

如果买方没有在合同规定的时间内履行合同义务，卖方可以给予买方一定的宽限期让买方履行合同。

（3）解除合同

如果买方根本违反合同，或者虽然买方没有根本违约，但在卖方给予的宽限期内买方仍未履行合同，卖方可以要求解除合同。

（4）要求支付违约金

买方没有履行合同义务或者不正当履行义务，卖方可以按照合同约定要求买方支付违约金。

（5）请求赔偿损失

买方违反合同义务时，卖方也可以要求买方给予赔偿。赔偿的数额一般为应交货时交货地的市场价与合同价之间的差额。

3. 违约责任的免除

违约责任的免除是指法律规定或当事人约定的情况出现时，当事人对其不履行合同或迟延履行合同的行为不承担违约责任。违约责任的免除分为法定免除和约定免除。法定免除的主要情形是发生不可抗力。

任务二　政府采购法律制度

任务导入： 某市事业单位拟采购30台电脑和2套正版办公软件，合同估算价为16万元，全部使用财政性资金，在该市政府集中采购目录中包括"办公设备"一项，其限额标准为"单项或批量金额在10万元人民币以上"。该项目采用公开招标方式采购，并在该省人民政府财政部门指定的政府采购信息媒体发布了招标公告，公布投标人资格条件。根据项目估算价16万元，按0.5%计算，招标文件售价为80元。

任务要求： 判断本项目是否为政府采购？上述招标公告发布及招标文件出售过程中存在哪些不正确行为？结合本案例，理解政府采购法律制度。

一、政府采购的概念与特点

（一）政府采购的概念

政府采购是指各级国家机关、事业单位和团体组织，使用财政性资金采购依法制定的集中采购目录以内的或者采购限额标准以上的货物、工程和服务的行为。其中，采购是指以合同方式有偿取得货物、工程和服务的行为，包括购买、租赁、委托、雇用等。货物是指各种形态和种类的物品，包括原材料、燃料、设备、产品等。工程是指建设工程，包括建筑物和构筑物的新建、改建、扩建、装修、拆除、修缮等。服务是指除货物和工程以外的其他政府采购对象。

（二）政府采购的特点

（1）采购主体的特定性。政府采购主体包括各级国家机关、事业单位和团体组织。国家机关是指依法享有国家赋予的行政权力，具有独立的法人地位，以国家预算作为独立活动经费的各级机关。事业单位是指国家为了社会公益，由国家机关举办或者其他组织利用国有资产举办的，从事教育、科技、文化、卫生等活动的社会服务组织；团体组织是指我国公民自愿组成，为实现会员共同意愿，按照其章程开展活动的非营利社会组织。

（2）政府采购资金来源的公共性。政府采购的资金主要源于政府财政拨款，即由纳税人交纳的税款所形成的财政资金。

（3）政府采购的经济性和非营利性。政府采购活动必须遵循市场经济规律，追求财政资金使用效益的最大化。同时，政府采购活动不以营利为目标，而是以追求社会公共利益为最终目标。

（4）政府采购的强制性。为了规范政府采购行为，提高资金使用效益，维护国家利益和社会公共利益，我国颁布了《中华人民共和国政府采购法》（以下简称《政府采购法》）以及一系列相关法律法规。属于政府采购范围的项目采购计划方案、程序、方式及其资金使用等，必须严格按照有关法律、法规组织实施和规范管理。

二、政府采购的立法

政府采购法是调整政府采购的法律规范的总称。2002年6月29日第九届全国人民代表大会常务委员会第二十八次会议通过了《政府采购法》，该法于2014年进行了修正。2014年12月31日国务院第75次常务会议通过了《中华人民共和国政府采购法实施条例》（以下简称《政府采购条例》），该条例自2015年3月1日起施行。此外，国务院各部门，特别是财政部颁布的一系列部门规章以及地方性法规和政府规章也是政府采购制度的重要组成部分。

三、政府采购的基本制度

1. 集中采购和分散采购相结合的制度

政府采购实行集中采购和分散采购相结合的制度。

（1）集中采购

集中采购的范围由省级以上人民政府公布的集中采购目录确定。属于中央预算的政府采购项目的，其集中采购目录由国务院确定并公布；属于地方预算的政府采购项目的，其集中采购目录由省、自治区、直辖市人民政府或者其授权的机构确定并公布。纳入集中采购目录的政府采购项目，应当实行集中采购。

（2）分散采购

集中采购目录以外，采购限额标准以上的属于分散采购。政府采购限额标准，属于中央预算的政府采购项目的，由国务院确定并公布；属于地方预算的政府采购项目的，由省、自治区、直辖市人民政府或者其授权的机构确定并公布。属于分散采购的，采购人可以自行采购，也可以委托采购代理机构采购。

2. 信息公开制度

政府采购信息公开制度是国家公共财政支出管理的重要制度，在保护采购当事人的合法权益，保证采购交易市场的高效运行，提高公共支出的管理水平以及公共资金的使用效益等方面都起到了巨大的推动作用。《政府采购法》第11条规定：政府采购的信息应当在政府采购监督管理部门指定的媒体上及时向社会公开发布，但涉及商业秘密的除外。第63条规定：政府采购项目的采购标准应当公开。采购人在采购活动完成后，应当将采购结果予以公布。

3. 回避制度

政府采购实行回避制度，是为了维护政府采购活动的公平和公正，保护采购人和供应商的合法权益。回避包括自行回避和申请回避。《政府采购法》第12条规定：在政府采购活动中，采购人员及相关人员与供应商有利害关系的，必须回避。供应商认为采购人员及相关人员与其他供应商有利害关系的，可以申请其回避。相关人员包括招标采购中评标委员会的组成人员，竞争性谈判采购中谈判小组的组成人员，询价采购中询价小组的组成人员等。

4. 采购本国货物的制度

购买国货是政府采购制度的内在要求。政府采购资金来源于民，也应当用之于民，即通过采购本国货物、工程和服务,支持国内企业的发展,维护公共利益和国家利益。《政府采购法》第 10 条规定:政府采购应当采购本国货物、工程和服务。但有下列情形之一的除外:①需要采购的货物、工程或者服务在中国境内无法获取或者无法以合理的商业条件获取的;②为在中国境外使用而进行采购的;③其他法律、行政法规另有规定的。本国货物、工程和服务的界定,依照国务院有关规定执行。

案例讨论 4-5

甲行政单位召集分管财务与政府采购的负责人,就公务车购置事项进行讨论。会议决议:①公务车购置金额达到政府采购限额标准以上,应当按照当年财政批复的预算标准履行政府采购程序进行采购;②由于同等价格的进口车同国产车相比在性能及安全方面有明显优势,应要求接受委托的集中采购机构购买进口车。

问题: 分析上述会议决议是否正确,并说明理由。

四、政府采购的当事人

政府采购的当事人是指在政府采购活动中享有权利和承担义务的各类主体,包括采购人、采购代理机构和供应商等。

1. 采购人

采购人是指依法进行政府采购的国家机关、事业单位、团体组织。

2. 采购代理机构

采购代理机构是接受采购人的委托采购货物、工程和服务的机构。这里的采购代理机构是广义的,包括集中采购机构和采购代理机构。

(1) 集中采购机构

集中采购机构为政府设立的采购代理机构。设区的市、自治州以上人民政府根据本级政府采购项目组织集中采购的,需要设立集中采购机构。集中采购机构是非营利事业法人,根据采购人的委托办理采购事宜。

集中采购机构进行政府采购活动,应当符合采购价格低于市场平均价格、采购效率更高、采购质量优良和服务良好的要求。

采购人采购纳入集中采购目录的政府采购项目,必须委托集中采购机构代理采购;采购未纳入集中采购目录的政府采购项目,可以自行采购,也可以委托集中采购机构在委托的范围内代理采购。

纳入集中采购目录属于通用的政府采购项目的,应当委托集中采购机构代理采购;属于本部门、本系统有特殊要求的项目,应当实行部门集中采购;属于本单位有特殊要求的项目,经省级以上人民政府批准,可以自行采购。

(2) 采购代理机构

采购代理机构是代理政府采购的社会中介机构,其代理政府采购的资格由国务院或省级人民政府有关部门认定。

采购人可以委托集中采购机构以外的采购代理机构,在委托的范围内办理政府采购事宜。采购人有权自行选择采购代理机构,任何单位和个人不得以任何方式为采购人指定采购代理机构。采购人依法委托采购代理机构办理采购事宜的,应当由采购人与采购代理机构签订委托代理协议,依法确定委托代理的事项,约定双方的权利义务。

3. 供应商

供应商是指向采购人提供货物、工程或者服务的法人、其他组织或者自然人。

(1) 供应商参加政府采购活动的条件

供应商参加政府采购活动应具备以下条件:①具有独立承担民事责任的能力;②具有良好的商业信誉和健全的财务会计制度;③具有履行合同所必需的设备和专业技术能力;④有依法缴纳税收和社会保障资金的良好记录;⑤参加政府采购活动前三年内,在经营活动中没有重大违法记录;⑥法律、行政法规规定的其他条件。

(2) 供应商资格的审查

采购人可以根据采购项目的特殊要求,规定供应商的特定条件,但不得以不合理的条件对供应商实行差别待遇或者歧视待遇。采购人可以要求参加政府采购的供应商提供有关资质证明文件和业绩情况,并根据政府采购法规定的供应商条件和采购项目对供应商的特定要求,对供应商的资格进行审查。

(3) 联合体

两个以上的自然人、法人或者其他组织可以组成一个联合体,以一个供应商的身份共同参加政府采购。以联合体形式进行政府采购的,参加联合体的供应商均应当具备法律规定的条件,并应当向采购人提交联合协议,载明联合体各方承担的工作和义务。联合体各方应当共同与采购人签订采购合同,就采购合同约定的事项对采购人承担连带责任。

政府采购当事人不得相互串通损害国家利益、社会公共利益和其他当事人的合法权益;不得以任何手段排斥其他供应商参与竞争。供应商不得以向采购人、采购代理机构、评标委员会的组成人员、竞争性谈判小组的组成人员、询价小组的组成人员行贿或者采取其他不正当手段谋求中标或者成交。采购代理机构不得以向采购人行贿或者采取其他不正当手段谋取非法利益。

五、政府采购的方式

根据《政府采购法》的规定,政府采购可以采用公开招标、邀请招标、竞争性谈判、单一来源采购、询价及国务院政府采购监督管理部门认定的其他采购方式。其中,公开招标应作为政府采购的主要采购方式。

(一) 公开招标

公开招标是指采购人或委托的政府采购代理机构以招标公告的方式邀请不特定的供应商参加投标竞争,从中择优选择中标的供应商进行采购的方式。

采购人采购货物或者服务应当采用公开招标方式的,其具体数额标准,属于中央预算的政府采购项目,由国务院规定;属于地方预算的政府采购项目,由省、自治区、直辖市人民政府规定;因特殊情况需要采用公开招标以外的采购方式的,应当在采购活动开始前获得设区的市、自治州以上人民政府采购监督管理部门的批准。

采购人不得将应当以公开招标方式采购的货物或者服务化整为零或者以其他任何方式规避公开招标采购。

2. 邀请招标

邀请招标是指采购人或委托的政府采购代理机构以投标邀请书的方式邀请3家或3家以上特定的供应商参与投标的采购方式。

符合下列情形之一的货物或者服务，可以依照本法采用邀请招标方式采购：①具有特殊性，只能从有限范围的供应商处采购的；②采用公开招标方式的费用占政府采购项目总价值的比例过大的。

3. 竞争性谈判

竞争性谈判是指采购人或委托的政府采购代理机构通过与多家供应商就采购事宜进行谈判，经分析比较后从中确定供应商的采购方式。

符合下列情形之一的货物或者服务，可以依照本法采用竞争性谈判方式采购：①招标后没有供应商投标或者没有合格标的或者重新招标未能成立的；②技术复杂或者性质特殊，不能确定详细规格或者具体要求的；③采用招标所需时间不能满足用户紧急需要的；④不能事先计算出价格总额的。

4. 单一来源采购

单一来源方式是指采购人采购不具备竞争条件的物品，只能从唯一的供应商取得采购货物或服务的情况下，直接向该供应商协商采购的方式。

符合下列情形之一的货物或者服务，可以依照本法采用单一来源方式采购：①只能从唯一供应商处采购的；②发生了不可预见的紧急情况不能从其他供应商处采购的；③必须保证原有采购项目一致性或者服务配套的要求，需要继续从原供应商处添购，且添购资金总额不超过原合同采购金额10%的。

5. 询价采购

询价采购是指采购人向3家以上潜在的供应商发出询价单，对各供应商一次性报出的价格进行分析比较，按照符合采购需求、质量和服务相等且报价最低的原则确定中标供应商的采购方式。

采购的货物规格、标准统一、现货货源充足且价格变化幅度小的政府采购项目，可以采用询价方式采购。

六、政府采购的程序

1. 编制采购项目及资金预算

负有编制部门预算职责的部门在编制下一财政年度部门预算时，应当将该财政年度政府采购的项目及资金预算列出，报本级财政部门汇总。然后根据集中采购目录、采购限额标准和已批复的部门预算，编制政府采购实施计划，报本级人民政府财政部门备案。

2. 确定采购方式

（1）采用招标方式进行政府采购的，包括招标、投标、开标、评标、中标和签订书面合同六大环节。

① 招标。招标是指招标人按照国家有关规定履行项目审批手续、落实资金来源后，依法发布招标公告或投标邀请书，编制并发售招标文件等具体环节。根据项目特点和实际

需要，有些招标项目还要委托招标代理机构，组织现场踏勘、进行招标文件的澄清与修改等。

② 投标。投标是指投标人根据招标文件要求，编制并提交投标文件，响应招标活动。投标人参与竞争并进行一次性投标报价是在投标环节完成的，在投标截止时间结束后，再不能接受新的投标，投标人也不得再更改投标报价及其他实质性内容。因此，投标情况确定了竞争格局，是决定投标人能否中标、招标人能否取得预期招标效果的关键。

货物和服务项目实行招标方式采购的，自招标文件开始发出之日起至投标人提交投标文件截止之日止，不得少于20日。

在招标采购中，出现下列情形之一的，应予废标：符合专业条件的供应商或者对招标文件作实质响应的供应商不足3家的；出现影响采购公正的违法、违规行为的；投标人的报价均超过了采购预算，采购人不能支付的；因重大变故，采购任务取消的。

废标后，采购人应当将废标理由通知所有投标人。废标后，除采购任务取消情形外，应当重新组织招标；需要采取其他方式采购的，应当在采购活动开始前获得设区的市、自治州以上人民政府采购监督管理部门或者政府有关部门批准。

③ 开标。开标是招标人按照招标文件确定的时间和地点，邀请所有投标人到场，当众开启投标人提交的投标文件，宣布投标人名称、投标报价及投标文件中其他重要内容。开标最基本要求和特点是公开，保障所有投标人的知情权，这也是维护各方合法权益的基本条件。

④ 评标。招标人依法组建评标委员会，依据招标文件规定和要求，对投标文件进行审查、评审和比较，确定中标候选人。评标是审查确定中标人的必经程序。对于依法必须招标的项目、招标人必须根据评标委员会提出的书面评标报告和推荐的中标候选人确定中标人，因此，评标是否合法、规范、公平、公正，对于招标结果具有决定性作用。

⑤ 中标。中标也称定标，即招标人从评标委员会推荐的中标候选人中确定中标人，并向中标人发出中标通知书，并同时将中标结果通知所有未中标的投标人。中标既是竞争结果的确定环节，也是发生异议、投诉、举报的环节，有关行政监督部门应当依法进行处理。

⑥ 签订书面合同。中标通知书发出后，招标人和中标人应当按照招标文件和中标人的投标文件在规定时间内订立书面合同，中标人按合同约定履行义务，完成中标项目。

（2）采用竞争性谈判方式采购的，应当遵循下列程序。①成立谈判小组。谈判小组由采购人的代表和有关专家共3人以上的单数组成，其中专家的人数不得少于成员总数的2/3。②制定谈判文件。谈判文件应当明确谈判程序、谈判内容、合同草案的条款以及评定成交的标准等事项。③确定邀请参加谈判的供应商名单。谈判小组从符合相应资格条件的供应商名单中确定不少于3家的供应商参加谈判，并向其提供谈判文件。④谈判。谈判小组所有成员集中与单一供应商分别进行谈判。在谈判中，谈判的任何一方不得透露与谈判有关的其他供应商的技术资料、价格和其他信息。谈判文件有实质性变动的，谈判小组应当以书面形式通知所有参加谈判的供应商。⑤确定成交供应商。谈判结束后，谈判小组应当要求所有参加谈判的供应商在规定时间内进行最后报价，采购人从谈判小组提出的成交候选人中根据符合采购需求、质量和服务相等且报价最低的原则确定成交供应商，并将结果通知所有参加谈判的未成交的供应商。

(3) 采取单一来源方式采购的，采购人与供应商应当遵循本法规定的原则，在保证采购项目质量和双方商定合理价格的基础上进行采购。

(4) 采取询价方式采购的，应当遵循下列程序。①成立询价小组。询价小组由采购人的代表和有关专家共3人以上的单数组成，其中专家的人数不得少于成员总数的2/3。询价小组应当对采购项目的价格构成和评定成交的标准等事项作出规定。②确定被询价的供应商名单。询价小组根据采购需求，从符合相应资格条件的供应商名单中确定不少于3家的供应商，并向其发出询价通知书让其报价。③询价。询价小组要求被询价的供应商一次报出不得更改的价格。④确定成交供应商。采购人根据符合采购需求、质量和服务相等且报价最低的原则确定成交供应商，并将结果通知所有被询价的未成交的供应商。

案例讨论 4-6

某采购中心组织传真机询价采购，由于项目标的不大，询价小组成员由两名采购中心工作人员和一名采购人代表组成。在采购过程中，作为询价小组成员的采购人代表发现其中一款机器性能和原先了解的情况出入较大，而另一款机器由于事先没有说明，所以报价的几家供应商有的是标准配置，有的带选装件，而且由于大家理解不同，所配的选装件也不一样。为此经采购中心工作人员认可，询价小组对第一款机器的型号做了更正，而对另一款机器的配置情况做了统一，然后又让供应商重新填了报价，并根据报价最低的原则选择了成交供应商。

问题：案例中询价小组的哪些行为不合法？为什么？

(5) 只能从唯一供应商处采购，发生了不可预见的紧急情况，为了保证一致性或者服务配套从原供应商处添购原合同金额10%以内的情形的政府采购项目，可以采用单一来源采购。

3. 订立及履行政府采购合同

政府采购合同应当采用书面形式。国务院政府采购监督管理部门应当会同国务院有关部门，规定政府采购合同必须具备的条款。采购人与中标、成交供应商应当在中标、成交通知书发出之日起30日内，按照采购文件确定的事项签订政府采购合同。中标、成交通知书对采购人和中标、成交供应商均具有法律效力。中标、成交通知书发出后，采购人改变中标、成交结果的，或者中标、成交供应商放弃中标、成交项目的，应当依法承担法律责任。

政府采购项目的采购合同自签订之日起7个工作日内，采购人应当将合同副本报同级政府采购监督管理部门和有关部门备案。

经采购人同意，中标、成交供应商可以依法采取分包方式履行合同。政府采购合同分包履行的，中标、成交供应商就采购项目和分包项目向采购人负责，分包供应商就分包项目承担责任。

政府采购合同履行中，采购人需追加与合同标的相同的货物、工程或者服务的，在不改变合同其他条款的前提下，可以与供应商协商签订补充合同，但所有补充合同的采购金额不得超过原合同采购金额的10%。

政府采购合同的双方当事人不得擅自变更、中止或者终止合同。

政府采购合同继续履行将损害国家利益和社会公共利益的，双方当事人应当变更、中止或者终止合同。有过错的一方应当承担赔偿责任，双方都有过错的，各自承担相应的责任。

七、违反政府采购法的法律责任

（1）采购人、采购代理机构有下列情形之一的，责令限期改正，给予警告，可以并处罚款，对直接负责的主管人员和其他直接责任人员，由其行政主管部门或者有关机关给予处分，并予通报：

① 应当采用公开招标方式而擅自采用其他方式采购的；
② 擅自提高采购标准的；
③ 以不合理的条件对供应商实行差别待遇或者歧视待遇的；
④ 在招标采购过程中与投标人进行协商谈判的；
⑤ 中标、成交通知书发出后不与中标、成交供应商签订采购合同的；
⑥ 拒绝有关部门依法实施监督检查的。

（2）采购人、采购代理机构及其工作人员有下列情形之一，构成犯罪的，依法追究刑事责任；尚不构成犯罪的，处以罚款，有违法所得的，并处没收违法所得，属于国家机关工作人员的，依法给予行政处分：

① 与供应商或者采购代理机构恶意串通的；
② 在采购过程中接受贿赂或者获取其他不正当利益的；
③ 在有关部门依法实施的监督检查中提供虚假情况的；
④ 开标前泄露标底的。

有（1）、（2）中规定的违法行为之一影响中标、成交结果或者可能影响中标、成交结果的，按下列情况分别处理：

① 未确定中标、成交供应商的，终止采购活动；
② 中标、成交供应商已经确定但采购合同尚未履行的，撤销合同，从合格的中标、成交候选人中另行确定中标、成交供应商；
③ 采购合同已经履行的，给采购人、供应商造成损失的，由责任人承担赔偿责任。

（3）采购人对应当实行集中采购的政府采购项目，不委托集中采购机构实行集中采购的，由政府采购监督管理部门责令改正；拒不改正的，停止按预算向其支付资金，由其上级行政主管部门或者有关机关依法给予其直接负责的主管人员和其他直接责任人员处分。

（4）采购人未依法公布政府采购项目的采购标准和采购结果的，责令改正，对直接负责的主管人员依法给予处分。

（5）采购人、采购代理机构违反本法规定隐匿、销毁应当保存的采购文件或者伪造、变造采购文件的，由政府采购监督管理部门处以2万元以上10万元以下的罚款，对其直接负责的主管人员和其他直接责任人员依法给予处分；构成犯罪的，依法追究刑事责任。

（6）供应商有下列情形之一的，处以采购金额5‰以上10‰以下的罚款，列入不良行为记录名单，在1至3年内禁止参加政府采购活动，有违法所得的，并处没收违法所得，情节严重的，由工商行政管理机关吊销营业执照；构成犯罪的，依法追究刑事责任：

① 提供虚假材料谋取中标、成交的；
② 采取不正当手段诋毁、排挤其他供应商的；
③ 与采购人、其他供应商或者采购代理机构恶意串通的；
④ 向采购人、采购代理机构行贿或者提供其他不正当利益的；
⑤ 在招标采购过程中与采购人进行协商谈判的；
⑥ 拒绝有关部门监督检查或者提供虚假情况的。

供应商有前款第(1)至(5)项情形之一的，中标、成交无效。

案例讨论 4-7

采购中心受采购人委托组织家具公开招标，采购预算 150 万元。根据招标文件的要求，所有家具的板面采用双层中密度板加胡桃木贴面。某供应商在投标时，为了赢得中标，事先和采购人取得了"默契"，不但在投标时完全响应招标文件的一切要求，而且选用了较好的材料，如中密度板就选用了某名牌优质一级中密度板，此外还报出一个惊人的低价(110 万元)，最终该供应商被推荐为第一中标人。合同签订后，该供应商与采购人协商，以某名牌优质一级中密度板脱销为理由，将中密度板换成了品质较差的另外一个品牌，且合同金额不变；作为补偿，该供应商在合同中将免费维保期增加一年。

问题：

(1) 本案中存在哪些违法行为，应如何处理？说明理由。

(2) 如果采购人在合同履行中需再增补采购 10 万元货物，可以直接与该供应商进行商谈吗？

(7) 采购代理机构在代理政府采购业务中有违法行为的，按照有关法律规定处以罚款，在 1 至 3 年内禁止其代理政府采购业务；构成犯罪的，依法追究刑事责任。

(8) 政府采购当事人违反《政府采购法》规定的行为，给他人造成损失的，应依照有关民事法律规定承担民事责任。

(9) 政府采购监督管理部门的工作人员在实施监督检查中违反规定滥用职权，玩忽职守，徇私舞弊的，依法给予行政处分；构成犯罪的，依法追究刑事责任。

政府采购监督管理部门对供应商的投诉逾期未作处理的，给予直接负责的主管人员和其他直接责任人员行政处分。

政府采购监督管理部门对集中采购机构业绩的考核，有虚假陈述，隐瞒真实情况的，或者不作定期考核和公布考核结果的，应当及时纠正，由其上级机关或者监察机关对其负责人进行通报，并对直接负责的人员依法给予行政处分。

集中采购机构在政府采购监督管理部门考核中，虚报业绩，隐瞒真实情况的，处以 2 万元以上 20 万元以下的罚款，并予以通报；情节严重的，取消其代理采购的资格。

(10) 任何单位或者个人阻挠和限制供应商进入本地区或者本行业政府采购市场的，责令限期改正；拒不改正的，由该单位、个人的上级行政主管部门或者有关机关给予单位责任人或者个人处分。

项目训练

知识练习

1. 基本概念

买卖合同　品质担保义务　权利担保义务　风险　政府采购　公开招标　邀请招标　单一来源采购　竞争性谈判采购　询价采购

2. 选择题

(1) 买卖合同中卖方的义务有(　　)。
   A. 交付货物　　　　　　　　　B. 提交货物有关的单证
   C. 权利担保　　　　　　　　　D. 品质担保

(2) 买卖合同的风险转移一般以(　　)为分界线。
   A. 合同的签订　　B. 履行之日　　C. 交付　　D. 验收合格

(3) 甲、乙订立买卖合同,约定由买方乙自提货物。合同订立后,甲于1月4日通知乙1月20日前提货,但乙一直未去提货,1月25日,标的物因不可抗力灭失,该损失应由(　　)承担。
   A. 卖方甲　　　　　　　　　　B. 买方乙
   C. 在价款未支付的情况下由卖方甲　　D. 双方共同

(4) 出卖人交付的标的物不符合质量要求的,买受人可以选择的救济方式有(　　)。
   A. 要求修理、更换　　　　　　B. 要求减少价款
   C. 要求支付违约金　　　　　　D. 要求赔偿损失

(5) 政府采购的主要方式是(　　)。
   A. 公开招标　　　　　　　　　B. 邀请招标
   C. 竞争性谈判　　　　　　　　D. 单一来源采购

(6) 买卖合同中买方义务有(　　)。
   A. 支付货款　　B. 接受货物　　C. 检验货物　　D. 办理运输和保险

(7) 招投标过程中,投标行为属于(　　)。
   A. 要约　　　　B. 承诺　　　　C. 反要约　　　D. 要约邀请

(8) 下列选项中不属于政府采购的主体的是(　　)。
   A. 国家机关　　B. 事业单位　　C. 团体组织　　D. 企业

(9) 政府采购中,符合下列情形之一的货物或者服务,可以采用单一来源方式采购(　　)。
   A. 只能从唯一供应商处采购的
   B. 发生了不可预见的紧急情况不能从其他供应商处采购的
   C. 必须保证原有采购项目一致性或者服务配套的要求,需要继续从原供应商处添购,且添购资金总额不超过原合同采购金额百分之十的

D. 采用招标所需时间不能满足用户紧急需要的

(10) 甲乙约定卖方甲负责将所卖货物运送至买方乙指定的仓库。甲如约交货，乙验收收货，但甲未将产品合格证和原产地证明文件交给乙。乙已经支付80%的货款。交货当晚，因山洪暴发，乙仓库内的货物全部毁损。下列表述中正确的是(　　)。
　　A. 乙应当支付剩余20%的货款
　　B. 甲未交付产品合格证与原产地证明，构成违约，但货物损失由乙承担
　　C. 乙有权要求解除合同，并要求甲返还已支付的80%货款
　　D. 甲有权要求乙支付剩余的20%货款，但应补交已经毁损的货物

3. 简答题
(1) 货物买卖合同中卖方的基本义务有哪些？
(2) 货物买卖合同中买方的基本义务有哪些？
(3) 货物买卖合同中货物风险转移的规则有哪些？
(4) 货物买卖合同的救济方法有哪些？
(5) 政府采购的方式有哪些？

案例分析

【案例1】 甲和某运输公司订立一份买卖汽车合同，约定由运输公司在6月底将一部行驶3万公里的卡车交付给甲，价款3万元，甲交付定金5 000元，交车后15日内余款付清。合同还约定，运输公司晚交车1天，扣除车款50元；甲晚交款1天，应多交车款50元；一方有其他违约情形，应向对方支付违约金6 000元。合同订立后，该卡车因外出运货途经山路时，因下雨，被一块落下的石头砸中，车头受损，运输公司对卡车进行修理，于7月10日交付给甲。10天后，甲在运货中发现卡车发动机有毛病，经检查，该发动机经过大修，遂请求退还卡车，并要求运输公司双倍返还定金10 000元，赔偿其因不能履行与第三人订立的运输合同造成的经营收入损失3 000元。运输公司意识到对自己不利，便提出汽车没有办理过户手续，合同无效，双方只需返还财产。

问题：
(1) 汽车买卖合同是否有效？为什么？
(2) 卡车受损，损失由谁承担？为什么？
(3) 甲能否要求退车？为什么？
(4) 甲能否同时请求运输公司支付违约金6 000元和双倍返还定金10 000元？为什么？
(5) 甲能否请求运输公司赔偿经营损失？为什么？

【案例2】 某采购项目采购预算500万元，由于拟采购货物属于通用性项目，因此全国相关厂家较多。为节省采购中心的工作量，确保采购到信誉好的产品，采购人向采购中心提出了书面申请，建议采用邀请招标的方式进行采购，并同时向采购中心提供了该单位集体考查合格的4家供应商名单。采购中心接到申请后，考虑该行业的实际情况，经中心领导批准，同意了采购人的申请，但为了扩大项目的竞争性，又另外邀请了3家供应商。随后，按照规定的程序，在核实完采购需求后，采购中心向上述7家供应商发出了招标邀

请，并进行了邀请招标。

问题：该采购中心的做法是否适当？为什么？

实训操作

（1）拟订一份货物买卖合同，熟悉买卖合同条款内容及双方权利义务。

（2）模拟处理买卖合同纠纷。

项目五

货物运输法律制度

 学习目标

知识目标

➢ 了解货物运输的概念、方式。

➢ 掌握公路货物运输及铁路货物运输合同的内容、当事人权利义务、违约责任。

➢ 掌握国内水路货物运输、国际海上货物运输合同的内容、当事人权利义务、违约责任。

➢ 掌握航空运输合同的内容、当事人权利义务、违约责任。

➢ 掌握多式联运合同的内容、当事人权利义务、违约责任。

➢ 掌握申请快递业务经营许可的条件,掌握快递企业服务规范。

➢ 掌握代理人和被代理人义务,掌握国际货运代理人的责任。

能力目标

➢ 能够参照合同文本拟定各类运输合同。

➢ 能够正确履行各类货物运输合同。

➢ 能够正确处理各类货物运输合同纠纷。

任务一 认识货物运输法律制度

任务导入:某贸易公司把一批易自燃物品委托某汽车运输公司从甲地运往乙地,途中此货物自燃,引起汽车和其他货物燃烧,损失达 30 万元。经调查发现,此货物的自燃点是 8℃,托运人某贸易公司在托运单中未说明,汽车运输公司在运输过程中也没有进行降温处理。

任务要求:本案中货物及汽车的损失应由谁赔偿?为什么?结合本案,理解货物运输合同中当事人的权利义务。

一、货物运输的概念与方式

1. 货物运输的概念

货物运输是指人员或物品借助于运力系统在一定空间范围内产生的位置移动。运输包括旅客运输和货物运输,货物的运输称为货运。物流运输主要是指货物运输。

2. 货物运输的方式

货物运输按运输工具的不同可划分为公路运输、铁路运输、水路运输、航空运输和多式联运5种。

(1) 公路运输

公路运输是构成陆上运输的两种基本运输方式之一。所谓公路运输是指以公路为运输线,利用汽车等陆路运输工具,做跨地区或跨国的移动,以完成货物位移的运输方式。公路运输的主要优点是灵活性强,公路建设期短,投资较低,易于因地制宜,对收到站设施要求不高。公路运输适应性强,可以采取"门到门"运输形式,适于近距离运输,运输费用较低。其不足之处在于不适宜大批量运输,易污染环境,发生事故。

(2) 铁路运输

铁路运输是利用铁路设施、设备运送旅客和货物的一种运输方式。铁路运输的优点有速度快、运输能力大、限制较小、连续性强、通用性能好、到发时间准确、安全可靠、运输成本较低、能耗较低等;缺点是投资高、建设周期长、占地多等。

(3) 水路运输

水路运输是以船舶为主要运输工具,以港口或港站为运输基地,以水域包括海洋、河流和湖泊为运输活动范围的一种运输方式。水路运输的优点有:运能大,运输成本低,平均运输距离长。水路运输的缺点包括:受自然气象条件因素影响大,航行风险大,运送速度慢。

(4) 航空运输

航空输运是使用飞机、直升机及其他航空器运送人员、货物、邮件的一种运输方式。航空运输的优点是:运送速度快,适于鲜活、季节性商品、破损率低、安全性好,节省包装等费用、加快资金周转。航空运输的缺点是:运费偏高,运量小,受天气影响大。

(5) 多式联运

多式联运是采用两种或两种以上不同运输方式进行联运的运输形式。多式联运的优点有:责任统一,手续简单,减少中间环节,提高运输质量,降低事故率,降低运输成本,节约运输费用,提高运输组织水平,实现合理运输。缺点是管理比较复杂。

二、有关货物运输的立法

调整货物运输的法律法规主要有《民法典》《道路运输条例》《公路法》《铁路法》《海商法》《民用航空法》等。

三、货物运输合同

(一) 运输合同的概念与特征

《民法典》第809条规定:"运输合同是承运人将旅客或者货物从起运地点运输到约定

地点，旅客、托运人或者收货人支付票款或者运输费用的合同。"货物运输合同是指承运人按照合同的约定将承运货物运送到指定地点，托运人支付运费的合同。

货物运输合同具有以下特征。

(1) 货物运输合同的标的是运输行为，而不是运送的货物。

(2) 货物运输合同是双务有偿合同。托运人和承运人各自享有权利，也承担相应的义务。承运人提供运输服务以收取运费，托运人享有货物运输服务是以支付运费为对价的。

(3) 货物运输合同是诺成合同。托运人和承运人签订货物运输合同，合同即告成立，任何一方不履行合同均应承担相应的法律责任。

(4) 货物运输合同大多是格式合同。运输合同的条款一般由承运人单方拟订，印制成货运单、提单等样式提供给托运人使用。

(二) 货物运输合同当事人的权利义务

货物运输合同的当事人包括托运人、承运人和收货人。托运人是指以自己名义与承运人签订货物运输合同，在货物运输合同中享有权利承担义务的一方当事人。承运人是指与托运人签订货物运输合同，利用一定的运输工具运送货物并收取运费的一方当事人。收货人是指从承运人处提取货物的一方当事人。

1. 托运人的权利义务

(1) 托运人的权利

① 要求承运人按合同约定的时间将货物安全运输到目的地。

② 在承运人将货物交付收货人前，托运人可以请求承运人中止运输、返还货物、变更到货地点或将货物交给其他收货人，但是应当赔偿承运人因此受到的损失。

(2) 托运人的义务

① 支付运输费用。这是托运人的基本义务。托运人不支付运费、保管费等应付费用的，除另有约定外，承运人有留置权。货物在运输过程中因不可抗力灭失，未收取运费的，承运人不得请求支付运费；已经收取运费的，托运人可以请求返还。法律另有规定的，依照其规定。

② 如实告知的义务。托运人办理货物运输，应当向承运人准确表明收货人的名称或姓名或者凭指示的收货人，货物的名称、性质、重量、数量、收货地点等有关货物运输的必要情况。因托运人申报不实或者遗漏重要情况，造成承运人损失的，托运人应当承担赔偿责任。

③ 办理有关手续的义务。货物运输需要办理审批、检验等手续的，托运人应当将办理完有关手续的文件提交承运人。

④ 妥善包装的义务。托运人应当按照约定的方式包装货物。对包装方式没有约定或者约定不明确的，可以协议补充；不能达成补充协议的，按照合同相关条款或者交易习惯确定；按照上述方法仍不能确定的，应当按照通用的方式包装；没有通用方式的，应当采取足以保护标的物且有利于节约资源、保护生态环境的包装方式。托运人违反前述规定的，承运人可以拒绝运输。

⑤ 危险物品的妥善包装、警示义务。托运人托运易燃、易爆、有毒、有腐蚀性、有放射性等危险物品的，应当按照国家有关危险物品运输的规定对危险物品妥善包装，制作危险物品标志和标签，并将有关危险物品的名称、性质和防范措施的书面材料提交承运人。托运人违反规定的，承运人可以拒绝运输，也可以采取相应措施以避免损失的发生，因此产生的费用由托运人负担。

2. 承运人的权利义务

（1）承运人的权利

① 收取运费及符合规定的其他费用。托运人或者收货人不支付运费、保管费或者其他费用的，承运人对相应的运输货物享有留置权，但是当事人另有约定的除外。

② 收货人逾期提货的，承运人有权收取逾期提货的保管费。收货人不明或者收货人无正当理由拒绝受领货物的，承运人依法可以提存货物。不适合提存货物的，可以拍卖货物提存价款。

案例讨论 5-1

张某为王某送货，约定货物送到后一周内支付运费。张某在货物运到后立刻要求王某支付运费被拒绝，张某便留置了一部分货物，欲以变卖该货物的货款冲抵运费。

问题：张某的做法是否合法，为什么？

（2）承运人的义务

① 运送货物的义务。承运人要按照约定的时间、地点，安全地将货物运抵目的地。因承运人的原因错运到货地点或逾期运到目的地的，应承担违约责任。

② 及时通知收货人的义务。货物运输到达后，承运人知道收货人的，应当及时通知收货人，收货人应当及时提货。收货人逾期提货的，应当向承运人支付保管费等费用。

③ 货物毁损灭失的赔偿责任。承运人对运输过程中货物的毁损、灭失承担赔偿责任。但是，承运人证明货物的毁损、灭失是因不可抗力、货物本身的自然性质或者合理损耗，以及托运人、收货人的过错造成的，不承担赔偿责任。

货物的毁损、灭失的赔偿额，当事人有约定的，按照其约定；没有约定或者约定不明确，可以协议补充；不能达成补充协议的，按照合同相关条款或者交易习惯确定。依据上述方法仍不能确定的，按照交付或者应当交付时货物到达地的市场价格计算。法律、行政法规对赔偿额的计算方法和赔偿限额另有规定的，依照其规定。

④ 多个运送人的连带责任。两个以上承运人以同一运输方式联运的，与托运人订立合同的承运人应当对全程运输承担责任；损失发生在某一运输区段的，与托运人订立合同的承运人和该区段的承运人承担连带责任。

3. 收货人的权利义务

（1）收货人的权利

① 收取货物的权利。承运人将货物运到指定地点后，收货人持凭证领取货物。

② 查询、检验货物的权利。

③ 要求赔偿的权利。收货人在发现货物短少或灭失时，有请求承运人赔偿的权利。

(2)收货人的义务

① 及时提货的义务。收货人逾期提货的,应当向承运人支付保管费等费用。

② 检验货物的义务。收货人提货时应当按照约定的期限检验货物。对检验货物的期限没有约定或者约定不明确,可以协议补充;不能达成补充协议的,按照合同相关条款或者交易习惯确定。依据上述方法仍不能确定的,应当在合理期限内检验货物。收货人在约定的期限或者合理期限内对货物的数量、毁损等未提出异议的,视为承运人已经按照运输单证的记载交付货物。

③ 支付托运人少交或未交的运费或其他费用的义务。

任务二　陆路货物运输法律制度

任务导入:2021年8月11日,某县水轮机厂托运该县汽车运输公司一批产品,双方签订了运输合同,约定了双方的权利和义务。8月18日,该厂接到汽车站通知,汽车运输队行进到武宁县一带时,由于当天下暴雨,河水陡涨,水势过猛引起道路阻滞,汽车无法前行。汽车队向水轮机厂征求意见,是就近卸存或运回起运站,还是绕道运输。水轮机厂厂长表示,还是把产品运回来。8月23日,运输公司将产品运回水轮机厂,并索取3 800元运费。水轮机厂则认为,汽车公司非但未将货物送达到站,交付收货人,而且耽误交货期近1个月,自己不向运输公司追收罚款就很礼让了,因而拒不交付运费,双方发生纠纷。

任务要求:本案应如何处理?结合本案分析理解货物运输合同当事人权利义务。

陆路货物运输方式主要指公路货物运输和铁路货物运输。

一、公路货物运输

(一)公路货物运输合同的概念

公路货物运输合同是汽车承运人与托运人之间签订的明确双方权利关系的协议。

(二)公路货物运输合同的内容

公路货物运输合同的主要条款包括:①货物的名称、性质、体积、数量及包装标准;②货物起运和到达地点、运距、收发货人名称及详细地址;③运输质量及安全要求;④货物装卸责任和方法;⑤货物的交接手续;⑥运杂费计算标准及结算方式;⑦变更、解除合同的期限;⑧违约责任;⑨双方商定的其他条款。

实务操作指南

公路货物运输合同范本

托运人:_____

地址:_____,联系人:_____

承运人：_____
地址：_____，联系人：_____
收货人：_____
地址：_____，联系人：_____

根据《民法典》等相关法律规定，经过双方充分协商，订立如下条款，双方共同遵守。

第一条　货物名称：
规格：
数量：
价格：人民币_____元。

第二条　货物起运地点：_____市_____街_____号，货物到达地点：_____市_____街_____号。

第三条　货物承运日期：_____年_____月_____日，货物运到期限：_____年_____月_____日前。

第四条　运输质量及安全要求：承运人必须保证货物无灭失、短少、变质、污染、损坏等。

第五条　货物装卸责任和方法：货物起运及到达后的装卸均承运人负责，承运人应在托运人指定的地点完成货物装卸。

第六条　收货人领取货物及验收办法：货物运达后承运人应立即通知收货人，收货人指定卸货地点，在卸货地当场进行验收，并对货物是否完好等情况开具验收单（一式两份，一份交承运人，一份交托运人存底）。

第七条　运输费用、结算方式：本次运输运费_____元，本合同签订后托运人预付定金_____元，货物到达卸货并收货人确认货物完好无损后7日内支付剩余的费用。

第八条　货物托运后，托运人需要变更到货地点或收货人，或者取消托运时，有权向承运人提出变更合同的内容或解除合同的要求，但必须在货物未运到目的地之前通知承运人，并应按有关规定付给承运人所需费用。承运人应在货物到达以后，收货人未验收前妥善保管货物。

第九条　违约责任

1. 托运人未按合同规定的时间和要求提供托运的货物，托运人应按其价值的_____%偿付给承运人违约金。

2. 承运人如将货物错运到货地点或接货人，应无偿运至合同规定的到货地点或接货人，并且不能超过本合同第三条约定的货物运到期限。如造成货物逾期到达的，承运人应偿付托运人违约金_____元。

3. 运输过程中货物发生灭失、短少、变质、污染、损坏等任何情况，承运人应按货物的实际损失（包括包装费、运杂费）赔偿托运人，并向托运人支付违约金_____元。

第十条　本合同如在履行过程中发生争议，双方友好协商，协商不成，向合同签订地法院提起诉讼。

第十一条　本合同一式两份，双方各执一份，合同自双方签字盖章后生效。

托运人：（盖章）　　　　　　承运人：（盖章）
签订时间：　　　　　　　　　签订时间：

(三) 公路货物运输合同当事人的义务

1. 托运人的义务

托运人的义务主要包括：①按照合同约定向承运人提供运输的货物；②按约定向承运方支付运杂费；③按照规定的标准进行包装；④货物运输需要办理审批、检验手续的，托运人应办理相关手续。

案例讨论 5-2

果农张某委托甲货运公司将一批樱桃运送到某市乙公司。货物发出后，张某接到乙公司电话，请求将该批樱桃改运送到另外一市的丙公司。于是，张某向甲公司发出通知，要求变更到货地点和收货人，改运送到丙公司。但是由于甲公司未能及时联系货运司机，导致货物按照原来的货运单送到了乙公司。张某向法院提起诉讼，要求甲公司承担违约责任。

问题：甲公司是否应承担违约责任？为什么？

2. 承运人的义务

承运人的义务主要包括：①在合同规定的期限内，将货物运到指定的地点，按时向收货人发出货物到达的通知；②对托运的货物要负责安全，保证货物无短缺、无损坏、无人为的变质，如发生货物损坏，承运人应承担赔偿义务。

(四) 违反公路货物运输合同的责任

1. 托运人的责任及免责

（1）托运人未按合同或运单规定的时间和要求，准备好货物和应提供的装卸条件，以及货物运达后无人收货或拒绝收货，而造成的车辆延滞及其他损失，托运人应负违约或延滞责任。

（2）由于托运人发生下列过错造成车辆、机具、设备损坏或人身伤亡，以及第三者损失的，由托运人负责赔偿。①在托运的货物中夹带危险品或其他违反危险品运输规定的行为；②错报、匿报货物的重量、规格和性质；③货物包装不符合标准而从外部无法发现的；④错用包装、储运图示标志。

（3）托运人错报、误填货物名称和装卸地点，造成承运人错运误送、装货落空及由此而引起的其他损失，托运人负责赔偿。

（4）托运人的免责情况。属于下列情况之一者，托运人不承担责任：①不可抗力；②执行国家法令，抢险救灾，战备任务；③承运人过错造成的损失。

2. 承运人的责任及免责

（1）承运人未按照约定期限将货物送达，应承担违约责任；承运人将货物错送或错交，应将货物无偿运到指定地点，交给指定的收货人。

（2）承运人未遵守约定的运输条件或特约事项，给托运人造成损失的，应承担赔偿责任。

（3）货物在承运责任期内，发生灭失、短少、变质、污染、损坏，承运人应负赔偿责任。

(4) 承运人的免责。

有下列情况之一者,承运人不负赔偿责任:①不可抗力;②货物包装完整无损而内装货物短损、变质;③货物的自然损耗和性质变化;④托运人错报、匿报造成的损失;⑤有押运人且不属承运人责任的;⑥托运人违反国家法令,货物被有关部门查扣,弃置或作其他处理的;⑦包装质量不符合标准而从外部无法发现的;⑧其他经查证非承运人责任所造成的损失。

案例讨论 5-3

某汽车运输公司承运一批纸张,双方签订的合同中写明运输期限 3 天,运费 6 000 元。货物运输途中遇雨受阻,司机得到公司及托运人同意,改道行驶。货物到达时已延误一天,增加运费 1 500 元。交货时有 3 包货物受雨湿损,价值 2 000 元;且有 1 包货中夹有名贵字画 10 幅,均已受损,价值 5 万元。

问题:

(1) 本案中改道运输增加的运费 1 500 元,应由谁承担?

(2) 因淋雨湿损的 3 包货物损失应由谁承担责任?

(3) 货物中夹带的名画损失 5 万元,其责任应由谁承担?

二、铁路货物运输

(一) 铁路货物运输合同的概念及分类

铁路货物运输合同是指明确铁路运输企业与托运人、收货人之间权利义务关系的协议。托运人经由铁路运输货物,须与承运人签订货物运输合同。

根据货物运输组织方式的不同,铁路货物运输合同可以分为整车货物运输合同、零担货物运输合同和集装箱货物运输合同。

(二) 铁路货物运输合同的签订

1. 铁路货物运输合同的形式

大宗物资的运输,有条件的可按年度、半年度或季度签订货物运输合同,也可以签订更长期限的运输合同;其他整车货物运输,应按月签订运输合同。按月度签订的运输合同,可以用月度要车计划表代替。零担货物和集装货物运输,以货物运单作为运输合同。

2. 铁路货物运输合同成立的时间

按年度、半年度、季度或月度签订的货物运输合同,经双方在合同上签字确认后,合同即告成立。托运人在交运货物时,还应向承运人按此提出货物运单,作为运输合同的组成部分。

零担货物和集装箱货物的运输合同,以承运人在托运人提出的货物运单上加盖车站日期戳后,合同即告成立。

3. 铁路货物运输合同的内容

(1) 按年度、半年度、季度或月度签订的货物运输合同,应载明下列基本内容:托运人和收货人名称;发站和到站;货物名称;货物重量;车型和车数;违约责任;双方约定的其他事项。

(2) 货物运单应载明下列内容：托运人、收货人名称及其详细地址；发站、到站及到站的主管铁路局；货物名称；货物包装、标志；件数和重量（包括货物包装重量）；承运日期；运到期限；运输费用；货车类型和车号；施封货车和集装箱的施封号码；双方商定的其他事项。

（三）铁路货物运输合同当事人的义务

1. 托运人的义务

托运人的义务如下。

(1) 托运人应当按照铁路货运合同的约定及时向铁路承运人提供运输的货物。

(2) 托运人应对运输的货物进行包装，以保证运输安全的需要。对于包装不良的，承运人有权要求托运人予以改善。如果托运人拒绝改善，或者改善后仍然不符合国家有关运输包装规定要求的，承运人有权拒绝承运。

(3) 托运人要按照规定支付运输费用。运输费用可以约定在托运时交付，也可约定在到站时由收货人交付。但铁路零担货物运输的运费原则上都在发运时由托运人支付。如果托运人不支付运费，铁路承运人可以不予承运。

(4) 托运人要如实申报货物的品名、重量和性质。

案例讨论 5-4

山西省大同市某公司与内蒙古自治区某公司通过函件订立了一项买卖合同。约定货物采用铁路货物运输的方式，内蒙古公司作为卖方将到达栏内的"大同县站"写成"大同站"。因此导致货物运错了车站，造成了双方的合同纠纷。

问题：本案应由哪一方承担责任，为什么？

2. 承运人的义务

承运人的义务如下。①及时运输货物。铁路承运人应当按照铁路运输的要求，及时组织调度车辆，做到列车正点到达。铁路承运人应当按照合同约定的期限将货物运到目的地。②保证货物运输的安全，对承运的货物妥善处理。③货物运抵到目的地后，及时通知收货人领取货物，将货物交付收货人。

（四）铁路货物运输合同的变更或解除

铁路货物运输合同必须经双方同意，并在规定的变更范围内办理变更。托运人或收货人由于特殊原因，经承运人同意，对承运后的货物可以按批在货物所在的途中站或到站办理变更到站、变更收货人，但属于下列情况，不得办理变更：①违反国家法律、行政法规、物资流向或运输限制；②变更后的货物运输期限，大于货物容许运送期限；③变更一批货物中的一部分；④第二次变更到站。

货物运输合同在货物发送前，经双方同意，可以解除。

（五）违反铁路货物运输合同的责任

1. 托运人的责任

(1) 未按货物运输合同履行，托运人应向承运人偿付违约金。

(2) 由于下列原因之一导致运输工具、设备或第三者的货物损坏,托运人按实际损失赔偿:①匿报或错报货物品名或货物重量的;②货物有缺陷,无法从外部发现,或未按国家规定在货物包装上标明包装储运指示标志的;③托运人组织装车的,加固材料不符合规定条件或违反装载规定,在交接时无法发现的;④由于押运人过错的。

2. 承运人的责任

(1) 未按货物运输合同履行,应向托运人偿付违约金。

(2) 从承运货物时起,至货物交付收货人或依照有关规定处理完毕时止,货物发生灭失、短少、变质、污染、损坏,承运人应承担赔偿责任。

由于下列原因之一造成的货物灭失、短少、变质、污染、损坏,承运人不负赔偿责任:不可抗力;货物本身性质引起的碎裂、生锈、减量、变质或自燃等;国家主管部门规定的货物合理损耗;托运人、收货人或所派押运人的过错。

(3) 由于承运人的过错将货物误运到站或误交收货人,应免费运至合同规定的到站地点,并交给收货人。

(4) 未按规定的运到期限,将货物运送至到站,向收货人偿付货物所收运费5%至20%的违约金。

任务三 水路货物运输法律制度

任务导入: 长江物流公司为武汉佳佳制衣厂的服装出口提供长期国际综合物流服务,即由长江公司进行服装包装、安排国际联运及到货配送。2022年6月,长江公司为包括佳佳制衣公司等在内的六家货主提供服务,而将其同船承运,其中提单号为WH2000601~WH2000609的货物为佳佳公司的服装。当载货船舶驶离上海港后不久与他船相撞,载货船舶受创严重,船舱进水,致使WH2000601~WH2000609的货物遭水浸。经查,货物受损原因为船舱进水,船上集装箱封闭不严,致使货物遭受水浸。

任务要求: 佳佳制衣厂的货物损失应该由谁来承担?为什么?结合本案,理解水路货物运输中当事人权利义务及责任。

一、水路货物运输的概念及相关法律法规

水路货物运输是指在沿海港口、沿海与内河港口,以及内河港口之间,承运人收取运费,负责将托运人托运的货物经水路由一港运至另一港的行为。在我国,水路货物运输由内河、沿海和远洋三部分组成。

我国调整水路货物运输的法律法规主要有《民法典》《水路货物运输合同实施细则》《国内水路运输管理条例》等。适用于国际水路运输的法律法规有《海商法》《国际海运条例》《海牙规则》《维斯比规则》《汉堡规则》等。

二、国内水路货物运输

(一) 水路货物运输合同的概念

水路货物运输合同是指明确水路运输企业与托运人、收货人之间权利义务关系的协议。《水路货物运输合同实施细则》适用于水路运输企业与其他企业、农村经济组织、国家机关、事业单位、社会团体等法人之间签订的水路货物运输合同。持有营业执照的个体(联户)船民与企业、农村经济组织、国家机关、事业单位、社会团体等法人之间,以及水路运输企业与个体经营户、个人之间签订的水路货物运输合同,应参照《水路货物运输合同实施细则》执行。

水路货物运输合同分为大宗货物运输合同、零星货物运输合同和计划外整批货物运输合同。

(二) 水路货物运输合同的签订

1. 水路货物运输合同的形式

水路货物运输合同,除短途驳运、摆渡零星货物,双方当事人可以即时清结者外,应当采用书面的形式。

(1) 大宗物资运输,可按月签订货物运输合同。

(2) 对其他按规定必须提送月度托运计划的货物,经托运人和承运人协商同意,可以按月签订货物运输合同或以货物运单作为运输合同。

(3) 零星货物运输和计划外的整批货物运输,以货物运单作为运输合同。

2. 水路货物运输合同成立的时间

(1) 按月度签订的货物运输合同,经双方在合同上签认后,合同即告成立。如承、托运双方当事人无须商定特约事项的,可以用月度托运计划表代替运输合同,经双方在计划表上签字确认后,合同即告成立。在实际办理货物承托运手续时,托运人还应向承运人按批提出货物运单,作为运输合同的组成部分。

(2) 以货物运单作为运输合同的,经承、托运双方商定货物的集中时间、地点,由双方认真验收、交接,并经承运人在托运人提出的货物运单上加盖承运日期戳后,合同即告成立。货物运单的格式,江海干线和跨省运输的由交通部统一规定;省(自治区、直辖市)内运输的由省(自治区、直辖市)交通主管部门统一规定。

3. 水路货物运输合同的内容

(1) 按月度签订的货物运输合同,应具备下列基本内容:①货物名称;②托运人和收货人名称;③起运港和到达港,海江河联运货物应载明换装港;④货物重量,按体积计费的货物应载明体积;⑤违约责任;⑥特约条款。

(2) 货物运单应具备下列内容:①货物名称;②重量、件数,按体积计费的货物应载明体积;③包装;④运输标志;⑤起运港和到达港,海江河联运货物应载明换装港;⑥托运人、收货人名称及其详细地址;⑦运费、港口费和有关的其他费用及其结算方式;⑧承运日期;⑨运到期限(规定期限或商定期限);⑩货物价值;⑪双方商定的其他事项。

（三）水路货物运输合同当事人的义务

1. 水路货物运输中托运人的义务

（1）托运的货物必须与货物运单记载的品名相符。

（2）在货物运单上准确地填写货物的重量或体积。对起运港具备符合国家规定计量手段的，托运人应按照起运港核定的数据确定货物重量；对整船散装货物，托运人确定重量有困难时，可以要求承运人提供船舶水尺计量数，作为托运人确定的重量。对按照规定实行重量和体积择大计费的货物，应填写货物的重量和体积。对笨重长大货物，还应列出单件货物的重量和体积(长、宽、高)。

（3）需要包装的货物，必须按照国家或国家主管部门规定的标准包装；没有统一规定包装标准的，应在保证运输安全和货物质量的原则下进行包装；需要随附备用包装的，应提供备用包装。

（4）正确制作货物的运输标志和必要的指示标志。

（5）在托运货物的当时，按照合同规定的结算方式付清运输费用。

（6）实行保价运输的个人生活用品，应提出货物清单，逐项声明价格，并按声明价格支付规定的保价费。

（7）国家规定必须保险的货物，托运人应在托运时投保货物运输险。对于每件价值在七百元以上的货物或每吨价值在五百元以上的非成件货物，实行保险与负责运输相结合的补偿制度，托运人可在托运时投保货物运输险，具体办法另行规定。

（8）按规定必须凭证运输的货物，应当提供有关证件。

（9）按照货物属性或双方商定需要押运的货物，应派人随船押运。

（10）托运危险货物必须按危险货物运输的规定办理，不得匿报品名、隐瞒性质或在普通货物中夹带危险货物。

2. 水路货物运输中承运人的义务

（1）应按商定的时间和地点调派适航、适载条件的船舶装运，并备妥相应的护货垫隔物料；但按规定应由托运人自行解决的特殊加固、苫垫材料及所需人工除外。

（2）对承运货物的配积载、运输、装卸、驳运、保管及交接工作，应谨慎处理，按章作业，保证货运质量。

（3）对经由其他运输工具集中到港的散装运输、不计件数的货物，如具备计量手段的，应对托运人确定的重量进行抽查或复查；如不具备计量手段的，应在保证质量的前提下，负责原来、原转、原交。对按体积计收运输费用的货物，应对托运人确定的体积进行抽查或复查，准确计费。

（4）对收集的地脚货物，应做到物归原主；对不能分清货主的地脚货物，应按无法交付货物的规定处理。

（5）组织好安全及时运输，保证运到期限。

（6）按照船舶甲板货物运输的规定，谨慎配装甲板货物。

（7）按照规定的航线运输货物，到达后，应由到达港发出到货通知，并负责将货物交付给指定的收货人。

3. 水路货物运输中收货人的义务

（1）接到达港到货通知后，应在规定时间内同到达港办妥货物交接验收手续，将货物提离港区。

（2）按规定应由收货人支付的运输费用、托运人少缴的费用以及运输途中发生的垫款，应在提取货物时一次付清。

（3）由收货人自理卸船的货物，应在商定的时间内完成卸船作业，将船舱、甲板清扫干净；对装运污秽货物、有毒害性货物的，应负责洗刷、消毒，使船舱恢复正常清洁状态。

（四）水路货物运输合同的变更和解除

（1）凡发生下列情况之一者，允许变更或解除月度货物运输合同。

① 订立运输合同所依据的国家计划被变更或取消。

② 由于不可抗力使运输合同无法履行。

③ 合同当事人一方由于关闭、停产、转产而确实无法履行合同。

④ 由于合同当事人一方违约，使合同履行成为不必要或不可能。

⑤ 在不损害国家利益和不影响国家计划的前提下，经当事人双方协商同意。

变更或解除月度货物运输合同应当采用书面形式（包括文书、电报或变更计划表等），并应在货物发送前，由要求变更或解除的一方向对方提出。月度货物运输合同只能变更一次。

（2）以货物运单作为运输合同的，允许按下列规定变更或解除运输合同。

① 货物发运前，承运人或托运人征得对方同意，可以解除运输合同。承运人提出解除合同的，应退还已收的运输费用，并付给托运人已发生的货物进港短途搬运费用；托运人提出解除合同的，应付给承运人已发生的港口费用和船舶待时费用。

② 货物发运后，承运人或托运人征得对方同意，可以变更货物的到达港和收货人。同一运单的货物不得变更其中的一部分，并只能变更一次。对指令性运输计划内的货物要求变更时，除必须征得对方同意外，还必须报下达该计划的主管部门核准。

由于航道、船闸障碍、海损事故、自然灾害、执行政府命令或军事行动，货物不能运抵到达港时，承运人可以到就近港口卸货，并及时通知托运人或收货人提出处理意见。

（3）合同中订有特约变更条款的，应按双方商定的变更条款办理。

（五）水路货物运输合同的违约责任及责任免除

1. 托运人的违约责任

（1）未按合同约定提供货物，应承担违约责任。

（2）因办理各项手续和有关单证不及时、不完备或者不正确，造成承运人损失的，应当承担赔偿责任。

（3）因托运货物的名称、件数、重量、体积、包装方式、识别标志与运输合同的约定不相符，造成承运人损失的，应当承担赔偿责任。

因不可抗力不能履行合同的，根据不可抗力的影响，部分或者全部免除责任。迟延履行后发生不可抗力的，不能免除责任。

2. 承运人的违约责任

（1）承运人对运输合同履行过程中货物的损坏、灭失或者迟延交付承担损害赔偿责任。

（2）货物未能在约定或者合理期间内在约定地点交付的，为迟延交付。对由此造成的损失，承运人应当承担赔偿责任。承运人未能在上述规定期间届满的次日起 60 日内交付货物，可以认为货物已经灭失，承运人应承担损害赔偿责任。

（3）承运人对运输合同履行过程中货物的损坏、灭失或者迟延交付承担损害赔偿责任。

承运人证明货物的损坏、灭失或者迟延交付是由于下列原因造成的可以免除责任：①货物的损坏、灭失或迟延交付是因不可抗力造成的；②货物的自然属性和潜在缺陷；③货物的自然减量和合理损耗；④包装不符合要求；⑤包装完好但货物与运单记载内容不符；⑥识别标志、储运指示标志不符合有关法律规定；⑦托运人申报的货物重量不准确；⑧托运人押运过程中的过错；⑨普通货物中夹带危险、流质、易腐货物；⑩托运人、收货人的其他过错。

货物在运输过程中因不可抗力灭失，未收取运费的，承运人不得要求支付运费，已收取运费的，托运人可以要求返还。货物在运输过程中因不可抗力部分灭失的，承运人按照实际交付的货物比例收取运费。

三、国际海上货物运输

（一）国际海上货物运输的概念和特点

国际海上货物运输是指使用船舶通过海上航道在不同国家和地区的港口之间运送货物的一种运输方式。其主要特点是运输量大、通过能力大、运费低廉、对货物的适应性强、运输的速度慢、风险较大。

（二）国际海上货物运输的方式

按照船舶的经营方式，国际海上货物运输可分为班轮运输和租船运输。

1. 班轮运输

班轮运输是指具有固定的航线，沿途停靠若干个固定的港口，按照事先固定的船期表和运价航行的运输方式。

班轮运输的特点：①班轮运输有固定的船期、航线、停靠港口和相对固定的运费费率；②班轮运费中包括装卸费，班轮的港口装卸由船方负责；③班轮承运货物的数量比较灵活，货主按需订舱，特别适合于一般件、杂货和集装箱货物的运输。

2. 租船运输

租船运输是指租船人根据协议向船舶所有人租赁船舶用于货物运输，并按商定运价，向船舶所有人支付运费或租金的运输方式。

租船运输特点包括：①以运输货值较低的大宗货物为主；②无固定航线、固定的装卸港口和固定的船期；③无固定的运价。

租船费用较班轮低廉,且可选择直达航线,因此大宗货物一般采用租船运输。租船方式主要有航次租船、定期租船和光船租赁三种。

航次租船也称为程租船,是指船舶所有人按双方事先议定的运价与条件向租船人提供船舶全部或部分仓位,在指定的港口之间进行一个或多个航次运输指定货物的租船方式。

定期租船也称为期租船,它是船舶所有人把船舶出租给承租人使用一定时期的租船方式,在这期限内,承运人可以利用船舶的运载能力来安排货运。租期内的船舶燃料费、港口费用及拖轮费用等营运费用,都由租船人负担,船东只负责船舶的维修、保险、配备船员和供给船员的给养及支付其他固定费用。

光船租赁也称为光租船,是一种比较特殊的租船方式,是指出租人提供一条不配备船员的船舶供承租人使用一个时期,而由承租人支付租金的租船方式。由租船人自行配备船员,负责船舶的经营管理和航行各项事宜。在租赁期间,租船人实际上对船舶有着支配权和占有权。

(三) 提单

1. 提单的概念和作用

提单是指用以证明海上货物运输合同和货物已经由承运人接收或者装船,以及承运人保证据以交付货物的单证。提单具有以下作用。

(1) 提单是承运人接收货物或货物装船的收据

货物装船后才由承运人或其代理人签发提单,表明货物已由承运人接收或者装船。提单作为货物收据,不仅证明收到货物的名称、种类、数量、标志、外表状况,而且证明收到货物的时间。

(2) 提单是海上货物运输合同成立的证明

在托运人手中,提单只是运输合同及其内容的证明,不是运输合同,如果提单和运输合同有矛盾,应以合同为准;但在托运人以外的提单受让人手中,提单本身就是运输合同,而不仅仅是运输合同的证明。

(3) 提单是承运人保证凭以交付货物和可以转让的物权凭证

提单的合法持有人凭提单可在目的港向轮船公司提取货物,也可以在载货船舶到达目的港之前,通过转让提单而转移货物所有权,或凭以向银行办理抵押贷款。

2. 提单的内容

提单的内容一般有正、反两面。

正面的内容主要包括:船名、装运港、目的港、托运人名称、收货人名称(如托运人指定收货人时)、被通知人名称、货物名称;标志、包装、件数、重量或体积、运费、提单正本份数、提单签发日期、承运人或船长签字。

提单的反面是印就的具体运输条款,对有关承运人的责任、托运人的责任、索赔与诉讼等问题均有详细的规定。

3. 提单的种类

(1) 按提单收货人的抬头划分,可分为记名提单、指示提单和不记名提单

记名提单又称收货人抬头提单,是指提单上的收货人栏中已具体填写收货人名称的提单。提单所记载的货物只能由提单上特定的收货人提取,或者说承运人在卸货港只能把货

物交给提单上所指定的收货人。

指示提单是指在提单正面"收货人"一栏内填上"凭指示"或"凭某人指示"字样的提单。指示提单是一种可转让提单,提单的持有人可以通过背书的方式把它转让给第三者,而无须经过承运人认可,指示提单在国际海运业务中使用较广泛。

不记名提单是指提单上收货人一栏内没有指明任何收货人,而注明"提单持有人"字样或将这一栏空白,不填写任何人的名称的提单。这种提单不需要任何背书手续即可转让,或提取货物。这种提单易丢失或被窃,风险极大,因此国际上较少使用这种提单。

(2) 按货物是否已装船划分为已装船提单和收货待运提单

已装船提单是指货物装船后由承运人或其授权代理人根据大副收据签发给托运人的提单。如果承运人签发了已装船提单,就是确认他已将货物装在船上。在国际货物买卖合同中一般都要求卖方提供已装船提单。

收货待运提单又称备运提单、待装提单,或简称待运提单。它是承运人在收到托运人交来的货物但还没有装船时,应托运人的要求而签发的提单。在跟单信用证支付方式下,银行一般都不接受这种提单。

(3) 按提单上有无批注划分为清洁提单和不清洁提单

在装船时,货物外表状况良好,承运人在签发提单时,未在提单上加注任何有关货物残损、包装不良、件数、重量和体积,或其他妨碍结汇的批注的提单称为清洁提单。承运人一旦签发了清洁提单,货物在卸货港卸下后,如发现有残损,除非是由于承运人可以免责的原因所致,承运人必须负责赔偿。在国际货物买卖中,买方一般愿意接受清洁提单。

在货物装船时,承运人若发现货物包装不牢、破残、渗漏、玷污、标志不清等现象时,大副将在收货单上对此加以批注,并将此批注转移到提单上,这种提单称为不清洁提单。在国际贸易中,银行是拒绝出口商以不清洁提单办理结汇的。实践中,托运人为了尽快结汇,有时会向承运人出具保函以换取清洁提单,但保函一般仅在托运人和承运人之间生效,对收货人不具有约束力。

案例讨论 5-5

我国 A 公司向英国 B 公司购买空调设备 3 500 台,英国 B 公司委托英国 C 货运公司运输。C 公司装船时发现 500 台空调设备包装破损,准备签发不清洁提单。B 公司为了结汇方便,向 C 公司出具保函,承诺如果收货人向承运人 C 公司要求赔偿则由 B 公司承担责任。于是,C 公司向卖方 B 公司签发了清洁提单。B 公司持清洁提单向银行顺利结汇。A 公司收货时发现其中 500 台空调设备有严重质量问题,于是向 C 公司索赔。

问题:本案应由谁向 A 公司承担责任?为什么?

(4) 根据运输方式的不同划分为直达提单、转船提单和多式联运提单

直达提单又称直运提单,是指货物从装货港装船后,中途不经转船,直接运至目的港卸船交与收货人的提单。直达提单上不得有"转船"或"在某港转船"的批注。凡信用证规定不准转船者,必须使用这种直达提单。

转船提单是指货物从起运港装载的船舶不直接驶往目的港,需要在中途港口换装其他船舶转运至目的港卸货,承运人签发这种提单称为转船提单。

多式联运提单是指一批货物需要经过两种以上不同运输方式，其中一种是海上运输方式，由一个承运人负责全程运输，负责将货物从接收地运至目的地交付收货人，并收取全程运费所签发的提单。

（5）按提单内容的简繁划分为全式提单和略式提单

全式提单是指提单除正面印有的提单格式所记载的事项，背面列有关于承运人与托运人及收货人之间权利、义务等详细条款的提单。由于条款繁多，所以又称繁式提单。在海运的实际业务中大量使用的是这种全式提单。

略式提单又称短式提单、简式提单，是指提单背面没有关于承运人与托运人及收货人之间的权利义务等详细条款的提单。这种提单一般在正面印有"简式"字样，以示区别。

（6）按签发提单的时间划分为倒签提单、预借提单、过期提单

倒签提单是指承运人或其代理人应托运人的要求，在货物装船完毕后，以早于货物实际装船日期为签发日期的提单。

预借提单是指货物尚未装船或尚未装船完毕的情况下，信用证规定的结汇期（即信用证的有效期）即将届满，托运人为了能及时结汇，而要求承运人或其代理人提前签发的已装船清洁提单，即托运人为了能及时结汇而从承运人那里借用的已装船清洁提单。

过期提单有两种含义：一是指出口商在装船后延滞过久才交到银行议付的提单；二是指晚于货物到达目的港的提单。

（四）国际海上货物运输合同中当事人的义务

国际海上货物运输合同是指承运人收取运费，负责将托运人托运的货物经海路由一港运至另一港的合同。国际海上货物运输合同主要包括班轮运输合同和租船运输合同，班轮运输中通常以提单作为口头或书面订立的运输合同的证据。租船运输中双方缔结的是租船运输合同。常见的租船合同包括航次租船、定期租船和光船租船三种形式。

1. 托运人的义务

（1）提供约定货物并如实申报货物资料的义务。托运人托运货物，应当妥善包装，并向承运人保证，货物装船时所提供的货物的品名、标志、包数或者件数、重量或者体积的正确性；由于包装不良或者上述资料不正确，对承运人造成损失的，托运人应当负赔偿责任。

（2）及时办理货物运输所需的各项手续。托运人应当及时向港口、海关、检疫、检验和其他主管机关办理货物运输所需要的各项手续，并将已办理各项手续的单证送交承运人；因办理各项手续的有关单证送交不及时、不完备或者不正确，使承运人的利益受到损害，托运人应当负赔偿责任。

（3）及时提取货物的义务。

（4）支付运费的义务。托运人应当按照约定向承运人支付运费。

2. 承运人的义务

海上货物运输合同中，承运人有四项必须承担的义务，即适航、管货、不绕航和交付货物。

（1）适航义务

适航义务要求承运人在开航之前和开航当时，适当检查和配备船舶，使船舶处于适于航行的正常状态，能够安全收受、载运和保管货物。

案例讨论 5-6

A 公司从美国订购了价值 116 万美元的 5 000 吨小麦，交由 B 航运公司的"宏远轮"承运。该轮 2 月 12 日在美国装船，开船前船长收到一份远航建议书，提到"宏远轮"预定的航线可能会有恶劣天气。该轮在预定航线上果然遇到大风浪。3 月 1 日，货物运抵中国港口，经检验：该轮货舱舱盖严重锈蚀并有裂缝，舱盖板水密橡胶衬垫老化、损坏、脱开，通风筒下的货物水湿、发霉、变质。A 公司索赔，B 公司辩称：承运人在开船前和开船时已恪尽职责，装货前对舱盖盖板进行了水密试验，所有货舱及舱盖板上的橡胶衬垫处于水密柔软状态，只是在航程中遭遇大风暴导致货物损失，属于不可抗力，B 公司不应承担损害赔偿责任。

问题：B 公司的答辩理由是否成立？

(2) 管货义务

管货义务要求承运人在接收货物后，应当妥善地、谨慎地装载、搬移、积载、运输、保管、照料和卸载所运货物。

(3) 不绕航的义务

绕航是指船舶有意脱离约定的、习惯的或者地理上的航线。航线的选择事关运输安全，因此不绕航是承运人的基本义务。但船舶在海上为救助或企图救助人命或财产而发生的绕航，或者其他合理绕航，不属于违反承运人义务的行为。

(4) 交付货物的义务

承运人应在卸货港凭正本提单将货物交付给收货人。

3. 承运人的免责

根据我国《海商法》规定：在责任期间货物发生的灭失或者损坏是由于下列原因之一造成的，承运人不负赔偿责任：船长、船员、引航员或者其他受雇人在驾驶船舶或者管理船舶中的过失；火灾，但是由于承运人本人的过失所造成的除外；天灾；海上或者其他可航水域的危险或者意外事故；战争或者武装冲突；政府或者主管部门的行为、检疫限制或者司法扣押；罢工、停工或者劳动受到限制；在海上救助或者企图救助人命或者财产；托运人、货物所有人或者他们的代理人的行为；货物的自然特性或者固有缺陷；货物包装不良或者标志欠缺、不清；经谨慎处理仍未发现的船舶潜在缺陷；非由于承运人或者承运人的受雇人、代理人的过失造成的其他原因。

【难点提示】 管船过失与管货过失的区分

管船过失是指国际海上货物运输中船长、船员、引航员或者承运人的其他受雇人员，因管理船舶的过失所造成的货物的灭失或者损坏；管货过失是指承运人没有恪尽职责管理货物造成货物的毁损灭失。《海牙规则》和我国《海商法》都规定承运人对航海过失造成的货物损失免责，对管货过失造成的货损要承担赔偿责任。

管船过失与管货过失很难区分，如果某项行为主要是针对船舶本身而作的，虽然它对货物也产生了间接影响，但这项行为仍属管理船舶的行为，承运人可以免责。反之，如果某项行为主要是针对货物作出的，虽也与船舶有间接关系，但仍属于管理货物的行为，如果存在疏忽或过失而使货物受损，承运人则不能免责。

案例讨论 5-7

某船运输水泥,航行途中,船员为查看舱内货物打开舱盖,但出舱时忘记关舱,后因甲板上浪,海水进入货舱使货物受损。货主要求船方赔偿,船方则以管船过失为由要求免责。

问题: 船方是否应承担赔偿责任?为什么?

4. 索赔与诉讼

(1) 索赔

《海牙规则》规定,收货人在提货时发现货物毁坏或灭失,应立即向承运人提出书面索赔通知;如果灭失或损坏不明显,也应在 3 天内提出索赔。《汉堡规则》规定,索赔通知应在收货后的第 1 个工作日提出,如果货物灭失或损坏不明显,前者要求在 3 天内提出,后者要求在 15 天之内提出。对于延迟交货造成的损失,《汉堡规则》要求在 60 天之内提出书面通知。中国《海商法》规定,如果运送的货物是非集装箱货物,货物的损坏不明显的,索赔通知时限为从交货次日起 7 日内;如果运送的货物是集装箱货物,索赔时限为 15 日。

(2) 诉讼时效

《海牙规则》规定诉讼时效为 1 年,自货物交付之日起计算,在货物灭失的情况下,自货物应交付之日起计算。《维斯比规则》规定,诉讼时效为 1 年,托运人和承运人可以协商延长;向第三者追偿的,在 1 年的诉讼时效期满后,还可以有 3 个月的宽限期。《汉堡规则》将诉讼时效延长为 2 年,也是自货物交付之日起计算,未交付货物的,则自货物应交付之日起计算。中国《海商法》规定,诉讼时效为 1 年,自承运人交付或应当交付货物之日起计算。

任务四 航空货物运输法律制度

任务导入: 我国某出口企业与某航空公司签订了运输合同,将一批茶叶由北京运往东京,当出口企业办好一切手续并支付了航空运费后,发现由于业务人员的疏忽,该批茶叶的品质与合同品质不同,因此立即要求航空公司在目的地航空站将货物退回,并承诺偿付由此产生的一切费用,航空公司却以货物已装上飞机为由拒绝了托运人的要求。

任务要求: 航空公司的做法是否正确,为什么?分析理解航空货物运输合同当事人权利义务。

一、航空货物运输合同的概念

航空货物运输合同是航空承运人与托运人签订的,由航空承运人通过空运的方式将货物运至托运人指定的航空港,交付给托运人指定的收货人,由托运人支付运费的合同。

二、航空货物运输合同的内容

航空货物运输合同可以采用航空货运单和航空货物运输合同两种书面形式。航空货物运输合同一般包括以下条款：托运人和承运人的名称及地址；货物的出发地点和目的地点；货物名称和性质；货物重量、数量、体积、价值；货物包装、包装标准和运输标志；运输质量及安全要求；货物的装卸责任和方法；储运注意事项；货物的承运日期和运到日期；货物的交接手续；运输费用、结算方式和方法；违约责任；双方约定的其他事项。

三、航空货物运输合同当事人的义务

1. 托运人的义务

（1）托运人应认真填写航空货运单，对货运单内容的真实性、准确性负责，并在货运单上签字或者盖章。托运人托运政府规定限制运输的货物，以及需向公安、检疫等有关政府部门办理手续的货物，应当随附有效证明。

（2）托运人要求包用飞机运输货物，应先填交包机申请书，并遵守民航主管机关有关包机运输的规定。

（3）托运人对托运的货物，应按照国家主管部门规定的标准包装；没有统一标准的，应当根据保证运输安全的原则，按货物的性质和承载飞机等条件包装。凡不符合上述包装要求的，承运人有权拒绝承运。

（4）托运人必须在托运的货件上标明发货站、到站和托运人单位、姓名和详细地址，按照国家规定标明包装储运指示标志。

（5）托运国家规定必须保险的货物，托运人应在托运时投保货物运输险。对于每千克价值在10元以上的货物，实行保险与负责运输相结合的补偿制度，托运人可在托运时投保货物运输险，具体办法另行规定。

（6）托运人在托运货物时，应接受航空承运人对航空货运单进行查核，在必要时，托运人还应接受承运人开箱进行安全检查。

（7）托运货物内不得夹带国家禁止运输、限制运输物品和危险物品。如发现托运人谎报品名，夹带上述物品，应按有关规定处理。

（8）托运在运输过程中必须有专人照料、监护的货物，应由托运人指派押运员押运。押运是对货物的安全负责，并遵守民航主管机关的有关规定，承运人应协助押运员完成押运任务。

（9）托运人托运货物，应按照民航主管机关规定的费率缴付运费和其他费用。除托运人和承运人另有协议外，运费及其他费用一律于承运人开具货运单时一次付清。

案例讨论 5-8

一票从广州到纽约的冻鸡，要赶在圣诞节前到达，收货人办完海关手续后前来提货时，发现这件货物由于没有冷冻保存，致使该批货物已出现异味，收货人当即提出异议。经调查，造成货物损失的原因是托运人在填写空运单时发生错误，托运人将"冷冻保管"

错写为"冷藏保管",由于保管不当,使货物变质。

问题:本案应由谁承担责任?为什么?

2. 承运人的义务

(1) 承运人应按照货运单上填明的地点,按约定的期限将货物运达到货地点。货物错运到货地点,应无偿运至货运单上规定的到货地点,如逾期运到,应承担逾期运到的责任。

(2) 承运人应于货物运达到货地点后 24 小时内向收货人发出到货通知。收货人应及时凭提货证明到指定地点提取货物。货物从发出到货通知的次日起,免费保管 3 日。

(3) 货物从发出提货通知的次日起,经过 30 日无人提取时,承运人应及时与托运人联系征求处理意见;再经过 30 日,仍无人提取或者托运人未提出处理意见,承运人有权将该货物作为无法交付货物,按运输规则处理。对易腐或不易保管的货物,承运人可视情况及时处理。

(4) 承运人应按货运单交付货物。交付时,如发现货物灭失、短少、变质、污染、损坏时,应会同收货人查明情况,并填写货运事故记录。收货人在提取货物时,对货物状态或重量无异议,并在货运单上签收,承运人即解除运输责任。

四、违反航空货物运输合同的责任

1. 承运人的责任

(1) 从承运货物时起至货物交付收货人或依照规定处理完毕时止,货物发生灭失、短少、变质、污染、损坏的,如果是已投保货物运输险的货物,由承运人和保险公司按规定赔偿;除上述情况外,均由承运人按货物的实际损失赔偿。但由以下原因造成货物灭失、短少、变质、污染、损坏的,承运人不承担责任:不可抗力;货物本身性质所引起的变质、减量、破损或灭失;包装方法或容器质量不良,但从外部无法发现;包装完整,封志无异状而内件短少;货物的合理损耗;托运人或者收货人的过错。

(2) 如果托运人或收货人证明损失的发生确属承运人的故意行为,则承运人除按规定赔偿实际损失外,由合同管理机关处其造成损失部分 10% 到 50% 的罚款。

(3) 货物超过约定期限运达到货地点,每超过 1 日,承运人应偿付运费 5% 的违约金,但总额不能超过运费的 50%。但因气象条件或不可抗力原因造成货物逾期运到,可免除承运人的责任。

承运人证明货物的毁损或者灭失是由于下列原因之一造成的,不承担责任。①货物在航空运输中因延误造成的损失,承运人应当承担责任;但是,承运人证明本人或者其受雇人、代理人为了避免损失的发生,已经采取一切必要措施或者不可能采取此种措施的,不承担责任。②在货物运输中,经承运人证明,损失是由索赔人或者代行权利人的过错造成或者促成的,应当根据造成或者促成此种损失的程度,相应免除或者减轻承运人的责任。

2. 托运人的责任

(1) 签订包机航空货物运输合同后,包机人因故要求解除合同时,应按规定交付退包机费,并承担在此之前,承运人已经发生的调机等项费用。

（2）托运人未按照规定缴纳运输费用的，应承担违约责任。

（3）因航空货运单上的说明和声明不符合规定，不正确或者不完全，给承运人或承运人对之负责的其他人造成损失的，托运人应承担赔偿责任。

（4）托运人在托运货物内夹带，匿报危险物品，错报笨重货物重量，或违反包装标准和规定，而造成承运人或第三者的损失，托运人应承担赔偿责任。

任务五　多式联运法律制度

任务导入：2022年5月25日，B公司向A公司订购两台拖拉机，约定A公司将其从北京运输至上海。A公司委托C公司将上述两台拖拉机运输至目的地，C公司以多式联运经营人身份组织了对上述货物的运输。2022年6月7日，上述两台拖拉机抵达上海港码头后，交由C公司安排的D车队进行公路运输，同年6月9日送至目的地。收货人B公司验货时发现两台拖拉机由于挤压碰撞，已经损坏。由于不知道拖拉机是在哪段路程损坏的，于是A公司要求C公司进行赔偿。

任务要求：A公司有没有权利要求C公司承担相应的违约责任？结合本案，分析理解多式联运经营人的法律责任。

一、多式联运的概念

多式联运通常意义上是指由两种及以上的交通工具相互衔接、转运来共同完成货物运输的运输过程。根据是否跨越其他国家分为国内多式联运和国际多式联运。我国《海商法》规定的国内多式联运中必须有一种方式是海运。《联合国国际货物多式联运公约》对国际多式联运所下的定义是：按照国际多式联运合同，以至少两种不同的运输方式，由多式联运经营人把货物从一国境内接管地点运至另一国境内指定交付地点的货物运输。

二、多式联运合同

（一）多式联运合同的概念

多式联运合同是指多式联运经营人与托运人签订的，由多式联运经营人以两种以上的不同运输方式，将货物从接收地运至目的地交付收货人，并收取全程运费的合同。

（二）多式联运单据

多式联运经营人收到托运人交付的货物时，应当签发多式联运单据。按照托运人的要求，多式联运单据既可以是可转让单据，也可以是不可转让单据。多式联运单据是证明多式联运合同存在及多式联运经营人接管货物并按合同条款提交货物的证据。多式联运单据应当由多式联运经营人或者经他授权的人签字。

多式联运单据一般包括以下 14 项内容：①货物品类、标志、危险特征的声明、包数或者件数、重量；②货物的外表状况；③多式联运经营人的名称与主要营业地；④托运人名称；⑤收货人的名称；⑥多式联运经营人接管货物的时间、地点；⑦交货地点；⑧交货日期或者期间；⑨多式联运单据可转让或者不可转让的声明；⑩多式联运单据签发的时间、地点；⑪多式联运经营人或其授权人的签字；⑫每种运输方式的运费、用于支付的货币、运费由收货人支付的声明等；⑬航线、运输方式和转运地点；⑭双方商定的其他事项。但是，以上一项或者多项内容的缺乏，不影响单据作为多式联运单据的性质。

(三) 多式联运合同当事人的义务

1. 托运人的义务

(1) 按照合同约定的货物品类、数量、时间、地点提供货物，并交付多式联运经营人。

(2) 按照货物运输的要求妥善包装货物。

(3) 按照合同约定支付运费。

2. 承运人的义务

(1) 及时提供适合转载货物的运输工具。

(2) 按照合同约定的时间将货物运至目的地并将货物交付给收货人。

(3) 在货物运输的责任期间保证货物的安全。

(四) 多式联运合同中的法律责任

多式联运经营人负责履行或者组织履行多式联运合同，对全程运输享有承运人的权利，承担承运人的义务。多式联运经营人可以与参加多式联运的各区段承运人就多式联运合同的各区段运输约定相互之间的责任；但是，该约定不影响多式联运经营人对全程运输承担的义务。货物的毁损、灭失发生于多式联运的某一运输区段的，多式联运经营人的赔偿责任和责任限额，适用调整该区段运输方式的有关法律规定；货物毁损、灭失发生的运输区段不能确定的，依照法律规定承担赔偿责任。

因托运人托运货物时的过错造成多式联运经营人损失的，即使托运人已经转让多式联运单据，托运人仍然应当承担赔偿责任。

任务六　快递法律制度

任务导入：山东东营广饶县大王镇居民刘某网购了一双鞋，两天后收到包裹，打开鞋盒一瞬间，一股刺鼻气味扑面而来。随后短短数小时内，刘某出现呕吐、腹痛等症状，并赶到医院就医，可在当天晚上就因抢救无效死亡；而其妻子下班到家后也闻到了怪味，当晚住进了医院的重症监护室，但因接触时间较短，最终捡回了一条命。

任务要求：本案应如何处理？结合本案，分析理解快递企业服务规范的内容。

一、快递的概念、特点与分类

(一) 快递的概念

快递又称速递或快运,根据国家物流术语国家标准,快递指承运人将文件或货物从发件人所在地通过承运人自身或代理的网络送达收件人手中的一种快速的运输服务方式。《中华人民共和国邮政法》(以下简称《邮政法》)对快递的定义是:快递是指在承诺的时限内快速完成的寄递活动。寄递是指将信件、包裹、印刷品等物品按照封装上的名址递送给特定人或者单位的活动,包括收寄、分拣、运输、投递等环节。

(二) 快递的特点

(1) 对时限要求比较高。快递服务的最大特点就是快速,快速是快递服务的灵魂。使用快递服务的用户,往往把对时限的需求放在首位,而对价格的敏感性较弱。

(2) 提供门到门的便利服务。快递服务提供商通过提供门到门的便利服务,一方面,让用户体会到快递服务与基本寄递服务的不同;另一方面,也可以通过提供上门服务,尽早使快件进入快递网络,从而节约快件的传递时限。

(3) 高效的网络组织和完善的网络覆盖。为加快快件的传递速度,提供快递服务的企业,一般具备完善的网络资源且高效运转,网络覆盖范围能够涵盖用户业务所要求的每一个区域,使得快递服务网络具有相当强的整合能力。其网络一般与经济发达区域紧密相连,效率高,提供门到门的直送直达服务。

(4) 全程监控和实时查询。快件要求单独封装和具有名址,快递服务使快件在整个运输过程中都处于信息化网络的监控之下,对快件传递的每一个环节(收件、转运、报关、投递)都可以实时进行查询,并能够迅速给予准确回复。

(三) 快递的分类

1. 快递按寄达范围分类

按照快递服务寄达范围划分,可分为国内快递、国际快递、港澳台快递三大业务种类。

国内快递业务是指从收寄到投递的全过程均发生在中华人民共和国境内的快递业务。国内快递又分为同城快递、省内异地快递、省际快递三种。国际快递是指在两个或两个以上国家或地区(香港、澳门、台湾地区除外)之间所进行的快递业务。港澳台快递是指寄件地和收件地分别在中华人民共和国境内和中国香港特别行政区、中国澳门特别行政区、中国台湾地区的快递业务。

2. 快递按运输方式分类

按照运输方式分类,可分为航空快递、公路快递和铁路快递三种业务种类。

航空快递是指航空快运企业利用航空运输,收取收件人托运的快件并按照向发件人承诺的时间将其送交指定地点或者收件人,掌握运送过程的全部情况并能将即时信息提供给有关人员查询的门对门速递服务。航空快递速度快,安全可靠,航空快递的收件范围主要有文件和包裹两大类。公路快递是目前运输量最大的运输方式,国内异地和同城快递基本采用公路快递方式。铁路快递主要通过行李车快运，运量大、速度快、安全性高。

二、快递法

（一）快递法的概念、特点

快递法是调整快递活动中产生的，以及与快递活动有关的社会关系的法律规范的总称。

1. 技术性

快递活动具体包括快件的收寄、快件的分拣封发、快件的运输和快件的派送等多个环节，而这些环节中的很多方面都具有很强的技术性，在现代快递业务中，整个快递活动过程更是需要有现代信息技术和电子商务等高技术含量的活动来支持，快递立法要适应这些技术性要求。

2. 广泛性

快递活动涉及快递企业的市场准入、快递运输、快递保险、快递安全、快递市场监管等很多方面，其立法也较为复杂和广泛。

3. 分散性

我国目前没有专门的快递法，调整快递活动的法律规范散见于《邮政法》《民法典》、《中华人民共和国道路交通安全法》《行政许可法》《中华人民共和国快递暂行条例》（以下简称《快递暂行条例》）、《快递业务经营许可管理办法》《快递市场管理办法》等相关法律法规及规章中。

（二）快递法的渊源

（1）宪法。

（2）法律。法律包括《邮政法》《民法典》《道路交通安全法》《中华人民共和国反不正当竞争法》（以下简称《反不正当竞争法》）、《中华人民共和国产品质量法》（以下简称《产品质量法》）、《中华人民共和国消费者权益法》（以下简称《消费者权益保护法》）、《中华人民共和国行政许可法》（以下简称《行政许可法》）、《中华人民共和国刑法》（以下简称《刑法》）等。

（3）行政法规。行政法规包括《快递暂行条例》《中华人民共和国道路运输条例》（以下简称《道路运输条例》）等。

（4）规章。规章包括《快递业务经营许可管理办法》《快递市场管理办法》等。

（5）国际公约。我国加入的国际公约如《万国邮政公约》等也是快递法律的重要渊源。

三、快递企业市场准入

根据我国《邮政法》及《快递业务经营许可管理办法》的规定，经营快递业务应当依照法律规定取得快递业务经营许可；未经许可，任何单位和个人不得经营快递业务。外商不得投资经营信件的国内快递业务。

（一）申请快递业务经营许可的条件

根据《邮政法》第52条的规定，申请快递业务经营许可，应当具备下列条件。

1. 符合企业法人条件

申请快递业务经营许可的单位应符合企业法人条件。

2. 注册资本要求

在省、自治区、直辖市范围内经营的，注册资本不低于人民币50万元；跨省、自治区、直辖市经营的，注册资本不低于人民币100万元；经营国际快递业务的，注册资本不低于人民币200万元。

3. 有与申请经营的地域范围相适应的服务能力

《快递业务经营许可管理办法》第7条规定，申请快递业务经营许可，应当具备下列服务能力：

（1）与申请经营的地域范围、业务范围相适应的服务网络和信件、包裹、印刷品、其他寄递物品（以下统称快件）的运递能力；

（2）能够提供寄递快件的业务咨询、电话查询和互联网信息查询服务；

（3）收寄、投递快件的，有与申请经营的地域范围、业务范围相适应的场地或者设施；

（4）通过互联网等信息网络经营快递业务的，有与申请经营的地域范围、业务范围相适应的信息处理能力，能够保存快递服务信息不少于3年；

（5）对快件进行分拣、封发、储存、交换、转运等处理的，有封闭的、面积适宜的处理场地，配置相应的设备，且符合邮政管理部门和国家安全机关依法履行职责的要求。

在省、自治区、直辖市范围内专门从事快件收寄、投递服务的，应当具备前述第（1）～（4）项的服务能力；还应当与所合作的经营快递业务的企业签订书面协议或者意向书。

4. 有严格的服务质量管理制度和完备的业务操作规范

《快递业务经营许可管理办法》第8条规定，申请快递业务经营许可，应当具备下列服务质量管理制度和业务操作规范：

（1）服务种类、服务时限、服务价格等服务承诺公示管理制度；

（2）投诉受理办法、赔偿办法等管理制度；

（3）业务查询、收寄、分拣、投递等操作规范。

5. 有健全的安全保障制度和措施

《快递业务经营许可管理办法》第9条规定，申请快递业务经营许可，根据其申请经营的业务范围，应当具备下列安全保障制度和措施：

（1）从业人员安全、用户信息安全等保障制度；

（2）突发事件应急预案；

（3）收寄验视、实名收寄等制度；

（4）快件安全检查制度；

（5）配备符合国家规定的监控、安检等设备设施；

(6) 配备统一的计算机管理系统，配置符合邮政管理部门规定的数据接口，能够提供快递服务有关数据；

(7) 监测、记录计算机管理系统运行状态的技术措施；

(8) 快递服务信息数据备份和加密措施。

6. 法律、行政法规规定的其他条件

申请快递业务经营许可，还应满足法律、行政法规规定的其他条件。

(二) 快递业务经营许可的申请和审批程序

1. 申请

申请快递业务经营许可，在省、自治区、直辖市范围内经营的，应当向所在地的省、自治区、直辖市邮政管理机构提出申请；跨省、自治区、直辖市经营或者经营国际快递业务的，应当向国务院邮政管理部门提出申请；申请时应当提交申请书和有关申请材料。

2. 审批

受理申请的邮政管理部门应当自受理申请之日起 45 日内进行审查，作出批准或者不予批准的决定。予以批准的，颁发快递业务经营许可证；不予批准的，书面通知申请人并说明理由。

申请人凭快递业务经营许可证向工商行政管理部门依法办理登记后，方可经营快递业务。

快递企业设立分支机构或者合并、分立的，应当向邮政管理部门备案。

(三) 违反快递业务经营许可证管理的法律责任

(1) 未取得快递业务经营许可经营快递业务，或者邮政企业以外的单位或者个人经营由邮政企业专营的信件寄递业务或者寄递国家机关公文的，由邮政管理部门或者工商行政管理部门责令改正，没收违法所得，并处 5 万元以上 10 万元以下的罚款；情节严重的，并处 10 万元以上 20 万元以下的罚款；对快递企业，还可以责令停业整顿直至吊销其快递业务经营许可证。

(2) 申请人申请快递业务经营许可时隐瞒真实情况、弄虚作假的，邮政管理部门不予受理或者不予批准，并给予警告，1 年内不再受理其快递业务经营许可申请。

(3) 以欺骗、贿赂等不正当手段取得快递业务经营许可的，由邮政管理部门依法撤销行政许可，处 1 万元以上 3 万元以下的罚款；申请人在 3 年内不得再次申请经营快递业务。

(4) 快递企业设立分支机构、吸收其他企业法人进行合并或者分立后仍然存续，未向邮政管理部门备案的，由邮政管理部门责令改正，可以处 1 万元以下的罚款；情节严重的，处 1 万元以上 5 万元以下的罚款，并可以责令停业整顿。

除前述规定外，经营快递业务的企业未按照规定办理分支机构备案、撤销、变更手续，或者未按照规定提交快递业务经营许可年度报告的，由邮政管理部门责令改正，可以处 1 万元以下的罚款。

经营快递业务的企业提交快递业务经营许可年度报告、备案材料时隐瞒真实情况、弄

虚作假的,由邮政管理部门责令改正,可以处 1 万元以上 3 万元以下的罚款。

(5) 停止经营快递业务,未提前 10 日向社会公告,未书面告知邮政管理部门并交回快递业务经营许可证,由邮政管理部门责令改正,可以处 1 万元以下的罚款;情节严重的,处 1 万元以上 5 万元以下的罚款,并可以责令停业整顿。

(6) 邮政管理部门工作人员在快递业务经营许可管理工作中滥用职权、玩忽职守、徇私舞弊的,依法给予处分。涉嫌构成犯罪的,由司法机关追究刑事责任。

四、快递企业经营行为管理制度

(一) 快递企业的服务规范

快递企业从事快递业务应符合以下要求。

1. 公布承诺,遵守承诺,服务达标

(1) 履行公示义务

快递企业应当在营业场所公示或者以其他方式向社会公布其服务种类、服务时限、服务价格、损失赔偿、投诉处理等服务承诺事项。服务承诺事项发生变更的,企业应当及时发布服务提示公告。

(2) 遵守承诺,服务达标

经营快递业务的企业应当按照快递服务标准,规范快递业务经营活动,保障服务质量,维护用户合法权益,并应当符合下列要求:①填写快递运单前,企业应当提醒寄件人阅读快递运单的服务合同条款,并建议寄件人对贵重物品购买保价或者保险服务;②企业分拣作业时,应当按照快件(邮件)的种类、时限分别处理、分区作业、规范操作,并及时录入处理信息,上传网络,不得野蛮分拣,严禁抛扔、踩踏或者以其他方式造成快件(邮件)损毁;③企业应当在承诺的时限内完成快件(邮件)的投递;④企业应当将快件(邮件)投递到约定的收件地址和收件人或者收件人指定的代收人地址。

(3) 无法投递快件的处理

快递企业对无法投递的快件(邮件),应当退回寄件人。对无法投递又无法退回寄件人的快件(邮件),企业应当登记,并按照国务院邮政管理部门的规定和快递服务标准处理;其中无法投递又无法退回的进境国际快件(邮件),应当依照相关规定交由有关部门处理。

(4) 建立与用户沟通的渠道和制度

经营快递业务的企业应当建立与用户沟通的渠道和制度,向用户提供业务咨询、查询等服务,并及时处理用户投诉。经营快递业务的企业对邮政管理部门转办的用户申诉,应当及时妥善处理,并按照国务院邮政管理部门的规定给予答复。

2. 合同公平原则

快递企业应当遵循公平原则,以书面合同确定企业与用户双方的权利和义务。对免除或者限制企业责任及涉及快件(邮件)损失赔偿的条款,应当在快递运单上以醒目的方式列出,并予以特别说明。快递企业采用格式条款确定与用户的权利义务的,该格式条款适用《民法典》关于合同格式条款的规定。

3. 保障用户通信自由与通信秘密

通信自由和通信秘密是公民的基本权利，除法律另有规定外，任何组织或者个人不得检查、扣留快件；任何单位和个人不得私自开拆、隐匿、毁弃快件；因国家安全或者追查刑事犯罪的需要，公安机关、国家安全机关或者检察机关可以依法检查、扣留有关快件，并可以要求快递企业提供相关用户使用快递服务的信息，快递企业和有关单位应当配合，并对有关情况予以保密；除法律另有规定外，快递企业及从业人员不得向任何单位或个人泄露用户使用快递服务的信息。

案例讨论 5-9

宋某某利用其是某速运有限公司员工身份，获得同事的公司操作平台员工账号和密码后，与自己的 VPN 权限与公司账户、密码一同提供给曹某某。其后，曹某某通过外网登录了该速运公司的 VPN 服务器，访问运单查询系统，并下载了 20 多万条客户运单信息，包括客户的姓名、购买物品、住址、电话、价格等。然后，曹某某把这些客户运单信息交由李某某贩卖获利。一名网店老板黄某则以人民币 1 000 元的价格向李某某购买公民个人信息 100 万条，用于发送信息宣传其网店。宋某某收取曹某某给予的报酬人民币 38 000 元，曹某某贩卖公民个人信息获利人民币 60 000 多元，李某某分得约人民币 5 000 多元。

问题：宋某某、曹某某、李某某、黄某某四人应承担什么责任？

4. 保障国家安全和社会公共安全

（1）不得违反国家规定，收寄禁止寄递或者限制寄递的物品

任何组织和个人不得利用快递服务网络从事危害国家安全、社会公共利益或者他人合法权益的活动。下列物品禁止寄递：a. 法律、行政法规禁止流通的物品；b. 危害国家安全和社会政治稳定以及淫秽的出版物、宣传品、印刷品等；c. 武器、弹药、麻醉药物、生化制品、传染性物品和爆炸性、易燃性、腐蚀性、放射性、毒性等危险物品；d. 妨害公共卫生的物品；e. 流通的各种货币；f. 法律、行政法规和国家规定禁止寄递的其他物品。

（2）建立并严格执行收寄验视制度

① 对用户交寄的信件以外的快件，寄递企业要当面验视内件，当面封装。用户拒绝验视的，不予收寄。快递企业在收寄过程中发现有国家规定禁止寄递的物品的，应当及时向有关部门报告。

② 快递企业对不能确认安全性的可疑物品，应当要求用户出具相关部门的安全证明。用户不能出具安全证明的，不予收寄。快递企业收寄已出具安全证明的物品时，应当如实记录收寄物品的名称、数量、质量、收寄时间、寄件人和收件人名址等内容，记录保存期限不少于 1 年。

5. 依法赔偿

在快递服务过程中，快件（邮件）发生延误、丢失、损毁和内件不符的，快递企业应当按照与用户的约定，依法予以赔偿。企业与用户之间未对赔偿事项进行约定的，对于购买保价的快件（邮件），应当按照保价金额赔偿。对于未购买保价的快件（邮件），按照《邮政法》《民法典》等相关法律规定赔偿。

(二)快递企业、快递从业人员违反快递服务规范的法律责任

(1)快递企业未按照规定向用户明示其业务资费标准,或者有其他价格违法行为的,由政府价格主管部门依照《中华人民共和国价格法》的规定处罚。快递企业违反快递服务标准,严重损害用户利益,由邮政管理部门责令改正,处5 000元以上3万元以下的罚款。

(2)快递企业不建立或者不执行收件验视制度,或者违反法律、行政法规以及国务院和国务院有关部门关于禁止寄递或者限制寄递物品的规定收寄邮件、快件的,对邮政企业直接负责的主管人员和其他直接责任人员给予处分;对快递企业,邮政管理部门可以责令停业整顿直至吊销其快递业务经营许可证。用户在邮件、快件中夹带禁止寄递或者限制寄递的物品,尚不构成犯罪的,依法给予治安管理处罚。有前述规定的违法行为,造成人身伤害或者财产损失的,依法承担赔偿责任。

快递从业人员规定收寄禁止寄递的物品、限制寄递的物品,尚不构成犯罪的,由邮政管理部门责令改正,没收违法所得,并处5 000元以上1万元以下的罚款。

(3)快递企业违法提供用户使用快递服务的信息,尚不构成犯罪的,由邮政管理部门责令改正,没收违法所得,并处1万元以上5万元以下的罚款;对邮政企业直接负责的主管人员和其他直接责任人员给予处分;对快递企业,邮政管理部门还可以责令停业整顿直至吊销其快递业务经营许可证。快递企业从业人员有前述规定的违法行为,尚不构成犯罪的,由邮政管理部门责令改正,没收违法所得,并处5 000元以上1万元以下的罚款。快递企业及快递从业人员违法提供用户使用快递服务的信息,构成犯罪的,依法追究刑事责任。

(4)快递企业及其从业人员在经营活动中有危害国家安全行为的,依法追究法律责任;对快递企业,由邮政管理部门吊销其快递业务经营许可证。

(5)冒领、私自开拆、隐匿、毁弃或者非法检查他人邮件、快件,尚不构成犯罪的,依法给予治安管理处罚。

案例讨论5-10

北京赵先生通过某快递公司给洛阳的王先生寄了一款全新的超人玩偶、一张全球限量的签名版海报和海报认证书。但将包裹交给快递员当晚,赵先生竟在朋友圈发现该快递公司一名客服"晒"出被拆封的玩偶。两天后,赵先生的朋友收到包裹后发现,珍贵的限量版海报不见了。赵先生表示,超人玩偶价值1 250元左右,海报为全球限量版,上面有《变形金刚4》全体主演的亲笔签名。该海报以1 999美元买进,还花了66美元的运费,目前在网上的售价达到了1万多元,还有升值空间。赵先生找该快递公司索要时,快递公司却表示本来就没海报,但却不愿提供监控视频。

问题:你认为本案应如何处理?

任务七 货物运输代理法律制度

任务导入:某书画装裱店与著名书法家赵某签订了一份委托书法作品创作合同。双方约定,赵某交付装裱店20副对联作品,装裱店支付赵某50 000元报酬。赵某因不慎跌倒

致使右臂受伤，不能创作，于是他委托他儿子代为书写了全部对联，以此交付装裱店，装裱店支付了全部报酬。但是不久装裱店感到作品风格与赵某以往作品不同，遂请专家鉴定，结果发现属他人作品。

任务要求： 赵某能否委托他的儿子代理创作书法？结合本案，分析理解代理制度基本内容。

一、代理法律制度

（一）代理制度概述

1. 代理的概念

代理是代理人在代理权范围内以被代理人名义与第三人实施法律行为，而其法律后果直接归属于被代理人的法律制度。

2. 代理的特征

（1）代理行为是能够引起民事法律后果的民事法律行为。

（2）代理人一般应以被代理人的名义从事代理活动。

（3）代理人在代理权限范围内独立进行意思表示。

（4）代理行为的法律后果直接归属于被代理人。

3. 代理的适用范围

《民法典》第161条规定：民事主体可以通过代理人实施民事法律行为。代理适用于民事主体之间设立、变更或终止权利义务的法律行为，如申请行为、申报行为、诉讼行为等。依照法律规定、当事人约定或者民事法律行为的性质，应当由本人亲自实施的民事法律行为，不得代理。

> **【难点提示】** 不得代理的行为
>
> （1）具有人身性质的行为不得代理。例如，立遗嘱、婚姻登记、收养子女等行为不得代理。
>
> （2）法律规定或者双方当事人约定应当由特定人亲自为之的，不得适用代理。例如，某些与特定人身相关联的债务的履行（预约撰稿、演出、授课、讲演、特定的技术转让等）。因为这些行为和债务，或者依法律规定，或者根据双方当事人的约定，应当由特定人亲自为之。如果通过代理人进行，就可能侵害有关当事人的合法权益。
>
> （3）违法行为不得适用代理。

（二）代理权的产生

1. 法定代理

法定代理是指基于法律的直接规定而发生的代理，法定代理主要适用于被代理人为无行为能力人或限制行为能力人的情况。

2. 委托代理

委托代理是指基于被代理人的委托而发生的代理，是最常见、适用最广泛的一种代理形式。

委托代理授权采用书面形式的，授权委托书应当载明代理人的姓名或者名称、代理事项、权限和期限，并由被代理人签名或者盖章。

实务操作指南

授权委托书

委托人：王××，男，汉族，1985年1月12日出生，××省××市人，××市××公司职工，住××市××路××号。

受委托人：张××，××市××律师事务所律师。

委托事项：在我与张××买卖合同纠纷一案中，委托受托人作为我的诉讼代理人。

代理权限：代为起诉、出庭、承认、变更、放弃诉讼请求，参加调解，进行和解。

代理期限：至本案审理终结时止。

委托人：王××

二〇二二年六月八日

注意：

1. 授权委托书须由委托人签名或者盖章，并且说明委托事项和权限。诉讼代理人代为承认、放弃或者变更诉讼请求、进行和解、提起反诉或者上诉，必须经过委托人的特别授权。

2. 诉讼代理人权限发生变更或者解除，需要当事人书面呈告人民法院，并且由人民法院通知对方事人。

3. 本委托书一式二份，一份由委托人保管，一份由委托人交由受委托人递交人民法院。

（三）代理权的行使

代理权的行使是指代理人在代理权限内以被代理人的名义实施的代理行为。代理人和被代理人在代理过程中都应履行相应的义务。

1. 代理人的义务

（1）勤勉地履行代理职责。代理人在代理中，必须勤勉工作，尽到善良管理人的注意义务，并应遵从被代理人的指示。

（2）亲自处理委托事务。代理人应当自己处理委托事务，非经被代理人的同意或有不得已的事由，不得由他人代替自己履行义务。

（3）报告义务。代理人负有报告义务，在被代理人要求报告或代理人认为必要时，代理人应将处理委托事务的一切重要情况向被代理人报告。

（4）保密义务。在代理关系的有效期间或终止后，代理人均不得将在代理过程中所了解到的被代理人的秘密，向第三人泄露，也不得由他自己同被代理人进行不正当竞争。

2. 被代理人的义务

(1) 承担代理行为的法律后果

被代理人对代理人在委托授权范围内所进行的行为的法律后果，无论是有利的还是不利的，都应当接受。被代理人是代理行为所缔结的法律关系的当事人，法律关系的权利由其享有，义务由其履行，责任由其承担。

(2) 支付报酬或佣金

这是委托代理中被代理人最主要的义务。根据商业惯例，佣金一般是按照代理人所完成业务金额的一定比例提取，并事先在委托合同中予以规定。

(3) 提供和补偿代理人因履行代理义务而产生的费用

这是指代理人因执行被代理人的指示，完成被代理人交给的特定义务而支出的费用或所受的损失应由被代理人负担。但在一般情况下，代理人履行代理义务所进行的正常业务开支应由代理人自己负担。

(四) 代理权的滥用

代理权的滥用是指代理人行使代理权时，违背代理权的设定宗旨和代理权行使的基本要求，作出损害被代理人利益的行为。

滥用代理权的情况包括：①自己代理，即代理他人与自己进行民事活动；②双方代理，即代理双方当事人为同一民事行为；③代理人与第三人恶意串通，损害被代理人利益。

法律禁止滥用代理权的行为。滥用代理权的行为，视为无效代理，代理人滥用代理权给被代理人及其他人带来损害的，应依法承担相应的赔偿责任。

案例讨论 5-11

张某因公出差1年，临走时将其计算机委托给邻居李某保管，并授权李某在合适的条件下以原价钱三分之二以上价格将该计算机卖掉。张某走后4个月，李某的朋友王某见此计算机不错，提出要购买，并要求降低价格。王、李二人商定，由李写信告诉张某，诈称该计算机的两个重要零件损坏了，很难修理，最好尽快低价卖掉。张某收信后，同意将该计算机以原价三分之一的价格出卖。此后，张某知悉了出卖计算机的真情，要求王某退回该计算机；但此时，该计算机已损坏。为此发生争议。

问题：本案李某的行为属于什么性质？本案应如何处理？

(五) 无权代理

无权代理是指没有代理权却以他人名义实施民事法律行为。无权代理的表现形式主要有：未经授权的代理、超越代理权的代理和代理权终止后的代理。

无权代理是否具有法律效力，取决于被代理人的态度。对于没有代理权、超越代理权或者代理权终止后的代理行为，如果被代理人进行了追认，无权代理转变为有权代理，其法律后果由被代理人承担；如果被代理人拒绝追认，无权代理就成为绝对无效的代理行为，被代理人对代理人所做的行为不需要承担法律责任。

相对人可以催告被代理人自收到通知之日起30日内予以追认。被代理人未作表示的，视为拒绝追认。行为人实施的行为被追认前，善意相对人有撤销的权利。撤销应当以通知的方式作出。

行为人实施的行为未被追认的，善意相对人有权请求行为人履行债务或者就其受到的损害请求行为人赔偿。但是，赔偿的范围不得超过被代理人追认时相对人所能获得的利益。

相对人知道或者应当知道行为人无权代理的，相对人和行为人按照各自的过错承担责任。

（六）表见代理

表见代理是指行为人虽无代理权，但由于被代理人的原因，使得善意第三人有理由相信行为人有代理权，而与其从事民事法律行为，该民事法律行为的后果直接由被代理人承担。

构成表见代理须满足以下条件。①客观上存在使第三人相信无权代理人有代理权的事由。例如，代理关系终止后被代理人没有收回授权委托书、无权代理人持有被代理人的证明文件等。②第三人主观上为善意无过失。即第三人并不知道行为人不具有代理权，而且这种疏忽并不是由于第三人的疏忽所致。③无权代理人与第三人之间的民事法律行为具备代理的表面特征和民事法律行为的一般有效要件。

表见代理行为的法律后果直接归属于被代理人，被代理人对第三人负责。如果被代理人因该行为遭受损失，可根据代理人的过错程度要求其承担赔偿责任。

【难点提示】 无权代理与表见代理的区别（表 5-1）

表 5-1

项目	无权代理	表见代理
构成要件	是行为人没有代理权，以他人名义实施的代理行为	是代理人没有代理权，但是善意第三人相信代理人有代理权而进行的法律行为
保护利益	保护被代理人的利益	保护善意第三人的利益
法律后果	需要被代理人追认才有效	法律后果直接归属于被代理人

案例讨论 5-12

北方某市甲商场业务员乙到丙公司采购空调，见丙公司生产的浴室防水暖风机小巧实用，在暖气没有来临前以及在暖气停止之后的一段时间之内对普通家庭大为有用，遂自行决定购买一批该公司生产的暖风机。货运到后，甲商场即对外销售该暖风机，后因该市提前供应暖气，暖风机销售量大减。甲商场遂主张乙为无权代理，现拒绝追认并拒付货款。丙公司遂诉至法院。

问题：

（1）在甲商场追认之前，乙代理甲商场与丙公司签订合同的效力如何？本案应如何处理？

(2) 假设乙携带盖有甲商场公章的空白合同书与丙公司签订了购买暖风机的合同，合同是否生效？为什么？

（七）代理权的终止

代理权的终止也称为代理权的消灭，是指代理人和被代理人之间的代理关系消灭。由于代理产生原因的不同，其终止的原因也有所不同。

1. 法定代理的终止

有下列情形之一的，法定代理终止：①被代理人取得或者恢复完全民事行为能力；②代理人丧失民事行为能力；③代理人或者被代理人死亡；④法律规定的其他情形。

2. 委托代理的终止

根据《民法典》的规定，有下列情形之一的，委托代理终止：①代理期限届满或者代理事务完成；②被代理人取消委托或者代理人辞去委托；③代理人丧失民事行为能力；④代理人或者被代理人死亡；⑤作为代理人或者被代理人的法人、非法人组织终止。

【难点提示】 被代理人死亡后委托代理人实施的代理行为有效的情形

> 被代理人死亡后，有下列情形之一的，委托代理人实施的代理行为有效：①代理人不知道且不应当知道被代理人死亡；②被代理人的继承人予以承认；③授权中明确代理权在代理事务完成时终止；④被代理人死亡前已经实施，为了被代理人的继承人的利益继续代理。
>
> 作为被代理人的法人、非法人组织终止的，参照适用前述规定。

案例讨论 5-13

张某的一位老朋友李某常年患病。一次，张某因去国外考察，李某便委托张某代买当地一种效果很好的药品。张某依约为李某代买。但没想到，一个月后张某回来时，朋友李某已经因病去世。李某的儿子继承了李某的全部遗产。

对于李某委托张某买药一事，李某的儿子表示，一方面自己并不知道此事，另一方面父亲李某已去世，该药对父亲已无用，故拒绝支付张某购买药品的费用。

问题：李某的儿子是否应该支付药费？为什么？

二、国际货物运输代理法律制度

（一）国际货物运输代理的概念

国际货物运输代理是指国际货运代理组织接受进出口货物收货人、发货人的委托，以委托人或自己的名义，为委托人办理国际货物运输及相关业务，并收取劳务报酬的经济活动。

（二）国际货物运输代理的类型与业务范围

1. 国际货物运输代理的类型

（1）以委托人的性质为标准可分为货主的代理和承运人的代理。

(2) 以委托人委托的代理人数量为标准可分为独家代理和普通代理。
(3) 以委托人委托办理的事项为标准可分为综合代理和专项代理。
(4) 以代理业务的内容为标准可分为国际货物运输综合代理、国际船舶代理、国际民用航空运输销售代理、报关代理、报检代理等。

2. 国际货物运输代理的业务范围

国际货物运输代理企业可以接受委托，代为办理下列部分或者全部业务：
(1) 订舱、仓储；
(2) 货物的监装、监卸，集装箱拼装拆箱；
(3) 国际多式联运；
(4) 国际快递，私人信函除外；
(5) 报关、报检、报验、保险；
(6) 缮制有关单证，交付运费，结算、交付杂费；
(7) 其他国际货物运输代理业务。

(三) 国际货物运输代理企业

1. 国际货物运输代理企业的设立条件

国际货物运输代理企业必须依法取得中华人民共和国企业法人资格。设立国际货物运输代理企业，根据其行业特点，应当具备下列条件：
(1) 有与其从事的国际货物运输代理业务相适应的专业人员；
(2) 有固定的营业场所和必要的营业设施；
(3) 有稳定的进出口货源市场；
(4) 符合法律规定的注册资本最低限额要求。国际货物运输代理企业的注册资本最低限额应当符合下列要求：①经营海上国际货物运输代理业务的，注册资本最低限额为500万元人民币；②经营航空国际货物运输代理业务的，注册资本最低限额为300万元人民币；③经营陆路国际货物运输代理业务或者国际快递业务的，注册资本最低限额为200万元人民币。

经营前款两项以上业务的，注册资本最低限额为其中最高一项的限额。国际货物运输代理企业每设立一个从事国际货物运输代理业务的分支机构，应当增加注册资本50万元。

2. 国际货物运输代理企业的管理

国际货物运输代理企业实行备案制度。商务部委托各省、自治区、直辖市和单列市商务主管部门（以下称备案机关）负责办理本地区国际货运代理企业备案。

国际货物运输代理企业依法取得工商行政管理部门颁发的营业执照后30个工作日内，应向所在地的备案机关办理企业备案手续。

备案机关应自收到企业提交的全部材料之日起5个工作日内办理完毕备案手续，并在备案证上加盖备案印章。

国际货物运输代理企业应完成企业备案手续，并到海关、外汇管理、税务等部门办理开展国际货运代理业务所需的相关手续。

(四)国际货物运输代理人的责任

1. 国际货物运输代理人作为代理人的责任

(1) 因不履行职责给委托人造成损失的赔偿责任

代理人不履行职责而给被代理人造成损失的,应当承担赔偿责任。

(2) 因自身过错给委托人造成损失的赔偿责任

国际货运代理人应对其本人及其雇员的过失承担责任,货运代理人常见的过错包括:未按指示交付货物;尽管得到指示,办理过程中仍然出现疏忽;报关错误;运往错误的目的地;未能按必要的程序取得再出口(进口)货物退税;未取得收货人的货款而交付货物;对其经营过程中造成第三人的财产毁损灭失或人身伤害承担责任。

(3) 与第三人串通损害委托人利益的,与第三人承担连带赔偿责任

国际货运代理人与第三人恶意串通损害委托人利益的,应当由该国际货运代理和第三人向委托人承担连带责任。

(4) 明知委托事项违法仍予代理的,与委托人承担连带责任

国际货运代理人知道委托人委托办理的事项违法,但为了自身利益仍然进行代理活动,由委托人和国际货运代理人承担连带责任。

(5) 擅自将委托事项转委托他人代理,应对转委托的行为向委托人承担责任

国际货运代理人未经委托人同意,擅自将委托人委托的事项转委托他人代理的,应当对其转委托的行为向委托人承担责任。但是在出现法定事由的情况下,为了保护委托人的利益,国际货运代理人也可以不经委托人同意将委托事项的全部或一部分转委托他人办理,这种法定的事由限于国际货运代理人不能亲自办理委托事务,又不能与委托人及时取得联系,如不及时转委托他人办理,就会给委托人利益造成损失或扩大损失的紧急情况。

(6) 从事无权代理行为,如果事后委托人不予追认,对委托人不发生效力,应由货运代理人自行承担责任

国际货运代理人在无权代理情况下的行为,只有经过委托人的事后追认,才对委托人发生效力,并由委托人承担责任。如果未经委托人事后追认,对委托人不发生效力,应由国际货运代理人自己承担责任。如果第三人知道国际货运代理人是无权代理,仍然与其实施民事行为,并给委托人造成损害的,第三人还要与国际货运代理人承担连带责任。

案例讨论 5-14

我国 A 贸易公司委托同一城市的 B 国际货运代理公司办理一批从我国 C 港运至韩国 D 港的危险品货物。A 贸易公司向 B 国际货运代理公司提供了正确的货物名称和危险品货物的性质,B 国际货运代理公司为此签发其公司的 HOUSE B/L(货代提单)给 A 贸易公司。随后,B 国际货运代理公司以托运人的身份向船公司办理该批货物的订舱和出运手续。为了节省运费,同时因为 B 国际货运代理公司已投保责任险,B 国际货运代理公司向船公司谎报货物的名称,亦未告知船公司该批货物为危险品货物。船公司按通常货物处理并装载于船舱内。结果在海上运输中,因为货物的危险性导致火灾,造成船舶受损,该批货物全部灭失并给其他货主造成巨大损失。请根据我国有关法律规定回答下列问题。

问题:
(1) A 贸易公司、B 国际货运代理公司、船公司在这次事故中的责任如何?
(2) 承运人是否应对其他货主的损失承担赔偿责任?为什么?

2. 国际货运代理人的除外责任

国际货运代理人对以下几种情况造成的损失不承担责任:
(1) 委托方的疏忽或过失所致;
(2) 委托方或其代理人在装卸、仓储或其他作业过程中的过失所致;
(3) 货物本身自然特性或潜在的缺陷所致;
(4) 货物包装不牢固(不是由货运代理人完成),标志不清所致;
(5) 货物送达地址不清、不完整、不准确所致;
(6) 对货物内容申请不清楚、不完整、遗漏所致;
(7) 不可抗力所致。

项目训练

知识练习

1. 基本概念

货物运输合同　托运人　承运人　托运人　班轮运输　租船运输　提单　多式联运代理　无权代理　表见代理　国际货运代理

2. 选择题

(1) 海上货物运输合同承运人的义务有(　　)。

  A. 使船舶适航　　　　　　　B. 管货

  C. 提供约定货物　　　　　　D. 及时开航,按预定航线航行

(2) 汽车承运人举证后可不负赔偿责任的情形有(　　)。

  A. 不可抗力

  B. 货物本身的自然性质变化或者合理损耗

  C. 包装体外表面完好而内装货物毁损或灭失

  D. 包装内在缺陷,造成货物受损

(3) 按提单有无不良批注分类,提单可分为(　　)。

  A. 已装船提单和备运提单

  B. 清洁提单和不清洁提单

  C. 记名提单、不记名提单和指示提单

  D. 直达提单、转船提单和联运提单

(4) 运输合同的主要特征包括(　　)。

  A. 运输合同原则上为双务、有偿合同

  B. 运输合同原则上为诺成性合同

  C. 运输合同的客体为旅客或货物

  D. 运输合同大都是标准合同

(5) 托运人的义务（　　）。

　　A. 支付运输费用

　　B. 按约定的时间、地点和要求，将货物交给承运人

　　C. 按规定对托运物包装

　　D. 托运危险物品的妥善包装、警示等

(6) 甲委托乙用货车将一批水果运往 A 地，不料途中遭遇山洪，水果全部毁损。甲委托乙运输时已向乙支付运费。根据《民法典》的规定，下列关于水果损失与运费承担的表述中，正确的有（　　）。

　　A. 乙应当赔偿水果毁损给甲造成的损失

　　B. 甲自行承担因水果毁损造成的损失

　　C. 甲有权要求乙返还运费

　　D. 甲无权要求乙返还运费

(7) 道路货物运输合同解除的原因有（　　）。

　　A. 不可抗力使运输合同无法履行

　　B. 当事人一方原因，在合同约定的期限内确实无法履行运输合同

　　C. 合同当事人违约，使合同的履行成为不可能或不必要

　　D. 经合同双方当事人协议同意解除

(8) 货物运输合同中收货人的义务有（　　）。

　　A. 及时提货的义务

　　B. 检验货物的义务

　　C. 支付托运人少交或未交的运费或其他费用的义务

　　D. 妥善包装的义务

(9) 承运人的权利包括（　　）。

　　A. 收取运费及符合规定的其他费用

　　B. 留置权

　　C. 收货人逾期提货的，承运人有权收取逾期提货的保管费

　　D. 提取货物的权利

(10) 班轮运输的特点有（　　）。

　　A. 固定航线　　　B. 固定港口　　　C. 固定船期　　　D. 固定费率

(11) 下列物品禁止寄递的是（　　）。

　　A. 法律、行政法规禁止流通的物品

　　B. 危害国家安全和社会政治稳定以及淫秽的出版物、宣传品、印刷品

　　C. 武器、弹药、麻醉药物、传染性物品

　　D. 妨害公共卫生的物品

(12) 以下事项不能代理的是（　　）。

　　A. 订立买卖合同　　B. 替人考试　　C. 结婚登记　　D. 立遗嘱

(13) 有下列情形之一的，法定代理终止（　　）。

　　A. 被代理人取得或者恢复完全民事行为能力

　　B. 代理人丧失民事行为能力

C. 代理人或者被代理人死亡

D. 被代理人取消委托或者代理人辞去委托

(14) 国际货物运输代理企业可以代为办理的业务有（　　）。

A. 订舱、仓储

B. 货物的监装、监卸，集装箱拼装拆箱

C. 国际多式联运

D. 报关、报检、报验、保险

(15) 国际货运代理人对以下（　　）情况造成的损失不承担责任。

A. 委托方的疏忽或过失所致

B. 委托方或其代理人在装卸、仓储或其他作业过程中的过失所致

C. 货物本身自然特性或潜在的缺陷所致

D. 不可抗力所致

3. 问答题

(1) 货物运输合同中托运人承运人的权利义务有哪些？

(2) 公路货物运输合同中承运人的权利义务有哪些？

(3) 海上货物运输合同中收货人的权利义务有哪些？

(4) 提单的作用有哪些？

(5) 申请快递业务经营许可的条件有哪些？

(6) 快递企业服务规范有哪些？

(7) 代理人和被代理人的义务有哪些？

(8) 无权代理的表现形式有哪些？无权代理的法律后果是怎样的？

(9) 国际货运代理人的法律责任有哪些？

案例分析

【案例1】某国际货轮开航前经具有资格证书的验船师认为是适航船舶，但该货轮未航行多远即因一号船舱进水、货物受损而不得不返回装货港。在返航途中，船长命令船员逐个货舱检查获取是否有水湿的情况，一名船员打开三号货舱盖后，未将舱盖关严，致使雨水进入货舱，货物水湿受损。后船舶进行检修时发现：一号船舱进水的原因是一个完好的螺帽下的螺丝出现裂缝；而三号船舱舱体完好。后该批货物的托运人以船舶不适航为由要求承运人承担全部损失的赔偿责任。

问题：承运人是否应当对一号船舱和三号船舱的全部货物损失承担责任？理由是什么？

【案例2】从北京运往东京的一只宠物狗，计费重量15千克，由于飞机发生故障，推迟起飞时间。但是，当天上午已经将所有要装机的货物拖到客机坪，中午时分才将货物拉回仓库，由于当天气温高达36℃，宠物狗被阳光晒得太久，拉回仓库后不久就死去。托运人要求赔偿损失，但承运人认为宠物狗还未发生运输，不属于承运人的责任。

问题：承运人的说法是否正确？为什么？

【案例3】A公司委托B公司代购冰箱和洗衣机各200台。B公司接受A公司的委托后，便以A公司的名义同自己代理的另一家公司C签订了购买200台冰箱的合同；与本

公司下属的 D 分公司签订了购买 200 台洗衣机的合同。后来又以 A 公司的名义与 E 公司签订了购买彩电 100 台的合同。D、E 两家公司依约发货，A 公司收到 C 公司的冰箱后，认为质量有问题，未付款要求退货；收到 E 公司的彩电后，验收合格即按合同付款。后因为市场发生变化，A 公司要求 B 公司不要再为其采购洗衣机，而此时 D 分公司发 200 台洗衣机给 A 公司，A 公司接到领货通知后，拒绝接货，发生争议。

问题：
(1) B 公司代 A 公司与 C 公司签订的合同是否有效？
(2) B 公司代 A 公司同 D 分公司签订的合同是否有效，A 公司拒绝接货是否合法？
(3) B 公司代 A 公司与 E 公司签订的合同是否有效？
(4) A 公司与 C 公司、D 分公司的争议应该如何解决？

实训操作

(1) 模拟订立公路货物运输合同。
(2) 模拟处理货物运输合同纠纷。

项目六

仓储与配送法律制度

学习目标

知识目标
- 了解保管合同的概念、特征,掌握保管合同中当事人的权利义务。
- 了解仓储合同的概念、特征,掌握仓储合同的内容以及当事人的权利义务。
- 了解配送合同的概念、特征,掌握配送合同的内容以及当事人的权利义务。

能力目标
- 能够区分保管合同和仓储合同,能够拟定仓储合同条款。
- 能够正确处理保管合同和仓储合同纠纷。

任务一　保管法律制度

任务导入:原告李某到大润发超市购物时,将随身携带的黑色皮包寄存在自助存包柜内,然后进入超市购物。购物出来后输入密码,却打不开箱门,便找大润发超市的工作人员帮忙。工作人员用钥匙打开原告指认存物的箱门,发现箱内是空的。原告认为,双方形成的是保管合同关系,超市应当对保存的消费者财物承担保管责任,请求法院判令被告赔偿经济损失和诉讼费。被告辩称:原告使用自助寄存柜寄存物品,双方形成的是无偿借用关系,原告对被告物品不具有保管义务。自助寄存柜也没有损坏,被告对原告所称的物品遗失没有过错,无须承担赔偿责任。

任务要求:大润发超市是否应承担赔偿责任?结合本案理解保管合同的特征及内容。

一、保管合同的概念与特征

1. 保管合同的概念

保管合同是保管人保管寄存人交付的保管物,并返还该物的合同。寄存人到保管人处从事购物、就餐、住宿等活动,将物品存放在指定场所的,视为保管,但是当事人另有约定或者另有交易习惯的除外。在保管关系中,保管物品的一方称作保管人,寄存物品的一方称作寄存人,保管的物品被称为保管物或寄存物。

2. 保管合同具的特征

（1）保管合同的标的是保管行为。保管人为寄存人提供的是保管服务，保管合同的履行只转移保管物的占有权，不转移保管物的所有权及其他权利。

（2）保管合同一般为实践合同。在一般情况下，保管合同的成立不但需要当事人的意思表示达成一致，还需要交付保管物。《民法典》第 890 条规定："保管合同自保管物交付时成立，但是当事人另有约定的除外。"

（3）保管合同既可以是无偿合同，也可以是有偿合同。《民法典》第 889 条规定："寄存人应当按照约定向保管人支付保管费。当事人对保管费没有约定或者约定不明确的，可以协议补充；不能达成补充协议的，按照合同相关条款或者交易习惯确定。依据上述方法仍不能确定的，视为无偿保管。"

【难点提示】 怎样区分保管合同与借用合同

保管合同是保管人保管寄存人交付的保管物，并返还该物的合同，保管合同既可以是有偿合同也可以是无偿合同。借用合同是出借人定期或不定期地将出借物无偿交给借用人使用，借用人在一定期限内或使用完毕后返还原物给出借人的合同，借用合同是无偿合同。

保管合同中保管人实际控制保管物，寄存人要将标的物移交给保管人占有、控制，保管人对保管物负有保管义务，保管人未尽到妥善保管义务导致保管物毁损灭失的，应承担赔偿责任。借用合同中借用人仅仅是借用出借人的物品或场所，借用人使用出借人的场所存放物品时，不将物品转移给出借人占有、支配，出借人对借用人的物品不负有保管义务。

二、保管合同当事人的权利义务

（一）保管人的权利和义务

1. 保管人的权利

在有偿保管合同关系中，保管人的主要权利是按照约定收取保管费，寄存人未按照约定支付保管费及其他费用的，保管人对保管物享有留置权。

在无偿保管合同关系中，保管人只承担义务，不享有权利。

2. 保管人的义务

（1）出具保管凭证的义务。寄存人向保管人交付保管物的，保管人应当出具保管凭证，但是另有交易习惯的除外。

（2）妥善保管保管物的义务。保管人应当妥善保管保管物。当事人可以约定保管场所或者方法。除紧急情况或者为维护寄存人利益外，不得擅自改变保管场所或者方法。

（3）亲自保管的义务。保管人不得将保管物转交第三人保管，但是当事人另有约定的除外。保管人违反上述规定，将保管物转交第三人保管，造成保管物损失的，应当承担赔偿责任。

（4）不得使用保管物的义务。保管人不得使用或者许可第三人使用保管物，但是当事人另有约定的除外。

(5) 返还保管物的义务。保管期限届满或者寄存人提前领取保管物的，保管人应当将原物及其孳息归还寄存人。保管人保管货币的，可以返还相同种类、数量的货币；保管其他可替代物的，可以按照约定返还相同种类、品质、数量的物品。

第三人对保管物主张权利的，除依法对保管物采取保全或者执行措施外，保管人应当履行向寄存人返还保管物的义务。

(6) 保管不善的损害赔偿义务。保管期内，因保管人保管不善造成保管物毁损、灭失的，保管人应当承担赔偿责任。但是，无偿保管人证明自己没有故意或者重大过失的，不承担赔偿责任。

案例讨论 6-1

旅客姚某入住酒店时，将一只手包寄存在酒店总服务台，服务台为其办理了寄存手续。第二天，当姚某拿着取包的号牌领取手包时，发现手包已被他人领走，因姚某的包内有一块进口名表及银行卡等物，酒店建议姚某报案，但始终未能找到。之后，姚某要求酒店赔偿自己的损失，而酒店则以存包处有"旅客须保管好自己的贵重物品，丢失概不负责"为由拒绝赔偿，声称姚某并未事先声明自己包内有贵重物品。

问题：酒店的理由成立吗？

(二) 寄存人的权利和义务

1. 寄存人的权利

寄存人可以随时领取保管物。当事人对保管期限没有约定或者约定不明确的，保管人可以随时请求寄存人领取保管物；约定保管期限的，保管人无特别事由，不得请求寄存人提前领取保管物。

2. 寄存人的义务

(1) 支付保管费的义务。有偿的保管合同，寄存人应当按照约定的期限向保管人支付保管费。当事人对支付期限没有约定或者约定不明确，可以协议补充；不能达成补充协议的，按照合同相关条款或者交易习惯确定。依据上述方法仍不能确定的，应当在领取保管物的同时支付。

寄存人未按照约定支付保管费或者其他费用的，保管人对保管物享有留置权，但是当事人另有约定的除外。

(2) 告知义务。寄存人交付的保管物有瑕疵或者根据保管物的性质需要采取特殊保管措施的，寄存人应当将有关情况告知保管人。寄存人未告知，致使保管物受损失的，保管人不承担赔偿责任；保管人因此受损失的，除保管人知道或者应当知道且未采取补救措施外，寄存人应当承担赔偿责任。

案例讨论 6-2

甲、乙系好朋友，甲因事需出国两年。出国前，甲将一批名贵药材交乙保管，乙将这批药材与自己的贵重物品放在一起保存。两年后甲回国，打开药品发现已经发霉变质。经调查是当地雨水过多，天气潮湿所致。

问题：乙对甲的损失是否应该赔偿？

任务二　仓储法律制度

任务导入：2021年3月1日，某汽车装配厂与某仓储公司签订了一份仓储合同，约定自2021年4月5日起至2022年2月5日止，仓储公司为汽车装配厂保管汽车配件，仓储费5万元。双方对仓储物的数量、种类、验收方式、入库、出库的时间和具体方式等作了约定，还约定任何一方违约，应支付合同总金额20%的违约金。合同签订后，仓储公司开始为履行合同做准备，清理了合同约定的仓库，并拒绝了其他人的仓储要求。2021年3月25日，仓储公司通知装配厂可以开始送货入库，但装配厂表示已经找到更便宜的仓库，如果仓储公司能减少仓储费的话，就送货入库。仓储公司不同意，装配厂明确表示不需要对方的仓库。4月2日仓储公司再次要求装配厂履行合同，装配厂再次拒绝。4月10日，仓储公司向法院起诉，要求汽车装配厂承担违约金，并支付仓储费用。汽车装配厂答辩合同未履行，因而不存在违约问题。

任务要求：
(1) 本案中仓储合同是否成立生效？
(2) 仓储公司的要求是否合理？
(3) 本案应如何处理？结合本案，理解仓储合同的相关内容。

一、仓储合同的概念与特征

(一) 仓储合同的概念

仓储合同是保管人储存存货人交付的仓储物，存货人支付仓储费的合同。提供储存保管服务的一方称为保管人，接受储存保管服务并支付报酬的一方称为存货人，交付保管的货物为仓储物。仓储合同是特殊的保管合同。

(二) 仓储合同的特征

(1) 仓储合同的保管人必须是具有仓库营业资质的人，即具有仓储设施、仓储设备，专事仓储保管业务的人。这是仓储合同主体上的重要特征。

(2) 仓储合同是诺成合同，自保管人和存货人意思表示一致时成立。

(3) 仓储合同为双务有偿合同。保管人提供储存、保管的义务，存货人承担支付仓储费的义务。

(4) 仓储保管的对象必须是动产，不动产不能作为仓储合同的保管对象。

(5) 仓储合同的标的是保管行为。仓储的货物所有权不发生转移，只是货物的占有权暂时转移，而货物的所有权或其他权利仍属于存货人所有。

(6) 仓储合同为不要式合同，既可以是书面形式，也可以是口头形式。

【难点提示】 保管合同与仓储合同的区别（表6-1）

表 6-1

保 管 合 同	仓 储 合 同
是实践合同	是诺成合同
既可以是有偿合同，也可以是无偿合同	都是有偿合同
保管的对象既可以是动产，也可以是不动产	保管的对象是动产
保管人给付保管凭证	保管人给付仓单
无偿保管轻过失免责	轻过失不免责

二、仓储合同的订立和主要内容

（一）仓储合同的订立

仓储合同的订立适用《民法典》中关于合同订立的一般规定，也要经过要约和承诺两个阶段。一方当事人发出要约，对方承诺后，仓储合同即告成立。

仓储合同可以采用书面形式，也可以采用口头形式。采用书面形式的，合同自保管人和存货人签字或盖章时成立。当事人填写的入库单、仓单、出库单等都可以作为仓储合同的证明。

（二）仓储合同的内容

仓储合同一般包括以下条款：
(1) 存货人、保管人的名称和地址；
(2) 仓储物的品名或品类、数量、质量、包装；
(3) 仓储物验收的内容、标准、方法、时间；
(4) 仓储条件和要求；
(5) 货物进出库手续、时间、地点、运输方式；
(6) 仓储物的损耗标准及损耗的处理；
(7) 计费项目、标准和结算方式、银行、账号、时间；
(8) 保管期限；
(9) 变更和解除合同；
(10) 责任划分和违约处理。

实务操作指南

简单的仓储合同范本

甲方（存货人）：＿＿＿＿＿＿＿＿

地址：＿＿＿＿＿＿＿＿＿＿＿＿

联系电话：＿＿＿＿＿＿＿＿＿＿

法定代表人：＿＿＿＿＿＿＿＿＿

乙方(保管人)：_____
地址：_____
联系电话：_____
法定代表人：_____

根据《民法典》及有关法律的规定，甲方委托乙方为其产品提供仓储服务，经双方协商同意，特签订本协议。

第一条：仓储物
第二条：储存场所、储存物占用仓库位置及面积：
第三条：仓储物(是/否)有瑕疵。瑕疵是：
第四条：仓储物(是/否)需要采取特殊保管措施。特殊保管措施是：
第五条：仓储物入库检验方法、时间与地点：
第六条：甲方交付仓储物时，乙方应当给付仓单。
第七条：储存期限：从____年____月____日至____年____月____日止。
第八条：仓储物的损耗标准及计算方法：
第九条：乙方发现仓储物有变质或损坏的，应及时通知甲方或仓单持有人。
第十条：仓储物(是/否)已办理保险，险种名称：_____；保险金额：_____；保险期限；保险人名称：
第十一条：仓储物出库检验的方法与时间：
第十二条：仓储费(大写)_____元。
第十三条：仓储费结算方式与时间：
第十四条：甲方未向保管人支付仓储费的，乙方(是/否)可以留置仓储物。
第十五条：违约责任：
第十六条：合同争议的解决方式：本合同在履行过程中发生的争议，由双方当事人协商解决；也可由地方工商行政管理部门调解；协商或调解不成的，按下列第(　　)种方式解决：
　　(一)提交×××仲裁委员会仲裁；
　　(二)依法向人民法院起诉。
第十七条：其他约定事项：
甲方(公章)：_____　　乙方(公章)：_____
法定代表人(签字)：_____　　法定代表人(签字)：_____
　　____年____月____日　　　　____年____月____日

三、仓储合同当事人的权利义务

(一)存货人的权利和义务

1. 存货人的权利

(1) 查验、取样权

在仓储保管期间，存货人有对仓储物进行查验和取样查验的权利，但检查仓储物或提取样品的行为，不得妨碍保管人的正常工作。保管人根据存货人或者仓单持有人的要求，应当同意其检查仓储物或者提取样品。

（2）保管物的领取权

当事人对储存期限没有约定或者约定不明确的，存货人或者仓单持有人可以随时提取仓储物，保管人也可以随时请求存货人或者仓单持有人提取仓储物，但是应当给予必要的准备时间。仓储合同约定存储期限的，储存期限届满，存货人或者仓单持有人应当凭仓单、入库单等提取仓储物。存货人或者仓单持有人逾期提取的，应当加收仓储费；提前提取的，不减收仓储费。

（3）获取仓储物孳息的权利

如果仓储物在保管期间产生了孳息，存货人有权获取该孳息。

2. 存货人的义务

（1）告知义务

存货人的告知义务包括两个方面：完整告知和瑕疵告知。

完整告知是指在订立合同时，存货人要完整细致地告知保管人仓储物的准确名称、数量、包装方式、性质、作业保管要求等涉及验收、作业、仓储保管、交付的资料。储存易燃、易爆、有毒、有腐蚀性、有放射性等危险物品或者易变质物品的，存货人应当说明该物品的性质，提供有关资料。存货人寄存货币、有价证券或者其他贵重物品的，应当向保管人声明，由保管人验收或者封存，存货人未声明的，该物品毁损、灭失后，保管人可以按照一般物品予以赔偿。存货人未明确告知的仓储物属于夹带品，保管人可以拒绝接受。

瑕疵告知是指在订立合同时，存货人要告知保管人仓储物所具有的瑕疵，包括仓储物及其包装的不良状态、潜在缺陷、不稳定状态等已存在的缺陷或将会发生损害的缺陷。存货人违反上述规定的，保管人可以拒收仓储物，也可以采取相应措施以避免损失的发生，因此产生的费用由存货人负担。寄存人交付的保管物有瑕疵或者根据保管物的性质需要采取特殊保管措施的，寄存人应当将有关情况告知保管人。寄存人未告知，致使保管物受损失的，保管人不承担赔偿责任；保管人因此受损失的，除保管人知道或者应当知道且未采取补救措施外，寄存人应当承担赔偿责任。

（2）及时提取仓储物的义务。储存期限届满，存货人或者仓单持有人应当凭仓单、入库单等提取仓储物。存货人或者仓单持有人逾期提取的，应当加收仓储费；提前提取的，不减收仓储费。储存期限届满，存货人或者仓单持有人不提取仓储物的，保管人可以催告其在合理期限内提取；逾期不提取的，保管人可以提存仓储物。

案例讨论 6-3

A 公司和 B 公司签订仓储合同，约定 A 公司将 5 吨货物存储在 B 公司的仓库中，存储期限为合同签订后的 2 个月，总费用为人民币 5 万元。合同签订后，A 公司将货物运抵仓库，并按约定支付了费用。B 公司根据 A 公司的要求进行保管。一个月后，A 公司通知 B 公司，因 A 公司的客户急需货物，需将货物提取，B 公司表示同意，但是仓储费不予减收。

问题：B 公司的做法是否正确，为什么？

（3）支付仓储费和偿付必要费用的义务。存货人应按照合同约定的时间、方式支付仓储费。存货人提前领取仓储物的，保管人不减收仓储费，存货人逾期提取仓储物的，应加收仓储费。存货人不按期支付仓储费的，保管人可以对保管物行使留置权。

仓储物在仓储期间发生的应由存货人承担责任的费用支出或者垫支费，如保险费、货物自热特性的损害处理费用、有关货损处理、运输搬运费、转仓费等，存货人应及时支付。

(二) 保管人的权利和义务

1. 保管人的权利

(1) 仓储费用请求权

仓储费用是指保管人因保管仓储物而产生的费用，包括仓储费、运费、修缮费、保险费、转仓费等。仓储费用的支付方法及支付标准，可以由当事人双方约定，也可依保管人所预定的价目表支付。

(2) 留置权

存货人违反合同约定不支付仓储费及其他费用的情况下，保管人可以留置仓储物，以该财产折价或者以拍卖、变卖该财产的价款优先受偿。

(3) 提存权

储存期间届满，存货人或者仓单持有人不提取仓储物的，保管人可以催告其在合理期限内提取，逾期不提取的，保管人可以提存仓储物。

(4) 损害赔偿请求权

保管人因仓储物的原因（包括性质、瑕疵）等所受的损害，可以要求存货人承担赔偿责任。

2. 保管人的义务

(1) 给付仓单义务

根据《民法典》第908条的规定，存货人交付仓储物的，保管人应当出具仓单、入库单等凭证。

仓单是仓储合同的证明，也是仓储合同的组成部分。保管人应当在仓单上签名或者盖章。仓单包括下列事项：存货人的姓名或者名称和住所；仓储物的品种、数量、质量；包装及其件数和标记；仓储物的损耗标准；储存场所；储存期限；仓储费；填发人、填发地和填发日期。仓储物已经办理保险的，还应包括其保险金额、期间以及保险人的名称。

仓单是一种货物收据。当存货人交付的仓储物经保管人验收后，保管人就应当向存货人签发仓单。仓单是保管人已经收到货物的证据。

仓单是一种物权凭证。谁持有仓单就等于谁对该货物享有所有权。

仓单是提取仓储物的凭证。仓单持有人向保管人提取仓储物时，应当出示仓单。

仓单可以背书转让。存货人或者仓单持有人在仓单上背书并经保管人签名或者盖章的，可以转让提取仓储物的权利。

(2) 验收仓储物的义务

保管人应当按照约定对入库仓储物进行验收。保管人验收时发现入库仓储物与约定不符合的，应当及时通知存货人。保管人验收后，发生仓储物的品种、数量、质量不符合约定的，保管人应当承担赔偿责任。

（3）危险告知义务

保管人发现入库仓储物有变质或者其他损坏的，应当及时通知存货人或者仓单持有人。保管人发现入库仓储物有变质或者其他损坏，危及其他仓储物的安全和正常保管的，应当催告存货人或者仓单持有人作出必要的处置。因情况紧急，保管人可以作出必要的处置；但是，事后应当将该情况及时通知存货人或者仓单持有人。

（4）妥善储存、保管的义务

储存，是指保管人在接受仓储物后，要为仓储物提供一定的空间予以存放；保管，是指保管人须提供一定的安全防范措施，以防止仓储物的毁损、灭失。储存期内，因保管不善造成仓储物毁损、灭失的，保管人应当承担赔偿责任。因仓储物本身的自然性质、包装不符合约定或者超过有效储存期造成仓储物变质、损坏的，保管人不承担赔偿责任。

（5）返还仓储物及其孳息的义务

合同期限届满或因其他事由合同终止时，保管人应将仓储物返还给存货人或存货人指定的第三人，不得无故扣押仓储物。保管人在返还仓储物时，应将原物及其孳息一同交还。

案例讨论 6-4

甲公司到乙公司存储100吨布袋装面粉，甲公司提取面粉时，发现面粉已经受潮，遂要求乙公司赔偿。乙公司引用《民法典》第893条进行抗辩：寄存人交付的保管物有瑕疵或者根据保管物的性质需要采取特殊保管措施的，寄存人应当将有关情况告知保管人。寄存人未告知，致使保管物受损失的，保管人不承担赔偿责任。

问题：甲公司是否尽到保管责任？乙公司的抗辩理由是否能够成立？说明理由。

任务三　配送法律制度

任务导入：某公司把从国外进口的原材料运到甲配送企业的仓库。甲配送企业负责确定分货、配货计划和每日的配送数量，然后将配好的货物直接送到生产场地的流水线。某日，仓库接货时发现原材料有部分锈蚀。

任务要求：

（1）原材料的损失应由谁负责？为什么？

（2）如果是在配送企业将原材料送到生产产地时发现的损失，又应由谁负责，为什么？结合本案，理解配送合同的内容及当事人权利义务。

一、配送的概念、分类

（一）配送的概念

配送是指在经济合理区域范围内，根据客户要求，对物品进行拣选、加工、包装、分割、组配等作业，并按时送达指定地点的物流活动。配送有两方面的含义：一是配货，即把用户所需要的多种不同的商品组合在一起；二是送货，即把需要的商品送到用户手中。

(二) 配送的分类

1. 按配送主体进行分类

(1) 配送中心配送

配送中心配送是配送的重要形式。配送中心是专门从事货物配送活动的流通企业，经营规模较大，其设施和工艺结构是根据配送活动的特点和要求专门设计和设置的，故专业化、现代化程度高，设施和设备比较齐全，货物配送能力强，不仅可以远距离配送，还可以进行多品种货物配送，不仅可以配送工业企业的原材料，还可以承担向批发商进行补充性货物配送。

(2) 仓库配送

仓库配送是以一般仓库为据点来进行配送的配送形式，其配送活动能力、经营规模、服务范围均小于配送中心。仓库配送规模小、专业化程度低，一般开展的是中等规模的配送。

(3) 商店配送

商店配送形式的组织者是商业或物资部门的门市网点，这些网点主要承担商品的零售，一般来讲规模不大，但经营品种却比较齐全。除日常经营的零售业务外，这种配送方式还可根据用户的要求，将商店经营的品种配齐或代用户订购一部分本商店平时不经营的商品，与商店经营的品种一起配齐运送给用户。

(4) 生产企业配送

这类配送的主体是生产企业，尤其是进行多品种产品生产的企业。这些企业可以直接从本企业开始进行配送，而不需要将产品发运到配送中心进行配送，具有直接、避免中转的特点，所以在节省成本方面具有一定的优势。但这种配送方式多适用于大批量、单一产品的配送，不适用于多种产品"凑零为整"的配送方式，所以具有一定的局限性。

2. 按配送时间和数量的多少进行分类

(1) 定时配送

定时配送是指根据配送企业和客户双方达成的配送时间协议，按照规定的时间和时间间隔进行配送。配送的品种及配送的数量可预先在协议中确定，实行计划配送；也可以根据用户的实际需要以双方商定的信息联络方式通知配送品种及数量。定时配送方式时间固定、易于安排工作计划、易于计划使用车辆，用户也易于安排接货力量。但是，由于配送物品种类变化，配货、装货难度较大，因此如果要求配送数量变化较大时，也会使安排配送运力出现困难。

(2) 定量配送

定量配送是指按规定的批量进行配送，但不确定严格的时间，只是规定在一个指定的时间范围内配送。这种配送方式数量固定，备货工作较为简单，可以根据托盘、集装箱及车辆的装载能力规定配送的量，能够有效利用托盘、集装箱等集装方式，也可做到整车配送，配送效率较高。由于时间不严格限定，因此可以将不同用户所需的物品凑成整车后配送，配送效率高，经济效益也更高。

(3) 定时定量配送

定时定量配送是指按照规定的配送时间和配送数量进行配送，兼有定时、定量两种方式的优点，是一种精密的配送服务方式。这种配送方式对配送组织的要求较高，既要与用户生产频率保持一致，又要保持较高的配送效率，计划难度大，不是一种普通的配送方式。

(4) 定时定路线配送

定时定路线配送在确定的运行路线上制定到达时间表，按运行时间表进行配送，用户可在规定地点和时间接货，可按规定路线及时间提出配送要求，是一种较高水平的配送方式。

(5) 即时配送

即时配送是指完全按照用户突然提出的时间、数量方面的配送要求，随即进行配送的方式。采用这种方式，客户可以将安全储备降低为零，以即时配送代替安全储备，实现零库存经营。

3. 按配送商品的种类和数量的多少进行分类

(1) 少品种大批量配送

一般生产企业对商品需求量较大，单独一个品种或几个品种就可达到较大输送量，可以实行整车运输，这种情况下就可以由专业性很强的配送中心实行配送，往往不需要再与其他商品进行搭配。这种配送方式可使车辆满载，并使用大吨位车辆，配送的组织、计划等工作较为简单，配送成本较低。

(2) 多品种少批量配送

多品种少批量配送是根据用户的要求，将所需的各种物品（每种物品的需要不大）配备齐全，凑整装车后由配送据点送达用户。这种配送方式配送频率高，计划难度大、技术要求高。

(3) 配套配送

配套送方式是指根据企业的生产需要尤其是装配型企业的生产需要，把生产每一台件所需要的全部零部件配齐按照生产节奏定时送达生产企业，生产企业随即可将此成套零部件送入生产线以装配产品。这种配送方式使生产企业能够专注于生产和技术的研发，将生产所需的原材料、零配件配送交由专业配送企业完成，配送企业与生产企业形成了一种委托法律关系。

4. 按经营形式不同进行分类

(1) 销售配送

销售配送是指配送企业是销售性企业，或销售企业作为销售战略一环，进行的促销型配送，或者是和电子商务网站配套的销售型配送。这种配送的配送对象往往是不固定的，用户也往往是不固定的，配送对象和用户依据对市场的占有的情况而定，配送的经营状况也取决于市场状况，配送随机性较强而计划性较差。各种类型的商店配送、电子商务网站配送一般都属于销售配送。用配送方式进行销售是扩大销售数量、扩大市场占有率、更多获得销售收益的重要方式。由于是在送货服务前提下进行的活动，所以也受到用户欢迎。

(2) 供应配送

供应配送往往是针对特定的用户，用配送方式满足这特定用户的供应需求的配送方式。这种方式配送的对象是确定的，用户的需求是确定的，用户的服务要求也是确定的，所以，这种配送可以形成较强的计划性、较为稳定的渠道，有利于提高配送的科学性和强化管理。

(3) 销售——供应一体化配送

销售供应一体化配送是指对于基本固定的用户和基本确定的配送产品，销售企业可以在自己销售的同时，承担用户有计划供应者的职能，既是销售者同时又成为用户的供应代理人，起到用户供应代理人的作用。

二、配送涉及的法律关系

1. 买卖法律关系

买卖法律关系主要是针对销售配送而言的。在这种配送方式下，用户实质上是商品购买者(买方)，销售企业则是商品的出卖人(卖方)，销售企业所提供的配送服务仅仅是作为商品出售的附带服务。在这种配送方式中，销售企业一般仅与用户订立买卖合同，配送服务则常常作为买卖合同中销售企业的一项重要义务而加以确定。

因此，销售企业在出售商品同时提供配送服务，是其履行合同义务的表现。此外，在销售——供应一体化配送的情况下，如果用户与配送主体分别订立销售合同与配送服务的合同，配送主体与用户之间也将形成买卖合同关系。但此时的买卖合同中将不涉及配送，配送方面的相关权利义务当事人将另行订立配送服务合同加以确定。

2. 配送服务法律关系

配送服务法律关系是用户与配送中心以合同方式约定其集选、包装、加工、装卸、保管、运输等配送服务所形成的法律关系。这种关系是买卖关系以外的，不涉及物品所有权和使用权的转移，物流服务主体是以配送者身份出现。

三、配送合同

(一) 配送合同的概念、特征

1. 配送合同的概念

配送合同是配送人或经营人根据用户的需求，将物品在指定的时间和地点交付给用户，由用户支付配送费用的合同。

配送合同中的用户，既可能是销售合同中的卖方，也可能是买方，还可能是与买方或卖方签订了综合物流服务合同的物流企业；配送合同中的配送人，既可能是销售合同中的卖方，也可能是独立于买卖双方的第三方物流企业。

配送费用一般包括货物价款和配送服务费两部分。

2. 配送合同的特征

(1) 配送合同是无名合同

配送合同不是《民法典》中规定的有名合同，配送合同中涉及的仓储、运输、保管、加工等内容可以参照适用《民法典》中仓储、运输、保管、加工合同的相关规定。

(2) 配送合同是双务有偿合同

配送合同中，配送经营人与配送委托人在享有权利的同时必须承担相应的义务，配送经营人提供配送服务收取配送费，委托人接受配送服务支付配送费，因而配送合同是双务有偿合同。

(3) 配送合同是诺成合同

双方当事人对配送服务关系达成一致意见合同即告成立。

(二) 配送合同的种类

按照物流配送中配送合同性质的不同，可以将物流配送合同分为配送服务合同和销售配送合同两类。

1. 配送服务合同

配送服务合同是配送人接收用户待运送的货物后，根据用户的需求对货物进行拣选、加工、包装、分割、组配等作业后，按照用户指定的时间将货物送达用户指定的地点，由用户支付配送服务费的合同。

配送服务合同不涉及商品的销售，配送人仅提供货物的配货、运送等服务，在配送服务合同中，配送人收取的只有配送服务费。

2. 销售配送合同

销售配送合同是指配送人将货物所有权转移给用户的同时为用户提供配送服务，由用户支付货物价款及配送服务费的合同。其配送费用包括标的物价款和配送服务费。销售配送合同包括以下两种。

(1) 销售企业与购买人签订的销售配送合同

在销售－配送－供应一体化的配送中，销售企业与购买人签订的合同就是销售配送合同，这种合同是销售企业为了促销和便捷客户，在向用户销售商品的同时，还向用户提供配送服务。在这种配送中，用户就是商品的购买者，销售企业为用户的提供配送服务是销售合同的一部分，不存在独立的配送合同，实际上就是销售加送货上门。在这种配送合同中，销售企业有可能收取配送费用，也有可能只收取商品价款，不再另外收取配送服务费。

(2) 物流企业与用户签订的销售配送合同

物流企业与用户签订的销售配送合同是专业提供配送服务的物流企业与用户签订的合同，是一种商流合一的配送服务形式。物流企业除了可以为用户提供配货、送货等服务外，还可以根据用户需求，由物流企业为用户进行订货和购货等服务。在这种配送服务中，如果物流企业为用户提供了采购服务，物流企业向用户收取的配送费中除了包括配送服务费，还包括出售商品而收取的商品价款。

(三) 配送合同的内容

1. 配送服务合同的内容

(1) 合同当事人。合同当事人是合同的责任主体，是所有合同都须明确表达的项目。配送服务合同中应写明配送经营人与用户的名称、地址、联系方式等。

(2) 配送服务合同的标的。配送服务合同中配送经营人应将配送物品有计划地在确定时间和确定地点交付收货人，因而配送服务合同的标的是配送行为。

(3) 配送方法。配送方法即配送要求，是合同双方协商同意配送所要达到的标准，是合同标的完整细致的表述，根据委托方的需要和配送方的能力协商确定。配送方法有定量配送、定时配送、定时定量配送、即时配送、多点配送等多种方法。需要在合同申明确时间及其间隔、发货地点或送达地点、数量等配送资料。配送方法还包括配送人对配送物处理的行为约定，如配装、分类、装箱等。配送方法变更的方法，如订单调整等。

(4) 配送物。配送物可以为生产资料或生活资料，但必须是动产，有形的财产。配送物的种类品名、包装、单重、尺度体积、性质等决定了配送的操作方法和难易程度，这些都要在合同中明确约定。

(5) 当事人权利与义务。配送服务合同中要明确约定双方当事人享有的权利及应履行的义务。

(6) 违约责任。当事人不履行合同义务或者不当履行合同都构成违约，应承担相应的违约责任。双方可以在合同中约定继续履行、违约金、赔偿损失责任方式。

(7) 配送费。配送费是配送经营人订立配送合同的目的。配送人的配送费应该弥补其开展配送业务的成本支出和获取可能得到的收益。合同中需要明确配送费的计费标准和计费方法，或者总费用，以及费用支付的方法。

(8) 合同期限和合同延续条款。对于按时间履行的配送合同，应当在合同中明确合同的起止时间。由于大多数情况下配送关系建立后，都会保持很长的时间，这就会出现合同不断延续的情况。为了使延续合同不会发生较大的变化，简化延续合同的合同订立程序，往往在合同中确定延续合同的订立方法和基本条件要求。如提出续约的时间、没有异议时自然续约等约定。

(9) 合同解除的条件。配送合同都需要持续较长时间，为了使在履约中一方不因另一方能力的不足或没有履约诚意而招致损害，或者出现合同没有履行必要和履行可能时，又不至于发生违约，在合同中约定解除合同条款，包括解除合同的条件、解除合同的程序等。

(10) 不可抗力和免责。不可抗力是指当事人不能预见、不能避免、不能克服的事件，不可抗力是法定免责条款。双方当事人还可以在合同中约定免责情况，发生合同中约定的免责情况时，可以免除当事人的合同责任。

(11) 争议处理办法。合同约定发生争议的处理方法，可以约定选择仲裁或者诉讼方式解决合同纠纷。

2. 销售配送合同的内容
(1) 供货企业与用户企业的名称、住所、联系方式。
(2) 商品名称、商标、型号、规格及质量标准。
(3) 加工标准、包装要求、有关配货的数量和批次、送货时间和地点等配送计划。
(4) 价格与报酬。
(5) 结算方式、时间。
(6) 售后技术服务。
(7) 当事人权利和义务。
(8) 合同变更与终止。

(9) 违约责任。

(10) 争议处理办法。

(四) 配送合同当事人的权利和义务

1. 配送服务合同中当事人的权利义务

(1) 配送服务合同用户的义务

① 按约定提供配送商品的义务。配送服务合同并不包含商品销售的内容，配送人只负责提供配送服务，用户应当按合同约定提供商品。用户无正当理由不予提供商品导致配送人不能完成配送任务的，配送人不承担责任。

② 协助义务。用户协助义务一般包括：向配送人提供有关配送业务的单据文件；向配送人提供配送要求的相关资料；指派人员负责与物流企业联系，并协调配送过程中有关事宜。

③ 按照合同约定接收货物的义务。用户应当在配送人将货物送到其指定的地点时，指定相应人员及时接收货物，并与配送人办理货物交接。用户迟延接收货物造成配送人损失的，应赔偿其损失。

④ 支付配送费的义务。这一义务是用户的最主要的义务，配送服务是有偿合同，配送人通过提供配送服务，获得收入，要求用户支付配送费。配送服务合同中配送费一般就只包含配送服务费。

(2) 配送服务合同配送人的义务

① 妥善保管的义务。从配送人接收货物时起，至交付货物时，货物一直处于配送人的占有之下。对于该货物，配送人必须妥善保管。

② 按约定配货的义务。配送人从原始货物中挑选出符合要求的货物，有时还要按照用户的要求对货物进行适当的加工，使货物最终以用户指定的形态被送至指定地点。配送人未按约定配货而因此给用户造成的损失，配送人应承担责任。

③ 按合同约定进行供应的义务。配送人应做到：有良好的货物分拣、管理系统，以便在用户指令下达后，在最短时间内备齐相关物品；有合理的运送系统，包括车辆、运输人员、装车作业、运送路线等各方面；其他必要的配送设施、设备，包括良好的仓储设施、完备的相关加工设备等。

④ 告知义务。配送人在履行配送合同的过程中，应将履行的情况、可能影响用户利益的事件等，及时、如实地告知用户，以便采取合理的措施防止或减少损失的发生，否则物流企业应承担相应的责任。

案例讨论 6-5

某贸易公司与某货物配送中心订立了配送服务合同，合同约定由贸易公司组织进货并交由配送中心保管，配送中心按贸易公司的要求对货物进行了拣选、加工、包装、分割、组配等作业后，在指定的时间送至贸易公司指定的地点，贸易公司支付配送费。在合同履行过程中，先后出现了以下情况：8月5日，配送中心经检验发现，贸易公司从国外采购的货物在入库时有破损；9月10日，贸易公司发现配送货物中有错送事件。

问题：对于上述情况，谁应当承担责任？为什么？

2. 销售配送合同当事人的权利和义务

（1）销售配送合同用户的义务。

① 支付配送费的义务。这是销售配送合同中用户最基本的义务。销售配送合同的用户不仅接受配送人提供的配送服务，还取得货物所有权，作为对价，用户应当支付包括货物的配送服务费在内的配送费。有时销售企业为了促销，仅收取所售商品的价款，而不再另外收取配送服务费。

② 协助义务。销售配送合同的用户的协助义务与配送服务合同的基本相同。

③ 及时受领货物的义务。受领货物不仅是用户的一项权利，也是其重要义务。销售配送合同的受领不仅是货物占有的转移，多数情况下也是货物所有权转移的必要途径。当配送人按照合同约定将货物送达时，用户应当及时受领，拒绝受领的，应当承担违约责任。

（2）销售配送合同配送人的义务

① 按照合同约定交付货物的义务。配送人不仅要向用户交付货物，还要在此之前按照用户的具体要求进行订货并在原始货物的基础上对原始货物进行分拣、储存、加工等作业，使货物的外在形态、内在质量都能符合用户的要求。只有完成了必要的配货工作，配送人才能将其所配齐的货物及时交付给用户。配送人未按照合同约定交付货物的，应向用户承担替换货物、退货、减价、赔偿损失等责任。

② 转移货物所有权的义务。这是销售配送合同与配送服务合同的主要区别。销售配送合同的配送人不仅提供配送服务，还应将己方的货物所有权以适当的方式转让给用户，实现货物所有权的转移。

③ 告知义务。配送人在履行销售配送合同的过程中，应将履行的情况、可能影响用户利益的事件等，及时、如实地告知用户，以便用户采取合理的措施防止或减少损失的发生，否则配送人应承担相应的责任。

项目训练

知识练习

1. 基本概念

保管合同　借用合同　仓储合同　配送合同

2. 选择题

（1）仓储合同的法律特征有（　　）。

A. 保管人须为有仓储设备并专事仓储保管业务的民事主体
B. 仓储合同中保管的对象是动产
C. 仓储合同是诺成、双务合同
D. 仓储合同是有偿、不要式合同

（2）以下属于保管人权利的有（　　）。

A. 收取仓储费的权利　　　　B. 提存仓储物的权利
C. 仓储物留置权　　　　　　D. 损害赔偿请求权

(3) 下列各项中，属于保管人违约的情形有（   ）。
   A. 超过验收时间验收造成仓储物毁损、变质
   B. 因保管或操作不当致使包装发生损毁
   C. 保管不善造成仓储物毁损或灭失
   D. 未按合同约定支付保管费

(4) 下列不属于存货人的有（   ）。
   A. 提货权   B. 转让权   C. 提存权   D. 索偿权

(5) 保管合同的客体是（   ）。
   A. 保管物   B. 保管行为   C. 保管工具   D. 保管方式

(6) 甲公司将一批易挥发化工原料交乙库存保管，未对该原料的挥发性作出说明。乙仓库将该批化工原料与丙公司委托其保管的食品装在同一仓库，化工原料污染了食品。丙公司的损失（   ）。
   A. 应要求甲公司赔偿
   B. 应要求乙仓库赔偿
   C. 应要求甲乙二公司承担连带责任
   D. 应自行承担

(7) 甲委托乙负责保管一批棉布。乙同意并接收棉布后，却发现自己的仓库破损有渗漏现象，又听天气预报近日将有大暴雨，遂找甲联系，但无法联系上甲，乙委托丙代为保管该棉布，并在3日后将此事通知了甲，甲亦未表示反对。不久，丙因疏忽致该批棉布在仓库中被盗。下列表述中正确的是（   ）。
   A. 甲应当直接向乙要求赔偿
   B. 甲应当直接向丙要求赔偿
   C. 甲可以要求乙、丙承担连带责任
   D. 甲只能向乙、丙中一人提出赔偿要求，但甲有选择权

(8) 下列关于仓储合同的表述哪些是正确的（   ）。
   A. 仓储合同是有偿性、诺成性合同
   B. 仓储合同自成立时生效
   C. 储存易燃、易爆、有毒、有腐蚀性、有放射性等危险物品或者易变质物品的，存货人应当说明该物品的性质，提供有关资料。存货人违反上述规定的，保管人可以拒收仓储物
   D. 储存期间，超过有效储存期造成仓储物变质、损坏的，保管人应当承担损害赔偿

(9) 关于仓单的性质，下列说法不正确的有（   ）。
   A. 仓单是提货凭证
   B. 仓单是有价证券
   C. 仓单是所有权的法律文书
   D. 仓单是仓储合同

(10) 关于保管合同和仓储合同的区别下列说法正确的是（   ）。
   A. 保管合同是实践合同；仓储合同是诺成合同
   B. 保管合同可以是有偿合同，也可以是无偿合同；仓储合同都是有偿合同

C. 保管合同中的保管人享有留置权，而仓储合同中的保管人不享有留置权
D. 保管合同和仓储合同中保管对象都可以是动产和不动产

3. 问答题
(1) 保管合同中保管人、寄存人的义务各有哪些？
(2) 仓储合同中保管人、存货人的的权利义务各有哪些？
(3) 保管合同与仓储合同有哪些区别？
(4) 配送合同中当事人的的权利义务有哪些？

案例分析

【案例1】 甲商场在B仓库寄存空调200台，价值共计100万元。双方商定：仓库自3月1日至4月1日期间保管，甲分三批取走；4月1日甲取走最后一批彩电时，支付保管费4 000元。4月1日，甲前来取最后一批彩电时，双方为保管费的多少发生争议。甲认为自己的彩电实际是在3月15日晚上才入B仓库，应当少付保管费500元。B仓库拒绝减少保管费，理由是仓库早已为甲的空调的到来准备了地方，至于甲是不是准时进库是甲自己的事情，与仓库无关。甲认为B仓库位于江边码头，自己又通知了空调到站的准确时间，B仓库不可能空着货位。只同意支付3 500元保管费。B仓库于是拒绝甲提取所剩下的全部彩电。

问题：
(1) 甲商场要求减少保管费是否合理？为什么？
(2) B仓库在甲拒绝足额支付保管费的情况下是否可以拒绝其提取货物？为什么？
(3) B仓库做法是否完全正确，为什么？

【案例2】 A企业是某市一蔬菜水果生产基地，B公司是某市一家货物配送中心。2022年1月，A企业将物流中心外包，与B公司签订了为期1年的配送服务合同，约定：配送中心按该市各大超市的要求对蔬菜进行拣选、加工、包装等作业后，在指定的时间送至各大超市，配送费月付。在合同履行过程中，先后出现了以下情况：4月15日，百佳超市检查配送的蔬菜时发现了漏送的品种；7月20日，百佳超市又发现配送的蔬菜有些叶子已经变黄，而且包装不符合要求；10月3日，新世纪百货发现配送的蔬菜中有错送，而且包装外的标签和里面的蔬菜不一致。

问题：
(1) A企业是否应赔偿百佳超市和新世纪百货的经济损失，为什么？
(2) 货物损失最终应由谁负责，为什么？

实训操作

拟定一份仓储合同，熟悉仓储合同的主要内容。

项目七

包装与流通加工法律制度

学习目标

知识目标
- 掌握普通货物和危险货物包装的要求,掌握包装条款的内容。
- 掌握加工承揽合同的内容,掌握加工承揽合同当事人的权利义务。

能力目标
- 能够拟定包装条款,正确处理包装纠纷。
- 能够拟定加工承揽合同,正确处理加工承揽合同纠纷。

任务一 包装法律制度

任务导入:某工艺品店老板杜某在外省一家艺术花瓶加工厂订购了一批货物,并签订了买卖合同。合同约定:杜某自行取货,取货时交付一半货款,另一半货款一个月内付清。合同签订后,杜某在对货物进行验收时发现,其中一小部分货物的包装与其他的包装有异。杜某就此向该厂提出异议,该厂工人解释说包装用的塑料泡沫已经用完,这一小部分简单包装也一样,并且以前也出现过类似情况,都未发生问题。当杜某将货物拉回店里时发现,那一小部分简单包装的花瓶中有一半以上都出现裂纹,无法出售。杜某向该厂提出换货,该厂以货已交付,损坏是在运输过程中造成的为由予以拒绝。

任务要求:本案中货物的损失应由买方还是卖方承担呢?结合本案理解货物包装的基本要求。

一、包装概述

1. 包装的概念

包装是包装物和包装操作的总称。具体来说,包装是指为了在流通过程中保护产品,方便储运,促进销售,按一定的技术方法所用的容器、材料和辅助物等的总体名称。也指为了达到上述目的而在采用容器、材料和辅助物的过程中施加一定技术方法的操作活动。

2. 包装的种类

(1) 按照包装在物流中发挥的不同作用,可将包装分为商业包装和工业包装。

商业包装是以促进销售为主要目的的包装,这种包装的特点是外形美观,有必要的装潢,包装单位适于顾客的购买量及商店陈设的要求。在流通过程中,商品越接近顾客,越要求包装有促进销售的效果。工业包装又称为运输包装,是物资运输、保管等物流环节所需要的必要包装。工业包装以强化运输、保护商品、便于储运为主要目的。

(2) 按照包装材料的不同,可将包装分为纸质品包装、塑料制品包装、木制容器包装、金属容器包装、玻璃陶瓷容器包装、纤维容器包装、复合材料包装等。

(3) 按包装技术方法可将包装分为防震包装、防湿包装、防锈包装、防霉包装等。

3. 包装的功能

(1) 保护功能。保护功能是包装最基本的功能,即使商品不受各种外力的损坏。一件商品,要经多次流通,才能走进商场或其他场所,最终到消费者手中,这期间,需要经过装卸、运输、库存、陈列、销售等环节。在储运过程中,很多外因,如撞击、污浊、光线、气体、细菌等因素,都会威胁到商品的安全。因此,保证商品在流通过程中的安全是最重要的。

(2) 便利功能。便利功能就是包装能够使得商品便于使用、携带、存放等。

(3) 辨别的功能。为了辨别,包装上必须注明产品型号、数量、品牌以及制造厂家或零售商的名称。包装能帮助库房管理人员准确地找到产品,也可帮助消费者找到他需要的商品。

(4) 促进销售的功能。包装物上可以印制各类图形、文字,利用鲜明的色彩,提醒消费者使用或注意,以达到促进消费的最终目的。

二、包装法律规范

(一) 包装法律规范的概念和特征

1. 包装法律规范的概念

包装法律规范是指一切与包装有关的法律规范的总称。我国目前没有关于包装的专门法律,有关包装的规定分散于各个法律部门多个法律法规之中,与货物销售、运输等仓储有关的法律、行政法规、部门规章、国际公约中都包含了对包装的规定,如《民法典》《产品质量法》《反不正当竞争法》《食品卫生法》《联合国国际货物销售合同公约》《商标法》《专利法》《国际海运危险货物规则》等。另外,有关出版、印刷等法律中关于包装的内容也属于包装法律规范。

2. 包装法律规范的特征

(1) 强制性。包装法律规范属于强制性法律规范,不得随意更改。我国的《产品质量法》《食品卫生法》《一般货物运输包装通用技术条件》《危险物运输包装通用技术条件》《危险货物包装标志》等相关法律规范中都对包装作出强制性要求,生产者、销售者在包装时违反相关强制性规定的要承担相应的法律责任。

(2) 标准性。标准性是指包装法律规范多体现为国家标准或行业标准。标准化是现代化生产和流通的必然要求,也是现代科学管理的重要组成部分,我国的包装立法体现了标准化的要求。

(3) 技术性。技术性是指包装法律规范中包含大量以自然科学为基础建立的技术性规范。包装具有保护物品不受损害的功能，特别是高精尖产品和药品，包装将对商品有重要的影响。因此，包装法律具有较强的技术性。

(4) 分散性。包装法律规范以分散的形态分布于各个相关的法律规范中。

(二) 包装中涉及的知识产权

知识产权是指人们对其智力劳动成果所依法享有的专有权利，主要包括商标权、专利权和著作权。在包装领域涉及的知识产权主要是商标权和专利权。

1. 商标权

商标是指生产经营者为了区别同类商品或服务项目，在其生产、制造、加工、拣选、经销的商品或服务上采用的具有显著特征的标志。在我国，生产者、经营者对经过国家商标局核准注册的商标具有商标专用权。

【难点提示】　商标权取得的条件

①商标使用的文字、图形应具有显著特征，便于识别；②与他人已注册的商标不相同或不相近似；③不属于商标法所作的禁止性规定范围；⑤应依法向商标局申请注册，未经注册，其使用人不享有商标专用权。

未经商标专利权人的许可，从事下列行为之一的，均属侵犯注册商标专用权：①未经商标注册人的许可，在同一种商品上使用与其注册商标相同的商标的；②未经商标注册人的许可，在同一种商品上使用与其注册商标近似的商标，或者在类似商品上使用与其注册商标相同或者近似的商标，容易导致混淆的；③销售侵犯注册商标专用权的商品的；④伪造、擅自制造他人注册商标标识或者销售伪造、擅自制造的注册商标标识的；⑤未经商标注册人同意，更换其注册商标并将该更换商标的商品又投入市场的；⑥故意为侵犯他人商标专用权行为提供便利条件，帮助他人实施侵犯商标专用权行为的；⑦给他人的注册商标专用权造成其他损害的。

案例讨论 7-1

N水泥公司生产的水泥为畅销商品，当事人甲系个体工商户，其从N水泥公司购买50吨无包装的散装水泥后，自行定制水泥包装袋用于包装散装水泥进行销售，该包装袋上标注了N注册商标(完全相同)及N水泥公司的厂名厂址(完全一致)等内容。同时当事人甲为了规避风险，在包装袋中央位置醒目标注N牌散装水泥(N水泥公司包装水泥中间无此标注)。

问题：甲的行为是否构成侵权，应如何处理？

2. 专利权

专利权是发明创造人对其发明创造享有的独占权。专利包括发明专利、实用新型专利和外观设计专利。专利权人依法占有、使用、收益和处分其发明创造，禁止他人干涉、侵犯其专利权。

在专利权的有效期限内，任何人在未经专利权人许可，也没有其他法定事由的情况下，擅自以营利为目的实施专利的行为都是侵犯专利权的行为。具体包括以下几种情形：

①制造发明专利、实用新型专利、外观设计专利产品的行为；②使用发明专利、实用新型专利产品的行为；③许诺销售发明专利、实用新型专利产品的行为；④销售发明专利、实用新型专利或外观设计专利产品的行为；⑤进口发明专利、实用新型专利、外观设计专利产品的行为；⑥使用专利方法以及使用、许诺销售、销售、进口依照该专利方法直接获得的产品的行为；⑦假冒他人专利的行为。

三、普通货物包装法律规范

普通货物是"特种货物"的对称。普通货物是指在运输与保管方面没有特殊要求的货物。

（一）普通货物包装应遵循的基本原则

1. 安全原则

安全原则是指物品的包装应该保证物品本身以及相关人员的安全。具体包括两个方面的安全：①商品的安全。包装第一大功能就是保护物品不受外界伤害，保证物品在物流的过程中保持原有的形态，不致损坏和散失。②相关人员的人身安全。一些危险的商品如农药、液化气等具有易燃、易爆、有毒、腐蚀及放射性等特征，如果包装的性能不符合要求或者使用不当很可能引发事故，对于这些商品，包装除起到保护商品不受损害的作用外，还可保护与这些商品发生接触的人员的人身安全，如搬运工人、售货人员等。

2. "绿色"原则

"绿色"原则即对物品或货物的包装应符合环境保护的要求。包装对生态环境和人类健康要无害，能重复使用和再生，符合可持续发展的包装。它的理念有两个方面的含义：一个是保护环境，另一个就是节约资源。

3. 经济原则

经济原则即包装应该以最小的投入得到最大的收益。包装成本是物流成本的一个重要组成部分，昂贵的包装费用将会降低企业的收益率，但包装过于低价或者粗糙，也会降低商品的吸引力，造成商品销售的障碍。经济原则即在两者之间达到平衡，使包装既不会造成资源浪费，又不会影响商品的销售。

（二）普通货物运输包装的基本要求

物流企业在对普通货物进行包装时，有国家强制性的包装标准时，应当按照该标准包装；在没有强制性规定时，应从适于仓储、运输和搬运及商品适销性的角度考虑，按照对普通货物包装的原则，妥善地进行包装。《一般货物运输包装通用技术条件》规定：一般货物运输包装的包装材料、辅助材料和容器必须经过包装试验，在验证能满足流通环境条件的要求后才投入使用。

1. 对运输包装材料及强度的要求

（1）根据货物的特性和物流过程中的具体要求，包装应能防震、防盗、防锈、防霉、防尘，选择包装材料时应综合考虑以上要求。

（2）包装的封口必须牢固，对体积小、容易丢失的物品应该选用胶带封合或者黏合。

（3）根据货物的品质、体积、重量、运输方式的不同选择不同的捆扎材料和捆扎方法，保证货物在物流过程中稳定、不泄漏、不流失。捆扎带应搭接牢固，松紧适度，平整不扭。捆扎带不得少于两条。

2. 运输包装尺寸的规定

国家推荐标准《运输尺寸界限》规定了公路、铁路、水运航空等运输方式的运输包装件外廓尺寸界限，对运输包装件的设计和装载运输等具有指导意义，且此标准不是强制性的标准。该标准对包装的一般要求是长度不能超过 5.639m，宽度不超过 2.134m，高度不超过 1.981m（航空运输的包装件除外）。

3. 运输包装件的测试

为标测包装在流通中所能承受危害的程度，各种新设计包装均应按照标准的要求进行性能测试，定型包装应定期进行抽样复验，对包装尺寸、材料、制作工艺、包装方式进行性能试验。运输包装件的测试分为单项试验、多项试验、综合试验。

（三）包装条款

1. 包装条款的内容

（1）包装的提供方。在物流服务合同中，包装条款应该载明包装由哪一方来提供。

（2）包装材料和包装方式。包装材料条款主要载明采用什么包装材料，如木箱装、纸箱装、铁桶装等；包装方式条款则主要载明怎样进行包装。

（3）文字说明。运输包装和销售包装都会有文字说明。文字说明包括运输标志及其他文字的内容和使用的语种。

2. 订立包装条款的注意事项

（1）明确包装术语

包装条款中应避免使用"习惯包装""适合海运包装"等容易引起歧义的包装术语，避免以后由于理解不一致导致争议。

（2）明确包装费用

包装费用一般都包括在货价内，合同条款中不必列入。但是，如果一方要求特殊包装，则可增加包装费用，如何计费及何时收费也应当在条款中列明。如果约定包装材料由一方当事人提供，条款中应明确包装材料到达时间，以及逾期到达时相应当事人应承担的法律责任。运输标志如由一方当事人决定，也应规定标志到达时间及逾期不到时相应当事人应承担的法律责任。

案例讨论 7-2

某物流公司与某仪器公司签订了装卸一批精密仪器的物流合同，运输包装上有小心轻放的指示性标志，但物流公司的装卸工未按工作规定装卸，其中 10 箱货物损坏。

问题：该损失应由谁承担，为什么？

四、危险货物包装法律规范

（一）危险货物包装的概念

危险货物是指凡具有爆炸、易燃、毒害、腐蚀、放射性等性质，在运输、装卸和贮存保管过程中，容易造成人身伤亡和财产毁损而需要特别防护的货物，均属危险货物。根据《危险货物运输包装通用技术条件》的规定，危险货物的运输包装即运输中危险货物的包装，除爆炸品、压缩气体、液化气体、感染性物品和放射性物品的包装外，危险货物包装按其防护性能可以分为3类：①Ⅰ类包装，适用于盛装高度危险性货物的包装；②Ⅱ类包装，适用于盛装中度危险性货物的包装；③Ⅲ类包装，适用于盛装低度危险性货物的包装。

（二）危险货物运输包装所使用的标准及其基本内容

危险货物运输包装使用的国家标准是《危险货物运输包装通用技术条件》。该标准是由国家颁布的，其规定了危险货物运输包装的包装分级，运输包装的基本要求、性能测试和测试的方法，同时也规定了运输包装容器的类型和标记代码强制适用的技术标准。

《危险货物运输包装通用技术条件》适用于盛装危险货物的运输包装。该标准不适用于以下几种情况的包装：①盛装放射性物质的运输包装；②盛装压缩气体和液化气体的压力容器的运输包装；③净质量超过400kg的运输包装；④容积超过450L的运输包装。

（三）对危险货物运输包装的强度、材质等的要求

（1）危险货物运输包装应结构合理，具有一定强度，防护性能好。包装的材质、形式、规格、方法和单件质量（重量），应与所装危险货物的性质和用途相适应，并便于装卸、运输和储存。

（2）包装应质量良好，其构造和封闭形式应能承受正常运输条件下的各种作业风险，不应因温度、湿度或压力的变化而发生任何渗（撒）漏，包装表面应清洁，不允许黏附有害的危险物质。

（3）包装与内装物直接接触部分，必要时应有内涂层或进行防护处理，包装材质不得与内装物发生化学反应而形成危险产物或导致削弱包装强度。

（4）内容器应予固定。如属易碎性的应使用与内装物性质相适应的衬垫材料或吸附材料衬垫妥实。

（5）盛装液体的容器，应能经受在正常运输条件下产生的内部压力。灌装时必须留有足够的膨胀余量（预留容积），除另有规定外，应保证在温度55℃时，内装液体不致完全充满容器。

（6）包装封口应根据内装物性质采用严密封口、液密封口或气密封口。

（7）盛装需浸湿或加有稳定剂的物质时，其容器封闭形式应能有效地保证内装液体（水、溶剂和稳定剂）的百分比，在贮运期间保持在规定的范围以内。

（8）有降压装置的包装排气孔设计和安装应能防止内装物泄漏和外界杂质进入，排出的气体不得造成危险和污染环境。

（9）复合包装的内容器和外包装应紧密贴合，外包装不得有擦伤内容器的凸出物。

（10）无论是新型包装、重复使用的包装，还是修理过的包装均应符合本标准第8章危险货物运输包装性能试验的要求。

（11）盛装爆炸品包装的附加要求：①盛装液体爆炸品容器的封闭形式，应具有防止渗漏的双重保护；②除内包装能充分防止爆炸品与金属物接触外，铁钉和其他没有防护涂料的金属部件不得穿透外包装；③双重卷边接合的钢桶，金属桶或以金属做衬里的包装

箱,应能防止爆炸物进入隙缝,钢桶或铝桶的封闭装置必须有合适的垫圈;④包装内的爆炸物质和物品,包括内容器,必须衬垫妥实,在运输中不得发生危险性移动。

(四)包装标志及标记代号

包装标志是根据危险货物的性质,选用国家标准《危险货物包装标记》和《包装储运图示标志》规定的标志及其尺寸、颜色和使用方法。可根据需要采用危险货物运输包装标记代号来表示包装级别、包装容器的材料、包装件组合类型及其他内容。标记采用白底(或采用包装容器底色)黑字,字体要清楚、醒目。标记的制作方法可以印刷、粘贴、涂打和钉附。钢制品容器可以打钢印。

任务二　流通加工法律制度

任务导入:甲公司经营空调买卖业务,并负责售后免费为客户安装。乙为专门从事空调安装服务的个体户。甲公司因安装人员不足,临时叫乙自备工具为其客户丙安装空调,并约定了报酬。乙在安装中因操作不慎坠楼身亡。

任务要求:甲公司和乙之间的法律关系是适用雇佣合同还是承揽合同?应如何处理?结合本案,理解加工承揽合同的内容。

一、流通加工的概念

流通加工是为了提高物流速度和物品的利用率,在物品进入流通领域后,按客户的要求进行的加工活动,即在物品从生产者向消费者流动的过程中,为了促进销售、维护商品质量和提高物流效率,对物品进行一定程度的加工。流通加工是物流过程中的一个特殊的环节。

二、流通加工法规

流通加工法规是指涉及物流加工活动的法律规范的总称。在我国没有单独的流通加工立法,关于流通加工的立法主要表现为《民法典》中加工承揽合同的相关规定。物流加工活动当事人权利和义务主要通过加工承揽合同来明确,物流加工的产品质量应符合《中华人民共和国产品质量法》的规定。

三、加工承揽合同

(一)加工承揽合同的概念及种类

1. 加工承揽合同的概念

《民法典》第770条规定,承揽合同是承揽人按照定作人的要求完成工作,交付工作成果,定作人支付报酬的合同。承揽包括加工、定作、修理、复制、测试、检验等工作。

2. 加工承揽合同的特征

（1）承揽合同以完成一定的工作并交付工作成果为标的。在承揽合同中，承揽人必须按照定作人的要求完成一定的工作，但定作人的目的不是工作过程，而是工作成果，这是与单纯的提供劳务的雇佣合同的不同之处。按照承揽合同所要完成的工作成果既可以是体力劳动成果，也可以是脑力劳动成果；既可以是物，也可以是其他财产。

（2）承揽合同的标的物具有特定性。承揽合同是为了满足定作人的特殊要求而订立的，因而定作人对工作质量、数量、规格、形状等的要求使承揽标的物特定化，使它同市场上的物品有所区别，以满足定作人的特殊需要。

（3）承揽人工作具有独立性。承揽人以自己的设备、技术、劳力等完成工作任务，不受定作人的指挥管理，独立承担完成合同约定的质量、数量、期限等责任，在交付工作成果之前，对标的物意外灭失或工作条件意外恶化风险所造成的损失承担责任。故承揽人对完成工作有独立性，这种独立性受到限制时，其承受意外风险的责任亦可相应减免。与承揽合同不同，雇佣合同的受雇人在一定程度上要受雇佣人的支配，在完成工作中要听从雇佣人的安排、指挥，雇佣合同履行中所产生的风险由接受劳务的雇佣人承担。

（4）承揽合同具有一定人身性质。承揽人一般必须以自己的设备、技术、劳力等完成工作并对工作成果的完成承担风险。承揽人不得擅自将承揽的主要工作交给第三人完成，且对完成工作过程中遭受的意外风险负责。

（5）承揽合同是诺成合同、有偿合同、双务合同。

【难点提示】 雇佣合同与加工承揽合同的区别（表7-1）

表 7-1

项目	雇佣合同	承揽合同
概念	指雇员按照雇主的指示，利用雇主提供的条件提供劳务，雇主向提供劳务的雇员支付劳动报酬	是承揽人按照定作人的要求完成工作，交付工作成果，定作人支付报酬的合同
合同目的	以直接提供劳务为目的	以完成工作成果为目的，提供劳务仅是完成工作成果的手段
支配程度	雇员在一定程度上要受雇主的支配，在完成工作中要听从雇主的安排、指挥	当事人之间不存在支配与服从的关系，承揽人在完成工作中具有独立性
风险承担	合同履行中所生风险由雇主承担	合同履行中所生风险由承揽人承担

3. 加工承揽合同的种类

加工承揽合同根据其性质和内容的不同，可分为以下几种。

（1）加工合同

加工合同是由承揽人按照定作人的具体要求，对定作人提供的原材料或半成品进行加工，并将成果交付给定作人，定作人支付加工费的合同。加工合同由定作人提供原材料，承揽人只提供辅助材料，并且仅收取加工费。

(2) 定作合同

定作合同是指由承揽方根据定作方提出的要求，使用自己提供的材料为定作人加工特定产品，定作人支付报酬的合同。定作合同中产品所需原材料由承揽方提供，定作方支付相应价款。

(3) 修理合同

修理合同是承揽人为定作人修复损坏或者发生故障的设备、器件或者物品，使其恢复原状，定作人支付报酬的合同。在修理合同中，定作人可以提供原材料，也可以不提供原材料。

(4) 修缮合同

修缮合同是指承揽人按照定作方的要求，为其修缮房屋、建筑物、构筑物等，定作人收取相应报酬的合同。修缮合同的主要特点是：如果所需要的修缮材料是由定作方提供的，承揽方应收取相应酬金；如果所需修缮材料是由承揽方提供的，承揽方应向定作方收取修缮材料的价款。

(二) 加工承揽合同的内容

1. **当事人条款**

加工承揽合同的当事人就是定作人和承揽人。对于定作人，法律一般没有限定其资格，但承揽人应具备完成承揽工作所必需的设备、技术和能力。

2. **加工承揽的品名或项目**

合同中要体现加工承揽的品名或项目。

3. **定作物的数量、质量、包装、加工方法**

加工承揽合同必须写明定作物的数量、执行标准、代号、编号和标准名称。当事人不得签订没有质量要求和技术标准的合同。对于加工定作的物品，需要封存样品的，应由双方代表当面封签，并妥为保存，作为验收依据。

4. **原材料的提供以及规格、数量和质量**

由承揽人提供原材料完成工作的，承揽人必须依照合同规定的规格、数量和质量选用原材料，并接受定作人的检验。由定作人提供原材料完成工作的，合同也应当明确规定原材料的数量、质量和规格、原材料的消耗定额以及供料日期、方式和承揽人对原材料的检验。

5. **价款或酬金**

价款或酬金是定作方按照合同约定向承揽方支付的代价。对于加工定作物品的价款或酬金，应当按照国家或主管部门的规定执行。国家或主管部门没有规定的，由当事人双方协商确定。

6. **履行期限、地点和方式**

承揽合同的履行期限包括提供原材料、技术资料、图纸，以及支付定金、预付款的期限。履行方式是指承揽人完成工作的方式，履行方式最主要的是确定承揽工作是承揽人独立完成、两个以上承揽人共同完成或者承揽人可将一定工作交由第三人完成，还包括履行工作采用何种工作手段和工艺方法，以及工作成果的交付方式等。

7. 验收标准和方法

验收标准和方法是指定作人对承揽人完成的工作成果进行验收所采用标准和方法。在合同中必须明确具体规定验收标准和方法。定作人应当按照合同规定的标准验收承揽人所完成的工作。

8. 保密条款

承揽人在订立和履行合同过程中知悉定作人的商业秘密或技术秘密，例如，设计图纸、技术资料、专利成果，甚至是定作人要求保密的姓名、名称、住所等，如果承担人泄漏或不正当使用该秘密的，将会给定作人的利益带来损害。因此，在签订承揽合同时，定作人应明确约定承揽人保密的内容和期限，保密的期限可以不限于合同的履行期限，并应具体约定如承揽人违反保密的义务所应承担的赔偿责任。

9. 违约责任

加工承揽合同应约定违约责任承担的方式、违约金的计算方法和数额等，作为发生纠纷时解决纠纷的依据。

实务操作指南

简单的仓储合同范本

承揽人：_____，以下简称甲方；
定作人：_____，以下简称乙方；
甲乙双方为了保证全面地履行各自的义务，签订本合同，共同信守执行。

第一条　加工定作物的名称、规格、质量、数量、加工费。

第二条　加工成品的完工时间、检验标准与方法、包装标准与费用承担：（加工定作物样品需要封存的，由双方代表当面封签，并妥当保存，作为检验的根据）。

第三条　加工成品的交付时间、地点、运输方法与运费承担。

第四条　乙方提供原材料名称、规格、质量、数量、价款及图纸、技术资料。

第五条　原材料交付时间、地点、包装、检验方法、运输。

第六条　加工费结算办法与时间。

第七条　乙方应于_____日前向甲方交付定金_____元；乙方应_____日前向甲方交付预付款元。乙方不履行合同的，无权请求返还定金。甲方不履行合同的，应当双倍返还定金。甲方不履行合同的，除承担违约责任外，必须如数返还预付款。乙方不履行合同的，可以把预付款抵作违约金和赔偿金，有余款可以请求返还。

第八条　甲方的违约责任：

1. 甲方如未按合同规定的质量交付定作物，乙方同意利用的，应当按质论价；不同意利用的，甲方应当负责修理或调换，并承担逾期交付的责任；经过修整或调整后，仍不符合合同规定，乙方有权拒收，由此造成的损失由甲方赔偿。

2. 甲方交付定作物的数量少于合同规定，乙方仍然需要的，甲方应当照数补齐，补交部分按逾期交付处理；乙方不再需要的，有权解除合同，因此造成的损失由甲方赔偿。

3. 因甲方包装不善造成定作物毁损的，由甲方赔偿损失。

4. 甲方逾期交付定作物，应当向乙方偿付违约金，每逾期一天，按逾期交付部分的价款总额的_____‰偿付违约金。

5. 甲方不能交付定作物的，应向乙方偿付不能交付定作物部分价款总值_____%的违约金。

6. 由甲方负责送货的，如运输中造成定作物损坏，甲方应当负责修理，达到合同规定的质量要求，否则乙方有权拒收。

第九条 乙方的违约责任：

1. 乙方如中途变更定作物的数量、规格、质量或设计等，应当赔偿甲方因此造成的损失。

2. 乙方如中途废止合同，应偿付甲方未履行部分定作物价款总值_____%的违约金。

3. 乙方如未按合同规定的时间向甲方提供图纸和其他技术资料，除交付定作物的日期得以顺延外，乙方应当偿付甲方因停工待料而产生的损失。

4. 乙方如超过合同规定日期付款，应当比照中国人民银行有关延期付款的规定，向甲方偿付违约金。

5. 乙方如无故拒绝接收定作物，应当赔偿甲方因此造成的损失。

6. 乙方如变更交付定作物地点，应承担因此而多支出的费用。

第十条 本合同发生纠纷时，双方协商解决，协商不成时，提交_____仲裁委员会仲裁。

本合同一式两份，甲乙双方各执一份。

定作人：　　　　　　　　　　　　　承揽人：

_____年_____月_____日　　　　　_____年_____月_____日

（三）加工承揽合同当事人的权利义务

1. 承揽人的权利义务

（1）承揽人的权利

① 要求定作人协助的权利。承揽工作需要定作人协助的，定作人有协助的义务。

② 收取报酬的权利。定作人应当按照约定的期限支付报酬。

③ 承揽人的留置权。定作人未向承揽人支付报酬或者材料费等价款的，承揽人对完成的工作成果享有留置权，但当事人另有约定的除外。

（2）承揽人的义务

① 按合同约定完成承揽工作。承揽人应当严格按照加工承揽合同约定的要求完成承揽工作，按期交付定作物。

② 亲自完成主要工作的义务。《民法典》第772条规定，承揽人应当以自己的设备、技术和劳力，完成主要工作，但是当事人另有约定的除外。承揽人将其承揽的主要工作交由第三人完成的，应当就该第三人完成的工作成果向定作人负责；未经定作人同意的，定作人也可以解除合同。承揽人可以将其承揽的辅助工作交由第三人完成。承揽人将其承揽的辅助工作交由第三人完成的，应当就该第三人完成的工作成果向定作人负责。

案例讨论 7-3

A 公司向 B 厂定制 120 套西服。双方签订的合同中约定：B 厂按照 A 公司指定的布料、样式和尺寸制作西服 120 套，每套 1 100 元；分 2 次交货，4 月底前交 60 套，5 月 15 日前再交 60 套。A 公司交定金 3 000 元，每次交货后，A 公司在 5 天内支付相应货款。4 月底，B 厂按约交付了 60 套西服。但 5 月 14 日交付的第二批服装，经 A 公司检验，发现与第一批西服的口袋样式不完全一致。协商过程中，A 公司得知第二批西服系由另一服装厂生产，感到十分不满，遂到人民法院提起诉讼，要求解除双方合同，并要 B 厂收回西服并赔偿损失。

诉讼中，B 厂提出，西服没有质量问题，只是口袋样式不太一致，愿对西服收回重作，保证与第一批样式一致。但 A 公司不愿和解，坚持要求解除合同。

问题：本案应如何处理？为什么？

③ 提供原材料并接受检查、监督。合同约定由承揽人提供材料的，承揽人应当按照约定选用材料，并接受定作人检验。承揽人在工作期间，应当接受定作人必要的监督检验。但定作人不得因监督检验妨碍承揽人的正常工作。

④ 对定作人提供的材料进行检验。定作人提供材料的，应当按照约定提供材料。承揽人对定作人提供的材料应当及时检验，发现不符合约定时，应当及时通知定作人更换、补齐或者采取其他补救措施。承揽人不得擅自更换定作人提供的材料，不得更换不需要修理的零部件。承揽人发现定作人提供的图纸或者技术要求不合理的，应当及时通知定作人。因定作人怠于答复等原因造成承揽人损失的，应当赔偿损失。

⑤ 保密义务。承揽人应当按照定作人的要求保守秘密，未经定作人许可，不得留存复制品或者技术资料。

⑥ 交付工作成果及瑕疵担保义务。承揽人完成工作的，应当向定作人交付工作成果，并提交必要的技术资料和有关质量证明。承揽人应当妥善保管定作人提供的材料以及完成的工作成果，因保管不善造成毁损、灭失的，应当承担赔偿责任。承揽人交付的工作成果不符合质量要求的，定作人可以合理选择请求承揽人承担修理、重作、减少报酬、赔偿损失等违约责任。

2. 定作人的权利义务

（1）定作人的权利

① 对材料的验收权。合同约定由承揽人提供材料的，承揽人应当按照约定选用材料，并接受定作人检验。如果定作人对承揽人提供的材料质量提出异议，承揽人应予以调换。承揽人因原材料质量不合格导致工作成果有瑕疵的，承揽人应承担违约责任。

② 监督检验权。承揽人在工作期间，应当接受定作人必要的监督检验。定作人在监督检查中发现承揽工作有问题的，应当及时提出，并要求承揽人改正。

③ 中途变更要求的权利。定作人可以在加工承揽过程中变更工作要求，定作人中途变更承揽工作的要求，造成承揽人损失的，应当赔偿损失。

④ 单方解除合同的权利。《民法典》第 787 条规定，定作人在承揽人完成工作前可以随时解除合同，造成承揽人损失的，应当赔偿损失。

(2) 定作人的义务

① 及时验收工作成果的义务。定作人应按合同约定的时间、地点、方式及时验收工作成果。定作人在验收时发现工作成果有缺陷的，可以拒绝受领；但定作人如果延迟接受和无故拒绝接受的，应承担违约责任。定作人无正当理由拒绝受领的，承揽人可以向提存机关提存定作物。

② 支付报酬与材料费的义务。定作人应当按照约定的期限支付报酬。对支付报酬的期限没有约定或者约定不明确，双方可以协议补充；不能达成补充协议的，按照合同相关条款或者交易习惯确定；依照上述方法仍不能确定的，定作人应当在承揽人交付工作成果时支付；工作成果部分交付的，定作人应当相应支付。

③ 按照合同约定提供原材料、设计图纸、技术资料等的义务。合同约定定作人提供原材料、设计图纸、技术资料的，定作人应当按照约定的质量、数量、规格、种类提供。定作人未按约定提供的，承揽人有权解除合同，并要求赔偿损失。

④ 协助的义务。《民法典》第780条规定，承揽工作需要定作人协助的，定作人有协助的义务。定作人不履行协助义务致使承揽工作不能完成的，承揽人可以催告定作人在合理期限内履行义务，并可以顺延履行期限；定作人逾期不履行的，承揽人可以解除合同。

案例讨论 7-4

某中介公司与某广告公司签订印刷品加工承揽合同，中介公司委托广告公司承印印刷品。双方对承印标的物、数量、质量、承揽方式、材料提供、履行期限做出约定，但未对质量标准及质量异议期限做出约定。在工作成果交付一年后，因中介公司欠付部分加工费，广告公司诉至法院；中介公司反诉认为印刷品存在错字、漏字等质量瑕疵，要求退还印刷品。

问题：中介公司提出质量异议是否超过合理期限？其反诉请求能否得到支持呢？

(四) 加工承揽合同当事人的权利义务中的法律责任

1. 承揽人的责任

(1) 违约责任

承揽人违反合同约定时，应按照约定承担违约责任。

(2) 产品责任

如果承揽人完成的定作物存在缺陷造成定作人或第三人的人身伤害或财产损失时，承揽人应承担产品责任，产品责任是一种特殊侵权责任。

2. 定作人的责任

定作人没有按合同约定提供原材料或技术资料，或者提供的原材料、技术资料不符合合同约定时，应当承担违约责任，并赔偿因此给承揽人造成的损失。

定作人应按照合同约定时间接受并检验承揽人交付的工作成果，定作人无故迟延领取，应承担违约责任，并赔偿因此给承揽人造成的损失。

定作人单方变更合同的内容给承揽人造成损失的应予以赔偿。

项目训练

知识练习

1. 基本概念

包装　普通货物　危险货物　商标权　专利权　流通加工　加工承揽合同

2. 选择题

(1) 目的是向消费者展示、吸引顾客、方便零售的包装称作(　　)。
　　A. 运输包装　　B. 大包装　　C. 销售包装　　D. 回收包装

(2) 包装中所涉及的知识产权包括(　　)。
　　A. 名誉权　　B. 著作权　　C. 商标专用权　　D. 专利权

(3) 包装法规的特点有(　　)。
　　A. 强制性　　B. 标准性　　C. 技术性　　D. 分散性

(4) 在买卖合同的包装条款及有关运输的单据中,涉及的运输包装上的标志是(　　)。
　　A. 警告性标志　　B. 指示性标志　　C. 运输标志　　D. 条形码标志

(5) 甲请乙按照自己设计的图纸,为自己制作一套家具,乙表示同意。关于此项的法律分析,正确的是(　　)。
　　A. 甲中途变更图纸造成乙损失的,甲应赔偿乙的损失
　　B. 乙可随时解除合同,不应赔偿甲的损失
　　C. 甲未按照合同约定向乙支付报酬,乙不能对家具行使留置权
　　D. 未经甲同意,乙可以留存设计图纸

(6) 下列各项不属于承揽合同的有(　　)。
　　A. 服装定作合同　　B. 广告印刷合同
　　C. 汽车修理合同　　D. 建设工程合同

(7) 加工承揽合同是(　　)。
　　A. 诺成合同　　B. 双务合同　　C. 有偿合同　　D. 要式合同

(8) 甲、乙订立承揽合同,甲提供木料,乙为其加工家具。在乙已完成加工工作的50%时,甲通知乙解除合同。根据《民法典》规定,下列表述中,正确的是(　　)。
　　A. 甲有权解除合同,但应赔偿乙的损失
　　B. 甲有权解除合同,但应按约定金额向乙支付报酬
　　C. 甲有权解除合同,且无须赔偿乙的损失
　　D. 甲无权解除合同,并应依约向乙支付报酬

(9) 以下属于承揽人义务的是(　　)。
　　A. 按约定完成承揽工作的义务
　　B. 接受定作人提供的材料或依约提供材料的义务
　　C. 按约定的时间、地点交付工作成果的义务
　　D. 瑕疵担保义务

(10) 侵犯商标权的行为包括（　　）。
   A. 未经商标注册人的许可，在同一种商品上使用与其注册商标相同的商标的
   B. 未经商标注册人的许可，在同一种商品上使用与其注册商标近似的商标，或者在类似商品上使用与其注册商标相同或者近似的商标，导致混淆的
   C. 销售侵犯注册商标专用权的商品的
   D. 伪造、擅自制造他人注册商标标识或者销售伪造、擅自制造的注册商标标识的

3. 问答题
(1) 侵犯商标权的行为有哪些？
(2) 包装条款的内容有哪些？
(3) 加工承揽合同的内容有哪些？
(4) 定作人的权利义务有哪些？
(5) 承揽人的权利义务有哪些？

案例分析

【案例1】 甲为农副产品进出口公司，乙为综合物流服务商。2022年7月，甲欲将黄麻出口至印度，它将包装完好的货物交付给乙，乙为甲提供仓储、运输等服务。黄麻为易燃物，储存和运输的处所都不得超过常温。甲因听说乙已多次承运过黄麻，即未就此情况通知乙，也未在货物外包装上作警示标志。2022年8月9日，乙将货物运至其仓储中心，准备联运，因仓库储物拥挤，室温高达15度。8月11日，货物突然起火，因救助不及，致使货物损失严重。据查，起火原因为仓库温度较高导致货物自燃。双方就此发生争议。

问题：甲公司的损失应该由谁来承担？为什么？

【案例2】 2021年9月，刘某与王某签订了一份承揽合同，约定王某为刘某定作运油船一条，造价100万元，刘某在订立合同时支付20万元，建造过程中支付30万元，余款在船下水后结清，船舶交付期限为合同订立之日起5个月。合同还对定作物的用料、轮机、甲板设施等方面作了详细约定。合同订立后，刘某支付定作款25万元，后又陆续付款，截至2022年1月累计付款53.5万元。2022年1月，王某向船检部门申请对船舶进行检验，船检部门检测后提出了整改意见，王某按要求进行了整改。2022年2月，王某向船检部门申请运油船下水检测并通知刘某，但由于刘某不予配合，致使船检部门未能发下水通知。2022年5月，刘某向法院提起诉讼，要求解除双方之间订立的油船承揽合同，定作物归王某所有，王某返还定作款。

问题：刘某要求解除合同的请求能否得到支持，本案应如何处理？

实训操作

拟定一份加工承揽合同，熟悉加工承揽合同的内容。

项目八

货物运输保险法律制度

学习目标

知识目标

➤ 掌握保险的概念、基本原则。

➤ 掌握货物运输保险合同的内容。

➤ 掌握海上货物运输保险、陆上货物运输保险、航空货物运输保险的主要险种及责任范围。

能力目标

➤ 能根据货物面临的风险正确选择适合的货物运输保险险种。

➤ 能正确处理货物运输保险纠纷。

 任务一 认识货物运输保险法律制度

任务导入：某厂与某保险公司签订了机动车保险合同，投保险种为车辆损失险、第三者责任险等。在保险期限内，该厂驾驶员驾驶所投保的车辆发生重大交通事故，赔偿被害人15.6万余元。该投保车辆核定载重量为10吨，发生事故时，该车却载重至48吨。主管部门依据《道路交通事故处理办法》作出交通事故责任认定书，认定驾驶员因违章超载刹车失效，造成事故，负全部责任。事后，该厂依据机动车保险合同向保险公司索赔，保险公司拒赔。该厂诉至法院，要求保险公司承担赔偿责任。

任务要求：保险公司是否需要承担赔偿？结合本案例，理解保险合同中当事人权利义务。

一、保险的概念、特征与分类

（一）保险的概念

保险是指投保人根据合同约定，向保险人支付保险费，保险人对于合同约定的可能发生的事故因其发生所造成的财产损失承担赔偿保险金责任，或者被保险人死亡、伤残、疾病或者达到合同约定的年龄、期限等条件时承担给付保险金责任的商业保险行为。

(二) 保险的特征

(1) 自愿性。商业保险法律关系的确立，是投保人与保险人根据意思自治原则，在平等互利、协商一致的基础上通过自愿订立保险合同来实现的。

(2) 营利性。商业保险是一种商业行为，经营商业保险业务的公司无论采取何种组织形式都是以营利为目的。

【难点提示】 保险承保风险应满足的条件

①可保危险须为纯粹危险；②可保危险须为偶然危险；③可保危险须是非故意危险；④可保危险须是有重大损失可能性的危险；⑤可保危险须是大量标的均有遭受损失可能性的危险；⑥可保危险须为未来危险。

(三) 保险的分类

1. 财产保险与人身保险

这是根据保险标的的不同而划分的。财产保险是指投保人根据合同约定，向保险人交付保险费，保险人按保险合同的约定对所承保的财产及其有关利益因自然灾害或意外事故造成的损失承担赔偿责任的保险。财产保险，包括财产损失保险、责任保险、保证保险、信用保险等以财产或利益为保险标的的各种保险。人身保险是以人的生命或身体为保险标的，是在被保险人的生命或身体发生保险事故或保险期满时，依照保险合同的规定，由保险人向被保险人或受益人给付保险金的保险形式。人身保险包括人寿保险、意外伤害保险、健康保险三种。

2. 自愿保险和强制保险

这是根据保险是否出于当事人自愿来划分的。自愿保险的保险关系是通过订立保险合同建立的；强制保险的保险关系是根据国家法规建立的。

3. 原保险和再保险

这是根据经营危险责任的方式来划分的。原保险又叫第一次保险，是指保险人对保险标的承担直接风险责任的保险，原保险的保障对象是被保险方的经济利益。再保险是指原保险人将其承担风险责任的一部分或全部转嫁给其他保险人的保险，再保险又称保险人的保险，其保障对象是原保险人的经济利益。

二、保险的立法

保险法是指调整保险关系的一切法律规范的总称。其内容主要包括保险合同法、保险业组织法、保险监管法等。凡有关保险的组织、保险对象以及当事人的权利义务等法律规范等均属保险法。1995年6月30日第八届全国人民代表大会常务委员会第十四次会议通过了《中华人民共和国保险法》，该法分别于2002年、2009年、2015年进行了修正。我国《民法典》规定了保险合同，《海商法》对海上货物运输保险作出了规范。

三、保险的基本原则

1. 保险利益原则

保险利益是指投保人或被保险人对保险标的所具有的法律上所承认的利益。规定保险利益原则主要是为了避免道德风险的发生，保险利益是保险合同的根本要素，许多国家的法律都明文规定，无保险利益的保险合同不发生法律效力。我国《保险法》明确规定，投保人对保险标的不具有保险利益的，保险合同无效。保险利益必须满足以下几个条件。

（1）保险利益必须具有合法性。投保人或被保险人对于非法的财产不具有保险利益，以其为保险标的所签订的保险合同是无效合同。如偷来的财产不能作为保险利益。

（2）保险利益必须具有确定性。投保人主观臆想会得到的利益如梦想中的不寻常的利益，不能作为保险利益。所谓确定的利益，是指确实存在的利益，包括已确定的利益和能确定的利益。已确定的利益就是现有利益或既得利益；能确定的利益就是预期利益，即将来肯定存在的利益，例如待销售货物的利润等。因此，保险利益可以在保险合同成立的当时并不具体存在，但至少在客观上能在保险事故发生时得到具体确定。

（3）保险利益必须具有经济性。即保险利益必须具有经济价值，而且其价值可以用货币来计算。如果损失不是经济上的利益，因为无法以货币计其价值，也就无法计算其损失的大小与程度。如果允许这种保险利益存在，就违反了损失补偿的原则。例如政治上的诉求与感情上的寄托等就不能作为保险利益。

> **【难点提示】** 保险利益存在的时间
>
> 人身保险的投保人在保险合同订立时，对被保险人应当具有保险利益。在保险事故发生时投保人与被保险人是否存在保险利益关系，不影响保险赔偿。
>
> 财产保险的被保险人在保险事故发生时，对保险标的应当具有保险利益。否则，不能获得保险赔偿。

案例讨论 8-1

甲公司承租乙公司一座楼房经营，甲公司将此楼房在平安保险公司投保 500 万元，并交付了一年的保险费。9 个月后甲公司结束租赁，将楼房退还给乙公司。在保险期的第 10 个月该楼房发生了火灾，损失 300 万元。甲公司向保险公司索赔。保险公司调查后拒绝赔偿。

问题：

（1）甲公司对该楼房能否投保？

（2）保险公司是否可以拒绝赔偿？为什么？

2. 最大诚信原则

最大诚信原则是指保险合同当事人订立合同及在合同有效期内，应依法向对方提供足以影响对方作出订约与履约决定的全部实质性重要事实，同时绝对信守合同订立的约定与承诺。

最大诚信原则是民法中的诚信原则在保险法中的体现，保险活动中对当事人诚信的要求要高于一般的民事活动。在保险关系中，保险危险是不确定的，保险人主要依据投保人对保险标的的告知和保证来决定是否承保和保险责任的大小。如果投保人违背诚信的要求，就可能导致保险人因判断失误而上当受骗。因此，保险合同又被称为最大的诚实信用合同。

最大诚信原则对投保人的要求主要体现在告知和履行保证上，对保险人的要求则体现为弃权与禁止抗辩以及说明义务。

（1）如实告知

告知是指投保人在订立保险合同之前，就有关保险标的的重要事实向保险人所作的口头或书面的陈述。投保人告知义务的内容，主要是重要事实的告知。通常包括以下四项：①足以使被保险危险增加的事实；②为特殊动机投保的，有关此种动机的事实；③表明被保险危险特殊性质的事实；④显示投保人在某方面非正常的事实。

告知的形式有无限告知和询问告知。无限告知即法律上或保险人对告知的内容没有明确规定，投保人必须主动地将保险标的的风险状况、危险程度及有关重要事实如实告知保险人。询问告知指投保人只对保险人询问的问题如实告知，对询问以外的问题投保方无须告知。我国保险法采用询问告知的形式，《保险法》第16条规定："订立保险合同，保险人就保险标的或者被保险人的有关情况提出询问的，投保人应当如实告知。"

投保人的告知义务是一项法定义务，是保险合同订立的前提和基础，投保人违反告知义务，通常有两种情形：一种是告知不实，即误告或错告；另一种是应告知而不告知，包括隐瞒和遗漏。投保人违反了告知义务，保险人可以解除合同。投保人故意或者因重大过失未履行前款规定的如实告知义务，足以影响保险人决定是否同意承保或者提高保险费率的，保险人有权解除合同。根据《保险法》第16条规定，投保人故意不履行如实告知义务的，保险人对于合同解除前发生的保险事故，不承担赔偿或者给付保险金的责任，并不退还保险费。投保人因重大过失未履行如实告知义务，对保险事故的发生有严重影响的，保险人对于合同解除前发生的保险事故，不承担赔偿或者给付保险金的责任，但应当退还保险费。

案例讨论 8-2

某公司有一座仓库，董事会安排经理对仓库投保火灾险。公司经理在向保险公司陈述时称仓库堆放金属零件和少量的汽车轮胎，无易燃易爆物品。保险公司称该仓库处在居民区，周围的火源比较多，为安全起见，反复声明易燃易爆物品对仓库安全的意义。但某公司经理称没有问题。保险公司遂与某公司订立了仓库火灾保险合同。在合同生效的第三个月，保险公司发现该仓库里还存放了20桶汽油。汽油属于高度危险物品，保险公司当即要求该公司将汽油立即转移出去，某公司表示没有其他仓库存储，拒绝转移汽油。保险公司决定解除该保险合同。在合同解除的第三天，仓库发生火灾，损失100万元。某公司认为保险合同是双方签订的，保险公司无权单方解除，故合同继续有效，保险公司应当赔偿损失。

问题：

（1）保险公司是否有权解除合同？

（2）保险公司是否应赔偿某公司的损失？

(2) 保证

保证是指投保人或被保险人对在保险期限内的特定事项作为或不作为向保险人所做的担保或承诺。保证可分为明示保证和默示保证两种。明示保证是以文字或条款形式载于保险单之中，它是保险合同的内容之一。默示保证在保险单中没有文字形式的规定，但从习惯或社会公认的角度认为是被保险人应该保证作为或不作为。例如财产保险应保证被保险财产的合理使用。明示担保和默式担保具有同等的法律效力，投保人应当遵守，违反保证，保险合同即失去效力。

(3) 弃权与禁止抗辩

弃权是保险合同一方当事人放弃他在合同中的某种权利，通常是针对保险人故意放弃合同解除权与抗辩权而言的。保险人弃权的意思表示，可以是明示的，也可以是默示的。例如，投保人未按期缴纳保险费，保险人本可以解除合同，但仍接受投保人逾期交付的保险费，这表明保险人愿意继续维持原合同的效力。

禁止抗辩，又称为禁止反言，是指保险合同一方既已放弃了依据合同该享有的权利，将来不得再反悔向对方主张这一权利。通常是针对由于保险代理人的弃权行为而使之成为已经承诺或决定的事实，保险人不得据此提出抗辩或否认。弃权一经表示，不论是直接或间接，是有意或无意，此后都不得据此提出任何抗辩。

(4) 说明义务

保险人说明义务是指保险人于保险合同订立阶段，依法应当履行的，将保险合同条款、所含专业术语及有关文件内容，向投保人陈述、解释清楚，以便使投保人准确地理解自己的合同权利与义务的法定义务。《保险法》第17条规定，订立保险合同，采用保险人提供的格式条款的，保险人向投保人提供的投保单应当附格式条款，保险人应当向投保人说明合同的内容。对保险合同中免除保险人责任的条款，保险人在订立合同时应当在投保单、保险单或者其他保险凭证上作出足以引起投保人注意的提示，并对该条款的内容以书面或者口头形式向投保人作出明确说明；未作提示或者明确说明的，该条款不产生效力。

3. 近因原则

近因是指对保险标的造成损失的最直接原因，效果上有支配力或有效的原因，而非指时间上最近损失的原因。根据近因原则，只有损失的近因是属于保险责任范围时，保险人才会承担赔偿责任。从理论上说，近因的判定很容易，但在保险实践中，当损失的原因有多个时，何为直接原因，何为间接原因，其判断往往较难。实践中，对近因出现的情况有以下确认规则。

(1) 单一原因造成的损失。该原因如属保险事故，保险人就应该给予赔偿。反之则拒赔。

(2) 多种原因造成的损失。它又可以分为以下几种情况。

① 多种原因同时发生。如果同时发生的原因都是保险事故，保险人应赔偿所有损失。反之则不赔。如果多种原因中既有保险危险，又有不保危险，保险人则仅负责赔偿保险事故所造成的损失。如损失无法分别估算，应以协商赔付为宜。

② 多种原因连续发生。两个以上的灾害事故连续发生造成的损失，一般以最近的、有效原因(后因)为近因。如果后因是前因直接而自然的结果，或合理的连续或属于前因自然延长的结果时，以前因为近因。保险人是否负赔偿责任取决于近因是否属于保险危险。

③ 多种原因间断发生。造成损失的危险事故先后出现，但前因与后因之间不相关联，既不是前因的合理连续，也不是前因自然延长的结果。前因与后因之间的连续发生了中断。这种情况处理原则与单一原因造成的损失相同。如果属于保险危险造成的损失，保险人应负赔偿责任。

案例讨论 8-3

家住上海的王先生为儿子小源投保了一份意外险，没过多久，小源和同学出门游玩不慎落水，在等待救援期间小源在水中忍受着刺骨的寒冷，最后小源被救出送到医院抢救。小源被送到医院时尚没有生命危险，却因为染上急性肺炎最后不治身亡。王先生十分悲痛，向保险公司申请赔付被保险公司拒绝，王先生不解，向法院提起诉讼。

问题：法院应如何判决？为什么？

4. 补偿原则

根据补偿原则，投保人或被保险人订立保险合同的目的只能是用来补偿自己的损失，而不能通过保险获取额外的利益。这一原则的设定也是为了避免道德风险的发生。这一原则一般体现为以下几点。

（1）保险人的赔偿应以实际损失为限，被保险人不能从保险中获得额外收益。

（2）保险人的赔偿金额应以保险金额为限。

（3）禁止重复保险，或者规定在重复保险情况下，发生保险事故，损失由各保险人分摊。

（4）规定保险人的代位求偿权。

保险人的代位求偿权是指当保险标的的损失是由第三人的原因造成时，保险人给付赔偿后，被保险人应将向第三人求偿的权利转移给保险人，保险人可以代替被保险人向第三人请求赔偿。

保险人行使代位求偿权的条件是其已向被保险人进行了赔偿。投保人在得到保险人的赔偿后，放弃对第三人的赔偿请求权的，其放弃行为无效；投保人先放弃对第三人的赔偿请求权的，保险人可以不予赔偿。

案例讨论 8-4

我国"金凤号"货轮在装载货物启程前与我国某保险公司就货轮签订了碰撞险保险合同。双方在合同中约定：①该保险合同适用我国的法律；②该货轮的保险价值为1亿元，保险金额为5 000万元。金凤号货轮在公海上，由于巴拿马籍货轮驾驶不当而遭到碰撞，受到损失。

问题：

（1）金凤号货轮受到损失的金额为5 000万元，保险公司应向金凤号货轮支付的保险金为多少？

（2）金凤号货轮发生碰撞后失火，金凤号货轮以巴拿马籍货轮上的工作人员对此进行补救。扑救费用金凤号货轮花费了100万元，巴拿马籍货轮也花费了100万元。对此费用应由哪方承担？承担的金额为多少？

(3) 保险公司在向金凤号货轮支付保险金后，可以向巴拿马籍货轮行使何种权利？

5. 合法原则

合法原则是指保险必须符合法律的规定，具体包括保险人必须具备合法经营资格的人；保险标的合法；保险合同的签订必须合法等。

四、货物运输保险

(一) 货物运输保险的概念

货物运输保险是以运输途中的货物作为保险标的，保险人对由自然灾害和意外事故造成的货物损失负责赔偿责任的保险。按货物运输方式可分为海上货物运输保险、陆上货物运输保险、航空运输货物保险、邮包保险以及联运保险。

(二) 货物运输保险合同

货物运输保险合同以各种运输货物作为保险标的，承保货物在运输过程中遭受各种自然灾害或意外事故而造成的损失，保险人承担保险金赔偿责任的一种财产保险合同。

1. 货物运输保险合同的基本术语

(1) 投保人。投保人是指与保险人订立保险合同，并支付保险费的人。投保人对保险标的应具有保险利益，投保人与被保险人可以是一人。

(2) 保险人。保险人是指与投保人订立保险合同，并按照合同约定承担赔偿或者给付保险金责任的保险公司。

(3) 被保险人。被保险人是指受保险合同保障，发生保险事故后，有权领取保险赔偿金的人。国际货物运输的被保险人应是货物所有人或收货人。

(4) 保险标的。保险标的是指被保险的财产或有关利益。即运输中的货物。

(5) 保险危险。保险危险也称为保险风险，是指可能对保险标的造成损害的危险，一般指自然灾害、意外事故、社会事件等。

(6) 保险事故。保险事故是指保险合同约定并已发生的保险危险。保险事故发生后，保险人应给予赔偿。

(7) 保险金额。保险金额是指保险事故发生后，保险人能够给予赔偿的最高金额。根据保险金额与保险标的价值是否一致，保险可以分为等额保险、超额保险和不足额保险。保险金额与保险价值相等的，为等额保险；保险金额低于保险价值的，为不足额保险；保险金额高于保险价值的，为超额保险。目前，一般各国不允许超额保险，对于超出保险价值的部分，概不负责。基于保险的补偿原则，对于不足额保险，保险人一般按照保险金额占保险价值的比例对损失负赔偿责任。

(8) 保险费。保险费是指投保人向保险人交纳的费用。保险费＝保险金额×保险费率。

(9) 保险期限。保险期限是指保险人承担保险责任的期限，只有发生在保险期限内的保险事故，保险人才承担保险责任。

2. 货物运输保险合同的形式及内容

保险合同是要式合同。保险合同采用保险单和保险凭证的方式签订。

保险合同的主要内容包括：保险人和被保险人名称；货物名称；保险金额；保险责任及除外责任；保险期间；保险费；运输工具名称；承保险别；保险人与被保险人的权利义务等内容。

3. 货物运输保险合同当事人的义务

（1）投保人的义务

① 缴纳保险费的义务。保险合同订立后，投保人应按照合同约定的时间、地点、数额和方法，向保险人交纳保险费。交纳保险费是投保人的主要合同义务。

② 如实告知的义务。投保人故意不履行如实告知义务的，保险人对于合同解除前发生的保险事故，不承担赔偿或者给付保险金的责任，并不退还保险费。投保人因重大过失未履行如实告知义务，对保险事故的发生有严重影响的，保险人对于合同解除前发生的保险事故，不承担赔偿或者给付保险金的责任，但应当退还保险费。

③ 危险增加的通知义务。我国《保险法》第52条规定："在合同有效期内，保险标的的危险程度显著增加的，被保险人应当按照合同约定及时通知保险人，保险人可以按照合同约定增加保险费或者解除合同。保险人解除合同的，应当将已收取的保险费，按照合同约定扣除自保险责任开始之日起至合同解除之日止应收的部分后，退还投保人。"

④ 防灾减损的义务。我国《保险法》第57条明确规定："保险事故发生时，被保险人应当尽力采取必要的措施，防止或者减少损失。保险事故发生后，被保险人为防止或者减少保险标的的损失所支付的必要的、合理的费用，由保险人承担；保险人所承担的费用数额在保险标的损失赔偿金额以外另行计算，最高不超过保险金额的数额。"

（2）保险人的义务

① 赔付保险金的义务。保险事故发生后，保险人依据保险合同向被保险人或受益人承担赔偿或给付保险金的责任。

② 说明的义务。订立保险合同时，保险人应当向投保人说明保险合同的条款内容，特别是免责条款。

③ 及时签发保险单证的义务。保险合同成立后，保险人应及时向投保人签发保单和其他保险凭证，并载明双方当事人约定的内容。

4. 货物运输保险合同的变更与转让

（1）货物运输保险合同的变更

货物运输保险合同成立后，双方当事人可以协商变更合同内容，例如变更保险责任的范围，或改变保险责任期间，调整保险金额，变更保险险别等。但是，变更保险合同必须符合法定的形式，投保人或被保险人必须向保险人提出申请，经保险人同意并出具批单，保险合同才能变更。

（2）货物运输保险合同的转让

货物在运输途中经常会发生转让，风险也会随之发生转移，如果保险合同不随之进行转让的话，对新的买主极为不利，因此各国的货物运输保险法大都允许货运保险合同的转让。转让的方式一般为背书转让，即只要被保险人在保险单据上背书后，被保险人的权利义务就转移给了新的受让人，保险人对该受让人承担保险责任。

任务二　海上货物运输保险法律制度

任务导入：2021年9月，我国某进出口公司向澳大利亚出口一批洋葱，合同采用的是CIF价格条件。该批货物由我国远洋运输公司的"东风"号货轮负责运输，卖方进出口公司在合同规定的装运期内装货后取得了清洁提单，并向中国人民保险公司投保了一切险。但由于"东风"号货轮在海上行驶速度过慢，以致在途时间过长，货物运抵目的港后，买方提货清点时发现已有30%的洋葱腐烂变质不能食用。于是买方凭卖方公司背书转让的提单向中国人民保险公司索赔，保险公司予以拒绝，理由是：运输迟延导致的货物损失属于保险单规定的除外责任。买方不同意，诉至我国法院后，经调查查明，"东风"号货轮属于超期船舶，船上的机器设备已陈旧老化，导致船速慢，船期延误。

任务要求：法院应如何判决？结合本案，理解我国海上货物运输保险险种内容。

一、海上货物运输保险的概念

海上货物运输保险是以海上运输的货物为保险标的，当货物在运输过程中发生自然灾害和意外事故造成的经济损失由保险人承担赔偿责任。

海上货物运输保险的内容主要包括承保的风险、损失和费用，以及海上货运保险的险别。

二、海上货物运输保险承保的风险、损失和费用

（一）承保的风险

1. 海上风险

海上风险主要包括海上发生的自然灾害和意外事故。

（1）自然灾害。货运保险中的自然灾害主要是指恶劣气候、海啸、雷电、暴风雨、地震、火山爆发等。

（2）意外事故。意外事故包括船舶碰撞、搁浅、触礁、沉没、火灾、失踪、爆炸等。

2. 外来风险

外来风险是指海上风险以外的其他外来原因造成的风险。外来风险分为一般外来风险和特殊外来风险。

（1）一般外来风险。其主要包括偷窃、淡水雨淋、沾污、渗漏、破碎、串味、受潮受热、生锈、碰损、短少和提货不着等。

（2）特殊外来风险。其主要包括战争、罢工、交货不到等。特殊外来风险往往是由于政治、军事、国家政策及行政措施等原因造成的。

（二）承保的损失

海上货物运输保险合同中承保的损失是保险标的在海上运输途中遭受海上风险所造成

的损失,也称为海上损失。

按照货物损失的程度,可以将海上损失分为全部损失和部分损失。

1. 全部损失

全部损失简称全损,是指保险标的遭受全部损失。全部损失可以分为实际全损和推定全损。

(1) 实际全损

实际全损是指保险标的发生保险事故后灭失,或者受到严重损坏完全失去原有形体、效用,或者不能再归保险人所拥有。实际全损一般表现为以下几种形态:保险标的已丧失商业价值或失去原有用途,如茶叶在运输途中串味变质;保险标的丧失并无法挽回,如战争时期船舶或货物被敌对国没收;船舶失踪达一定时期,一般为6个月以上。

(2) 推定全损

推定全损是指保险标的发生保险事故后,认为实际全损已不可避免,或者为避免发生实际全损所需花费的费用与继续将货物运抵目的地的费用之和会超过保险价值。推定全损一般表现为以下几种形态:保险标的发生损失后,修理费用要超过保险标的修复后的价值;保险标的发生损失后,整理和续运到目的地的费用超过将保险标的运到目的地的价值;保险标的实际全损已无法避免,或者为了避免实际全损需要施救等所花费的费用将超过保险标的获救后的价值。

保险标的发生实际全损,保险人应给予赔偿。如果发生推定全损,被保险人可以要求按全部损失赔偿或按部分损失赔偿,如果要求按全部损失赔偿,被保险人必须将保险标的委付给保险人。所谓委付,就是指在保险标的发生推定全损时,由被保险人把保险标的物的一切权利转让给保险人,而向保险人请求按实际全损赔付。保险人可以接受,也可以不接受委付。

2. 部分损失

部分损失是指不属于实际全损和推定全损的损失,即没有达到全部损失程度的损失。按照受损的性质,部分损失又可分为共同海损和单独海损。

(1) 共同海损

共同海损是指在同一海上航程中,船舶、货物和其他财产遭遇共同危险,为了共同安全,有意地合理地采取措施所直接造成的特殊牺牲、支付的特殊费用。

共同海损的构成条件如下。

① 必须确实遭遇危及船、货等共同安全的危险。这里的共同危险,包含两层含义:一是危险是航程中的船舶、货物共同面临的,即危险情况发生时危及了船货的共同安全,如果不及时采取措施,船货都有灭失或损坏的危险。单纯为了某一方的利益而作出的牺牲不属于共同海损。二是这种危险必须是真实存在的,即存在着船货的客观事实。主观臆断的危险不是真正的危险,因判断错误而采取的措施不属于共同海损行为。

② 共同海损牺牲必须是自愿的和有意识的行动所造成的。共同海损牺牲的产生是由人为的故意行动,而不是遭遇海上风险造成的意外损失。例如,某船舶在航行中,货舱中的甲批货物着火,危及船货的共同安全,船长下令灭火,救火过程中将牺牲货舱中的乙批货物淋湿,发生损坏,则这种损失属于共同海损。假如是货物在航行中遭遇暴风雨被淋湿

造成的损失就不属于共同海损。

③ 共同海损牺牲和费用的支出必须是合理的。共同海损牺牲和费用的支出必须以解除危难局面为限,船长不能滥用职权,任意扩大牺牲和费用的支出。例如,船舶在河口搁浅,可以等潮水来后,借助于潮水和风的力量重新起浮,但是船长为了节约时间,使用主机企图摆脱危险,由于过度使用而造成了主机损坏,则这一损失不构成共同海损。

④ 共同海损牺牲和费用的支出的目的仅限于为保船、货等各方面的共同安全。

对于共同海损的牺牲和费用,各个受益人用获救的船舶、货物和运费按其获救后的价值按比例进行分摊,称为"共同海损分摊"。

(2) 单独海损

单独海损是指保险标的由于承保的风险引起的,不属于共同海损的部分损失。单独海损只涉及船舶或货物单方的损失,只能由受损失的一方自己承担,例如,货物载货船舶在航行中遭遇狂风巨浪,海水入舱造成货物部分受损就属于单独海损,应由货方自己承担损失。另外,单独海损一般是意外发生的,不是人的有意行为引起的。

【难点提示】 单独海损与共同海损的区别(表 8-1)

表 8-1

项目	单独海损	共同海损
损失构成	指货物本身的损失,不包括费用损失	既包括货物牺牲,又包括因采取共同海损措施而引起的费用。
引起原因	是承保风险直接导致货物损失	是为了解除或减轻船、货各方共同危险而人为造成的损失。
责任承担	由受损方自行承担损失	由受益有关各方按获救财产价值大小的比例分摊损失。

案例讨论 8-5

某货物从天津新港驶往新加坡,在航行途中船舶货舱起火,大火蔓延到机舱,船长为了船、货的共同安全,决定采取紧急措施,往船中灌水灭火。火虽然被扑灭,但由于主机受损,无法继续航行,于是船长决定雇用拖轮将货船拖回新港修理。检修后继续驶往新加坡。

事后调查,这次事件的损失有:①1 000 箱货被火烧毁;②600 箱货由于灌水灭火受到损失;③主机和部分甲板被烧毁;④拖船费用;⑤额外增加的燃料和船长、船员工资。

问题:以上损失哪些属于单独海损,哪些属于共同海损?

(三) 承保的费用

保险货物遭遇到保险事故,除了使货物本身受到损失之外,还会产生费用方面的损失。这些费用主要包括以下几个。

1. 施救费用

施救费用是指保险标的发生事故后,被保险人为防止损失扩大而采取抢救措施所支出的费用。保险人对施救费用也应赔偿。

2. 救助费用

救助费用是指保险标的发生事故后,由保险人和被保险人之外的第三人采取救助行动而支出的费用。根据国际惯例,被救方应向救助的第三人支付报酬,救助费用应由保险人负责赔偿。保险人在赔付时,必须要求救助成功。一般称为"无效无报酬"。

三、我国海上货物运输保险条款

我国海上货物运输保险条款主要包括险种、承保责任范围、除外责任、保险人与被保险人的权利义务等内容。

(一)海上货物运输保险的险别

我国海上货物运输保险条款包括基本险和附加险。

1. 基本险

基本险也称为主险,是指可以单独投保的险别。基本险包括平安险、水渍险和一切险。

(1)平安险

平安险的原意是"单独海损不赔",其责任范围包括以下方面。

① 被保险货物在运输途中由于恶劣气候、雷电、海啸、地震、洪水等自然灾害造成整批货物的全部损失和推定全损。

② 由于运输工具遭受搁浅、触礁、沉没、互撞、与流冰或其他物体碰撞以及失火、爆炸意外事故造成货物的全部损失或部分损失。

③ 在运输工具上已经发生搁浅、触礁、沉没、焚毁意外事故的情况下,货物在此前后又在海上遭受恶劣气候、雷电、海啸等自然灾害所造成的部分损失。

④ 在装卸或转运时由于部分或整件货物落海造成的全部损失或部分损失。

⑤ 由于上述事故引起共同海损牺牲、分摊和救助费用,以及为抢救遭受危险货物和防止或减少货损而支付的合理费用。

⑥ 运输契约订有"船舶互撞责任"条款,根据该条规定应由货方偿还船方的损失。

(2)水渍险

水渍险原意为负责单独海损责任。它的承保范围除了包括平安险的各项责任外,还负责保险标的由于恶劣气候、雷电、海啸、地震、洪水等自然灾害所造成的部分损失。

(3)一切险

一切险的承保责任范围,除了包括平安险和水渍险的责任外,还包括保险标的在运输途中,由于一般外来原因所致的全部损失或部分损失一切险实际上是平安险、水渍险与偷窃、提货不着、淡水雨淋、短量、混杂、沾污、渗漏、碰损、破碎、串味、受潮受热、钩损、包装破裂和锈损等附加责任的总和。

案例讨论 8-6

某公司向欧洲出口一批器材,投保海运货物平安险。载货轮船在航行中发生碰撞事故,部分器材受损。另外,公司还向美国出口一批器材,由另外一船装运,投保了海运水渍险。船舶在运送途中,由于遭受暴风雨的袭击,船身颠簸,货物相互碰撞,发生部分损失。后船舶不幸搁浅,经拖救脱险。

问题:保险公司是否应对这两批货物的损失是否赔偿?为什么?

2. 附加险

附加险是指必须附加在基本险上,不能单独投保的险种。附加险一般分为一般附加险、特别附加险和特殊附加险。

(1)一般附加险。一般附加险主要包括:偷窃、提货不着险;淡水雨淋险;短量险;混杂、沾污险;渗漏险;碰损、破碎险;串味险;受潮受热险;钩损险;包装破裂险和锈损险 11 种。

(2)特别附加险。特别附加险是指由于特殊外来原因的风险而造成损失的险别。特别附加险主要分为以下几种。

① 交货不到险。交货不到险是指承保货物从装上船起算,满 6 个月仍未运抵目的地交货,则不论何种原因,保险人均按全部损失赔偿。由于交货不到很可能是保险标的并未实际遭受全损,因此,在保险人按全损赔偿后,应由被保险人将货物的全部权益转给保险人。

② 舱面险。舱面险是指承保货物存放舱面对因被抛弃或风浪冲击落水造成的损失。舱面险的保险标的是依照航运习惯应载于舱面的货物,对于应装于舱内却装在舱面的货物,保险人不予赔偿。

③ 拒收险。拒收险是指承保货物由于在进口港被进口国的政府或有关当局拒绝进口或没收所造成的损失。保险人按该货物的价值予以赔偿。

④ 黄曲霉素险。黄曲霉素险是指承保货物在进口港或进口地经当地卫生当局检验证明,因含有黄曲霉素,并且超过了进口国的限制标准,必须拒绝进口、没收或强制改变用途时所造成的损失。

⑤ 出口货物到中国香港(包括九龙在内)或澳门存仓火险责任扩展条款。这是一种扩展存仓火险责任的保险,我国出口到港澳的货物,加贴这一条款,则延长存仓期间的火险责任。保险期限从货物运入过户银行指定的仓库开始,直到过户银行解除货物权益或者运输责任终止时起计算满 30 日为止。

这一保险是为了保障过户银行的利益。货物单据通过银行办理押汇业务,在货主未向银行归还贷款前,货物的权益属于银行。因此,在保险单上必须注明过户给放款银行。在此阶段货物即使到达目的港,收货人也无权提货。货物往往存放在过户银行指定的仓库中,加贴了这一条款,如在存仓期间发生火灾,保险公司负责赔偿。

⑥ 进口关税险。进口关税险是指承保货物到达目的港后,因遭受保险责任范围内的损失,而仍须按照完好货物缴纳进口关税所造成的损失。

(3) 特殊附加险。特殊附加险主要包括以下几个。

① 战争险。保险人对战争险的承保责任范围包括：由于战争、类似战争行为和敌对行为、武装冲突或海盗行为以及由此引起的捕获、拘留、扣留、禁制、扣押所造成的损失，或者各种常规武器（包括水雷、鱼雷、炸弹）所造成的损失以及由于上述原因所引起的共同海损牺牲、分摊和救助费用。但对原子弹、氢弹等核武器所造成的损失不负责赔偿。

② 罢工险。罢工险是指承保因罢工者、被迫停工工人、参加工潮、暴动的人员采取行动而造成的承保货物的损失，及任何人的恶意行为造成的损失的险别。罢工险负责的损失仅仅是直接损失，不负责间接损失。

（二）除外责任

除外责任是指保险公司规定不予承保的损失或费用，主要包括以下几种。
(1) 被保险人的故意或过失行为造成的损失。
(2) 发货人的过失造成的损失。
(3) 保险责任开始前被保险货物已存在的品质不良和数量短差。
(4) 被保险货物的自然损耗、本质缺陷、特性以及市价跌落造成的损失。
(5) 运输延迟造成的损失。

另外，战争险和罢工险所承保的责任一般也可作为除外责任。

（三）保险责任的起讫期限

平安险、水渍险和一切险的承保责任的起讫期限是保险业中的"仓至仓条款"的规定方法。它规定保险责任自被保险货物运离保险单所载明的启运地发货人仓库开始时生效，包括正常运输过程中的海上运输和陆上运输，直至该项货物到达保险单所载明的目的地收货人仓库为止。该条款中的"运离"是指货物一经离开发货人仓库，保险责任即为开始；所指"到达"，是指货物一经进入收货人最后仓库，保险责任即告终止，在仓库中发生的损失概不负责。如果被保险货物从海轮卸下后放在码头仓库、露天或海关仓库，而没有运到收货人仓库，保险责任继续有效，但最长负责至卸离海轮后60天为限。如在上述60天内被保险货物需转运到非保险单所载明的目的地时，则以该项货物开始转运时终止。另外，被保险货物在运至保险单所载明的目的地或目的地以前的某一个仓库而发生分配、分派的情况，则该仓库就作为被保险人的最后仓库，保险责任也以自货物运抵该仓库时终止。

海运战争险的责任起讫是自保险单所载明的起运港装上海轮或驳船时开始生效，直至到达保险单所载明的目的港卸离海轮或驳船时为止。如果货物不卸离海轮或驳船，则保险责任最长延至货物到达目的港之当日午夜起15天为止。如果在中途转船，则不论货物在当地卸载与否，保险责任以海轮到达该港或卸货地点的当日午夜起算满15天为止，等到再装上续运海轮时恢复有效。

四、海上货物运输保险的索赔与诉讼

1. 索赔

被保险人在提货时，发现货物有灭失或损坏的，应及时向保险人提出索赔，索赔时应提交有关的单据，包括检验报告或证明损害的文件、货物发票、提单、保险单正本、索赔清单等。

索赔应在法定期限内提出，一般保险条款中都规定，从被保险货物在最后卸载港全部卸离海轮后起算，1年内索赔有效。我国的保险条款规定索赔时效为2年。

2. 诉讼

被保险人与保险人就保险问题发生纠纷时，双方可以协商解决，也可以请第三人进行调解，通过前两种方式还不能解决的，就要通过申请仲裁或提起诉讼的方式来解决。关于仲裁和诉讼的具体程序，本教材将在项目九中具体介绍。

实务操作指南

货物运输保险的索赔流程

（1）损失通知：当被保险人获悉或发现保险货物发生事故，应马上通知保险人，以便保险人检验损失，提出施救意见，确定保险责任，查核发货人或承运人责任。

（2）向承运人等有关方提出索赔：被保险人或其代理人在提货时发现货物明显受损或整件短少，除向保险公司报损外，还应立即向承运人、受托人以及海关、港务局等索取货损货差证明。当这些损失涉及承运人、受托人或其他有关方面如码头、装卸公司的责任，应立即以书面文件向他们提出索赔，并保留追偿权利，必要时还要申请延长索赔时效。

（3）采取合理的施救、整理措施：保险货物受损后，作为货方的被保险人应该对受损货物采取措施，防止损失扩大。

（4）准备必要的索赔单证：主要包括保单或保险凭证正本；运输契约，如提单、运单和邮单等；发票；装箱单、磅码单；向承运人或有责任方请求赔偿的书面文件；检验报告；海事报告摘录或海事声明书；货损货差证明；索赔清单。

任务三　陆上货物运输保险法律制度

任务导入：2021年3月3日，某运输集团有限公司与某保险公司签订了《国内货物运输保险》协议书。该运输集团有限公司由青岛经公路向沈阳运送一整车海尔电器及手机，起运日期为2021年12月16日，2021年12月19日在途经京沈高速盘锦服务区时，负责运输海尔电器的鲁B×××××牌号大货车与一车相撞，造成标的损失，且在停车查看过程中，致使手机丢失八部，当时向保险公司报案。2021年12月23日，负责运输海尔电冰箱的鲁B×××××牌号大货车与所载货物返回沈阳要求查勘，经第二现场查勘情况如下：运输车辆鲁B×××××装载在车辆后部的两台海尔BCD-196JWL电冰箱外包装破损。经拆箱检查，一台右侧箱体破损1个10cm×10cm的洞，一台左侧及后部箱体严重变形。手机丢失无法确认。为此，该运输集团有限公司向保险公司提出电冰箱损坏和手机丢失索赔19 460元。

任务要求：保险公司对电冰箱损坏和手机丢失是否应负责赔偿？结合本案例，理解陆上货物运输保险的承保范围及除外责任。

陆上货物运输保险是货物运输保险的一种，分为陆运险和陆运一切险。

一、陆运险

1. 概念

陆运险是指保险人对被保险货物在运输途中遭受暴风、雷电、地震、洪水等自然灾害，以及运输中由于陆上运输工具碰撞、翻车、出轨、抛锚、塌方、失火、爆炸等意外事故造成的货物全部或部分损失承担赔偿责任的保险。

2. 陆运险的责任范围

（1）被保险货物在运输途中遭受暴风、雷电、洪水、地震等自然灾害造成的损失。

（2）运输工具遭受碰撞、倾覆、出轨，或在驳运过程中因驳运工具遭受搁浅、沉没或由于遭受隧道坍塌、崖崩或失火、爆炸的意外事故所造成的全部或部分损失。

（3）被保险人对遭受承保责任内危险的货物采取抢救，防止或减少货损的措施而支付的合理费用，但以不超过该批被救货物的保险金额为限。

3. 陆运险的责任起讫与索赔时效

陆运险的责任起讫也采用"仓至仓"的责任条款。

保险人责任自被保险货物运离保险单所载明的起运地仓库或储存处所开始运输时生效，包括正常运输过程中的陆上和与其有关的水上驳运在内，直至该项货物运达保险单所载目的地收款人的最后仓库或储存处所或被保险人用作分配、分派的其他储存处所为止。如未运抵上述仓库或储存处所，则以被保险货物运抵最后卸载的车站满60天为止。

陆上运输货物险的索赔时效为：从被保险货物在最后目的地车站全部卸离车辆后起算，最多不超过2年。

4. 陆运险的除外责任

（1）被保险人的故意行为或过失所造成的损失。

（2）被保险货物的自然损耗、本质缺陷、特性以及市价跌落、运输延迟所引起的损失或费用。

（3）在保险责任开始前，被保险货物已存在的品质不良或数量短差所造成的损失。

（4）属于发货人责任所引起的损失。

（5）陆上运输货物战争险条款和货物运输罢工险条款规定的责任范围和除外责任。

二、陆运一切险

陆运一切险除了承保包括陆运险的责任外，还负责被保险货物在运输途中由于外来原因所致的全部或部分损失。

1. 陆运一切险的责任范围

（1）被保险货物在运输途中遭受暴风、雷电、洪水、地震等自然灾害造成的损失。

（2）运输工具遭受碰撞、倾覆、出轨，或在驳运过程中因驳运工具遭受搁浅、沉没或由于遭受隧道坍塌、崖崩或失火、爆炸的意外事故所造成的全部或部分损失。

（3）被保险人对遭受承保责任内危险的货物采取抢救，防止或减少货损的措施而支付的合理费用，但以不超过该批被救货物的保险金额为限。

（4）被保险货物在运输场中由于外来原因所致的短量、偷窃、渗漏、碰损、破碎、钩损、雨淋、生锈、受潮受热、霉变、串味、沾污等全部或部分损失。

2. 陆运险一切的责任起讫与索赔时效

陆运一切险的责任起讫、索赔时效与陆运险相同。

3. 陆运一切险的除外责任

陆运一切险的除外责任与陆运险的除外责任相同。

任务四 航空货物运输保险法律制度

任务导入：12月6日，原告某保险公司接受某公司（托运人）对其准备空运至米兰的20箱丝绸服装的投保，保险金额为73 849美元。同日，由被告A航空公司的代理B航空公司出具了航空货运单一份。该航空货运单注明：第一承运人为A航空公司，第二承运人为C航空公司，货物共20箱，重750公斤，该货物的"声明价值（运输）"未填写。A航空公司于12月20日将货物由杭州运抵北京，12月28日，A航空公司在准备按约将货物转交C航空公司运输时，发现货物灭失。原告对投保人（托运人）进行了全额赔偿并取得权益转让书后，于5月28日向B航空公司提出索赔请求。B航空公司将原告索赔请求材料转交A航空公司。A航空公司表示愿意以每公斤20美元限额赔偿原告损失，原告要求被告进行全额赔偿，不接受被告的赔偿意见，遂向法院起诉。

任务要求：本案应如何处理？结合本案，理解航空货物运输保险合同的内容。

一、航空货物运输保险的概念

航空货物运输保险是以航空运输过程中的各类货物为保险标的，货物在运输途中因保险责任造成货物损失时，由保险公司提供经济补偿的一种保险。航空运输保险有两个基本险别：航空运输险和航空一切险。

二、航空运输险

1. 航空运输险的概念

航空运输险是指在航空货物运输险责任范围内，保险公司负责赔偿被保险货物的全部或部分损失和合理的抢救费用的一种保险。

2. 航空货物运输保险保险标的范围

（1）凡在中国境内经航空运输的货物均可为本保险之标的。

（2）下列货物非经投保人与保险人特别约定，并在保险单（凭证）上载明，不在保险标的范围以内：金银、珠宝、钻石、玉器、首饰、古币、古玩、古书、古画、邮票、艺术品、稀有金属等珍贵财物。

(3) 下列货物不在航空货物保险保险标的范围以内：蔬菜、水果、活牲畜、禽鱼类和其他动物。

3. 航空运输险的责任范围

航空运输险承保由于下列保险事故造成保险货物的损失。

(1) 火灾、爆炸、雷电、冰雹、暴风、暴雨、洪水、海啸、地陷、崖崩。

(2) 因飞机遭受碰撞、倾覆、坠落、失踪(在3个月以上)，在危难中发生卸载以及遭受恶劣气候或其他危难事故发生抛弃行为所造成的损失。

(3) 因受震动、碰撞或压力而造成破碎、弯曲、凹瘪、折断、开裂的损失。

(4) 因包装破裂致使货物散失的损失。

(5) 凡属液体、半流体或者需要用液体保藏的保险货物，在运输途中因受震动、碰撞或压力致使所装容器(包括封口)损坏发生渗漏而造成的损失，或用液体保藏的货物因液体渗漏而致保藏货物腐烂的损失。

(6) 遭受盗窃或者提货不着的损失。

(7) 在装货、卸货时和港内地面运输过程中，因遭受不可抗力的意外事故及雨淋所造成的损失。

(8) 在发生航空运输保险责任范围内的灾害事故时，因施救或保护保险货物而支付的直接合理费用，但最高以不超过保险货物的保险金额为限。

4. 航空货物运输保险的责任起讫与索赔时效

航空货物运输一切险负"仓至仓"责任，自被保险货物运离保险单所载明的起运地仓库或储存处所开始运输时生效，包括正常运输过程中的运输工具在内，直至该项货物运达保险单所载明目的地收货人的最后仓库或储存处所，或被保险人用作分配、分派或非正常运输的其他储存处所为止。如未运抵上述仓库或储存处所，则以被保险货物在最后卸载地卸离飞机后满30天为止。如在上述30天内被保险的货物需转送到非保险单所载明的目的地时，则以该项货物开始转运时终止。由于被保险人无法控制的运输延迟、绕道、被迫卸货、重新装载、转载或承运人运用运输契约赋予的权限所作的任何航行上的变更或终止运输契约，致使被保险货物运到非保险单所载目的地时，在被保险人及时将获知的情况通知保险人，并在必要时加缴保险费的情况下，保险仍继续有效，保险责任按下述规定终止：被保险货物如在非保险单所载目的地出售，保险责任至交货时为止，但不论任何情况，均以被保险的货物在卸载地卸离飞机后满30天为止；被保险货物在上述30天期限内继续运往保险单所载原目的地或其他目的地时，保险责任仍按"仓至仓"条款的规定终止。

航空货物运输保险的索赔时效，从被保险货物在最后卸载地最后卸离飞机后起算，最多不得超过2年。

5. 航空货物运输保险的除外责任

航空货物运输保险对下列损失不负赔偿责任。

(1) 被保险人的故意行为或过失所造成的损失。

(2) 属于发货人责任所引起的损失。

(3) 保险责任开始前，被保险货物已存在的品质不良或数量短差所造成的损失。

(4) 被保险货物的自然损耗、本质缺陷、特性以及市价跌落、运输延迟所引起的损失或费用。

(5) 航空运输货物战争险条款和货物及罢工险条款规定的责任范围和除外责任。

三、航空运输一切险

航空运输一切险责任范围包括航空运输险的责任，还负责被保险货物由于外来原因所致的全部或部分损失。

航空运输一切险的责任起讫、索赔时效与航空运输险相同。

航空运输一切险的除外责任与航空运输险的除外责任相同。

 项目训练

知识练习

1. 基本概念

保险　保险利益　代位求偿权　共同海损　单独海损　推定全损　委付　陆运险　航空运输保险

2. 选择题

(1) 依我国国内陆上运输货物保险合同，在下列选项中，保险人承担责任的是(　　)。

　　A. 因火灾所造成的损失

　　B. 属于发货人责任所引起的损失

　　C. 被保险货物自然损耗造成的损失

　　D. 由于被保险货物包装不善造成的损失

(2) 除《保险法》另有规定或者保险合同另有约定外，保险合同成立后(　　)。

　　A. 投保人可以解除合同，保险人也可解除合同

　　B. 投保人可以解除合同，保险人不得解除合同

　　C. 投保人与保险人均不得解除合同

　　D. 投保人可以解除合同，受益人亦可解除合同

(3) 投保人向保险人发出订立保险合同意思表示的书面文件是(　　)。

　　A. 暂保单　　　B. 保险单　　　C. 投保单　　　D. 保险凭证

(4) 按中国人民保险公司海洋货物运输保险条款的规定，在三种基本险别中，保险公司承担赔偿责任的程度是(　　)。

　　A. 平安险最大，其次是一切险，再次是水渍险

　　B. 水渍险最大，其次是一切险，再次是平安险

　　C. 一切险最大，其次是水渍险，再次是平安险

　　D. 一切险最大，其次是平安险，再次是水渍险

(5) 在海上保险业务中，构成被保险货物"实际全损"的情况有(　　)。

　　A. 保险标的物完全灭失

B. 保险标的物发生变质，失去原有使用价值
　　C. 船舶失踪达到一定时期
　　D. 收回保险标的物所有权花费的费用将超过收回后的标的价值
(6) 按照保险利益原则，下列投保行为有效的是（　　）。
　　A. 甲为自己购买的一注彩票投保
　　B. 乙为3岁的女儿购买人寿险
　　C. 丙为屋前的一棵国家一级保护树木投保
　　D. 丁为自己与女友的恋爱关系投保
(7) 在海运保险业务中，构成共同海损的条件是（　　）。
　　A. 共同海损的危险必须是实际存在的
　　B. 消除船货共同危险而采取的措施是有意合理的
　　C. 必须确实遭遇危及船、货等共同安全的危险
　　D. 共同海损牺牲和费用的支出的目的仅限于为保船、货等各方面的共同安全
(8) 保险人的义务包括（　　）。
　　A. 说明义务　　　　　　　　　　B. 赔偿和给予保险金的义务
　　C. 如实告知义务　　　　　　　　D. 危险增加的通知义务
(9) 投保人向保险人发出订立保险合同意思表示的书面文件是（　　）。
　　A. 暂保单　　　B. 保险单　　　C. 投保单　　　D. 保险凭证
(10) 保险法的基本原则包括（　　）。
　　A. 最大诚信原则　　　　　　　　B. 保险利益原则
　　C. 近因原则　　　　　　　　　　D. 合法原则

3. 问答题
(1) 保险的基本原则有哪些？
(2) 货物运输保险合同的内容有哪些？
(3) 什么是共同海损和单独海损，二者有哪些联系和区别？
(4) 平安险、水渍险、一切险的保险责任各有哪些？
(5) 陆运险、陆运一切险的保险责任各有哪些？
(6) 航空险、航空一切险的保险责任各有哪些？

案例分析

【案例1】某工厂自2020年1月1日以来一直向某保险公司投保企业财产险，保险期间为一年。合同到期后该厂提出了续保要求。2021年1月7日，该厂向保险公司的业务员王某递交了财产保险投保单，投保了85万元的财产保险，王某接到该厂的投保单并足额收取了该厂的企业财产保险费。但因种种原因，王某未及时将该投保单和保费交到保险公司，因此保险公司也未给该厂签发保险单。

2022年1月12日，该厂因电器线路开关打火发生火灾，烧毁了生产厂房、设备及原材料等大部分企业财产。火灾发生后，该厂及时通知了保险公司并提出索赔要求，保险公司认为并未收到该厂的保险费，也未经核保签发保单，因此拒绝承担赔偿责任。该厂诉至法院，要求保险公司承担赔偿责任。法院受理该案后，判决保险公司赔偿该厂保险金约65万元。

问题：本案中双方是否成立了保险合同？保险公司是否应承担赔偿责任？说明理由。

【案例2】 中国某进出口公司与加拿大商人签订一份出口大米合同，由中方负责货物运输和保险事宜。为此，中方与上海某轮船公司签订运输合同租用"远达"号班轮的一个舱位。中方将货物在上海港装箱后，向中国某保险公司投保海上运输货物保险。货轮在海上航行途中遭遇风险。

问题：

(1) 如果卖方公司投保的是平安险，而货物遭受部分损失是由于轮船在海上遭遇台风，那么卖方公司是否可从保险公司获得赔偿？为什么？

(2) 如果卖方公司投保的是一切险，而货物受损是由于货轮船员罢工处取得，货轮滞留中途港，致使大米变质，那么卖方能否从保险公司获得赔偿？为什么？

(3) 如果发生的风险是由于承运人的过错引起的，并且属于承保范围的风险，保险公司赔偿了损失后，卖方公司能否再向"远达"号索赔？为什么？

实训操作

(1) 根据海上货物运输中面临的风险，选择相应的海上货物运输保险险种。

(2) 模拟订立陆上货物运输保险合同。

项目九

物流市场秩序法律制度

学习目标

知识目标

➢ 掌握《反不正当竞争法》所调整的不正当竞争行为类型及其内涵。
➢ 掌握生产者、销售者的产品质量责任和义务；掌握产品责任的构成要件、免责事由及其责任的承担。
➢ 掌握消费者的权利、经营者的义务；掌握侵害消费者权益的法律责任。

能力目标

➢ 能运用反不正当竞争法的基本理论判定不正当竞争行为，正确处理不正当竞争纠纷。
➢ 能够区分认定产品质量瑕疵责任和产品责任，正确处理产品责任纠纷。
➢ 学会运用消费者权益保护法的基本理论维护自身的权利，能够正确处理消费纠纷。

任务一 反不正当竞争法律制度

任务导入：张某在淘宝平台开设了店铺名称为"意品艺居"的网店。在 2021 年 11 月至 2022 年 1 月期间，当事人通过他人为该网店进行"刷单"。具体操作为：根据网店的需求制订刷单计划，联系"刷手"进行刷单，将订单金额和对应的佣金充值到"蚂蚁社区"平台，以小礼物充当订单货物交付物流公司发货，最后"刷手"确认收货。当事人共刷单 29 笔，产生订单及佣金费用合计金额 15.62 万元。当事人支付佣金给"刷手"并以小礼物充当订单货物"拍 A 发 B"，虚构交易记录，欺骗误导相关公众。

任务要求：张某的行为是否构成不正当竞争，应承担哪些法律责任？结合本案，理解不当竞争行为及法律责任。

一、不正当竞争与反不正当竞争法

（一）不正当竞争的概念及特征

1. 不正当竞争的概念

不正当竞争有广义和狭义之分。广义的不正当竞争是指一切违反商业道德和善良风俗、有碍和有损正当竞争的行为，包括狭义上的不正当竞争，还包括不公平交易行为、限制竞争行为和垄断行为。狭义的不正当竞争，则是指经营者为了争夺市场竞争优势，违反法律和公认的商业道德，采取欺诈、混淆等不正当手段扰乱正常的市场竞争秩序，并损害消费者和其他经营者合法权益的市场交易行为。反不正当竞争法所指的不正当竞争，专指狭义的不正当竞争。我国《反不正当竞争法》第 2 条规定："本法所称的不正当竞争，是指经营者违反本法规定，损害其他经营者或者消费者的合法权益，扰乱社会经济秩序的行为。"

2. 不正当竞争的特征

（1）不正当竞争行为的主体是经营者

不正当竞争行为的主体是经营者。所谓经营者，是指从事商品经营或营利性服务的法人、其他经济组织和个人。

（2）不正当竞争行为是违法行为

不正当竞争行为的违法性，主要表现在违反了《反不正当竞争法》关于不正当竞争行为的具体规定。

（3）不正当竞争行为侵害的客体是其他经营者的合法权益和正常的社会经济秩序。

（二）反不正当竞争法的概念与调整范围

反不正当竞争法是调整不正当竞争关系的法律规范的总称。1993 年 9 月 2 日第八届全国人民代表大会第三次会议通过了《反不正当竞争法》，该法分别于 2017 年、2019 年进行了修正。

《反不正当竞争法》主要调整以下几种社会关系。

（1）经营者因实施不正当竞争行为所发生的社会关系，即经营者与经营者之间的关系。

（2）国家职能部门对不正当竞争行为实施监督检查过程中发生的关系，即国家监督检查部门与经营者之间的关系。

（3）因不正当竞争行为受到损害的消费者与经营者之间的关系，即消费者与经营者之间的关系。

（三）反不正当竞争法的立法宗旨与基本原则

我国反不正当竞争法的立法宗旨是：保障社会主义市场经济健康发展；鼓励和保护公平竞争；制止不正当竞争行为；保护经营者和消费者的合法权益。

我国反不正当竞争法的原则主要包括：遵循自愿、平等、公平、诚实信用的原则；遵守公认的商业道德的原则。

二、不正当竞争行为的认定及法律责任

（一）不正当竞争行为的类型

1. 混淆行为

混淆行为是指经营者采取假冒或者模仿之类的不正当手段，使其商品与其他人的商品相混淆，从而导致购买者误认的行为。

混淆行为具体包括以下形式：①擅自使用与他人有一定影响的商品名称、包装、装潢等相同或者近似的标识；②擅自使用他人有一定影响的企业名称(包括简称、字号等)、社会组织名称(包括简称等)、姓名(包括笔名、艺名、译名等)；③擅自使用他人有一定影响的域名主体部分、网站名称、网页等；④其他足以引人误认为是他人商品或者与他人存在特定联系的混淆行为。

案例讨论 9-1

贵州茅台作为家喻户晓的知名白酒商品，以其酒香醇厚和独特的包装装潢设计风格给相关公众留下了深刻的印象，无论是盛酒的酒瓶，还是标志、图案、颜色搭配的包装装潢设计风格都与之建立了特定的联系。2020 年 1 月，茅台酒茅台公司（以下简称茅台公司）发现"天猫"网站上名为"万酒酒类专营店"的网店内销售了由茅台镇茅山酒业生产的名称为"双坛牌茅台镇原浆酒"的白酒产品。涉案侵权产品使用的包装、装潢在颜色搭配、图案布局、文字排列等方面均与茅台公司"贵州茅台酒"使用的包装、装潢风格高度近似。茅台公司认为，万酒网生产、销售的涉案白酒相关包装、装潢与茅台公司"贵州茅台酒"使用的包装、装潢风格近似，更容易造成相关公众的混淆，违背了诚信原则和公认的商业道德，具有明显攀附"贵州茅台酒"的故意，构成不正当竞争行为。茅台公司向法院起诉，请求法院判令万酒网立即停止涉案侵权行为；判令双坛酒业公司、茅山酒业公司共同赔偿茅台公司经济损失 99 万元及合理支出 1 万元，万酒网公司在 20 万元范围内承担连带赔偿责任；判令万酒网承担本案诉讼费。

问题： 法院应如何判决，为什么？

2. 商业贿赂行为

商业贿赂行为是指经营者采用财物或者其他手段进行贿赂，以销售商品或者购买商品，提供服务或者接受服务的不正当竞争行为。《反不正当竞争法》第 7 条规定：经营者不得采用财物或者其他手段贿赂下列单位或者个人，以谋取交易机会或者竞争优势：①交易相对方的工作人员；②受交易相对方委托办理相关事务的单位或者个人；③利用职权或者影响力影响交易的单位或者个人。经营者在交易活动中，可以以明示方式向交易相对方支付折扣，或者向中间人支付佣金。经营者向交易相对方支付折扣、向中间人支付佣金的，应当如实入账。接受折扣、佣金的经营者也应当如实入账。经营者的工作人员进行贿赂的，应当认定为是经营者的行为；但是，经营者有证据证明该工作人员的行为与为经营者谋取交易机会或者竞争优势无关的除外。

3. 虚假宣传行为

虚假宣传行为是指经营者利用广告或者其他方法，对商品的质量、制作成分、性能、用途、生产者、有效期限、产地等作引人误解的虚假宣传。《反不正当竞争法》第 8 条规定，经营者不得对其商品的性能、功能、质量、销售状况、用户评价、曾获荣誉等作虚假或者引人误解的商业宣传，欺骗、误导消费者。经营者不得通过组织虚假交易等方式，帮助其他经营者进行虚假或者引人误解的商业宣传。

4. 侵犯商业秘密的行为

商业秘密是指不为公众所知悉，能为权利人带来经济利益、具有实用性并经权利人采取保密措施的技术信息和经营信息。经营信息包括:销售方法、客户名单、货源渠道、投资计划、广告策略、管理经验、财务账目、价目表、投标标底等;技术信息包括:生产工艺、产品配方、设计图纸、模型、能用于实际的操作技巧、经验、实验数据、研究报告等。

构成商业秘密包括以下几个条件:第一,秘密性,是指技术信息和经营信息不为公众知晓悉,这是认定商业秘密的最基本条件;第二,实用性和价值性,是指这些信息能被人们实际利用、操作、使用的,能为权利人带来现实的和潜在的经济利益,以及竞争优势。第三,保密性,是指权利人对技术信息和经营信息采取了适当的保密措施,以确保其秘密性。

【难点提示】 商业秘密与专利权的区别(表 9-1)

表 9-1

项目	商业秘密	专利权
构成条件	秘密性,实用性和价值性,保密性	新颖性,创造性,实用性
范围	技术信息和经营信息	发明,实用新型,外观设计
产生方式	不需申请,无须授权。权利人只要对其尚未公开的技术采取了保密措施,商业秘密便随即产生	申请人向国家专利行政部门申请,由国家专利行政部门授权才能取得专利权
财产性质	不具有独占性	具有独占性
权利期限	没有时间限制	发明专利权的期限为 20 年,实用新型专利权期限为 10 年,外观设计专利权的期限为 15 年
保护方式	权利人自己采取保密措施	通过技术公开和限制使用的方式对专利技术实施法律保护

侵犯商业秘密的行为主要表现为以下几种。

(1) 以盗窃、贿赂、欺诈、胁迫、电子侵入或者其他不正当手段获取权利人的商业秘密。

(2) 披露、使用或者允许他人使用以前项手段获取的权利人的商业秘密。

(3) 违反保密义务或者违反权利人有关保守商业秘密的要求,披露、使用或者允许他人使用其所掌握的商业秘密。

(4) 教唆、引诱、帮助他人违反保密义务或者违反权利人有关保守商业秘密的要求,获取、披露、使用或者允许他人使用权利人的商业秘密。

经营者以外的其他自然人、法人和非法人组织实施上述所列违法行为的,视为侵犯商业秘密。第三人明知或者应知商业秘密权利人的员工、前员工或者其他单位、个人实施上述违法行为,仍获取、披露、使用或者允许他人使用该商业秘密的,视为侵犯商业秘密。

实务操作指南

如何保守商业秘密

(1) 加强门卫制度。门卫设防,对来访者,验明身份,不让无关人员特别是竞争对手随便进入公司。

(2) 加强保密区域的管理。建立内部监控设施、防盗系统,不让无关人员随便进出保密区域,如技术部、产品开发部、资料室等高度涉密区域。

(3) 加强信息管理。对储存资料、电脑盘片,建立管理制度,专人保管资料,借用、复制必须登记批准。

(4) 建立内部保密制度。在员工进入公司时就向其灌输保密观念,并把公司的保密制度写入《员工手册》。

(5) 分解工资结构,增加保密津贴。

(6) 订立守密协议。企业应与直接涉密人员订立商业秘密守密协议,按《劳动法》规定,把脱密期、竞业限止期等条款直接写入守密协议,依法明确双方的权利和义务。

(7) 建立健全人事制度。员工离职是企业商业秘密流向竞争对手的主要原因,建立健全企业人事制度,确定工资福利待遇和人事升迁制度,降低员工,尤其是中高级人才的流失而发生的商业秘密泄密事件。

(8) 与协作方签订保守商业秘密合同。

5. 不当有奖销售行为

有奖销售是指经营者销售商品或者提供服务,附带性地向购买者提供物品、金钱或者其他经济上的利益的行为。有奖销售包括奖励所有购买者的附赠式有奖销售和奖励部分购买者的抽奖式有奖销售。

《反不正当竞争法》并不完全禁止有奖销售,但是,欺骗性有奖销售、推销质次价高商品的有奖销售和奖品金额过高的抽奖式有奖销售等行为,制造不正当竞争,侵害消费者利益,则为法律所禁止。反不正当竞争法禁止的不当有奖销售包括以下三种:①所设奖的种类、兑奖条件、奖金金额或者奖品等有奖销售信息不明确,影响兑奖;②采用谎称有奖或者故意让内定人员中奖的欺骗方式进行有奖销售;③抽奖式的有奖销售,最高奖的金额超过5万元。

6. 诋毁商誉的行为

诋毁商誉行为是指通过捏造、散布虚伪事实,损害竞争对手的商业信誉、商品声誉,从而削弱其竞争力,为自己取得竞争优势的行为。《反不正当竞争法》第11条规定:经营者不得编造、传播虚假信息或者误导性信息,损害竞争对手的商业信誉、商品声誉。

诋毁商誉行为主要表现为以下几种形式:①在对外经营过程中,向业务客户及消费者散发虚假事实以贬低部分对手的商业信誉,诋毁其商品或服务的质量声誉;②利用商品的说明书,吹嘘本产品质量上乘,贬低同业竞争对手生产销售的同类产品;③唆使他人在公众中散布竞争对手的商品质量有问题等谎言,使该商品失去公众的信赖;④组织、唆使他人以顾客或消费者名义向有关部门作关于竞争对手产品质量低劣、服务质量差、侵害消费者权益的虚假投诉,从而达到贬损他人商誉的目的;⑤利用散发公开信、召开新闻发布会、刊登对比性广告、播放声明性广告等形式,制造、散布贬损竞争对手的商业信誉、商品声誉的虚假事实。

案例讨论9-2

丰都县叶氏食品有限公司(以下简称叶氏公司)享有"叶大哥"注册商标专用权,专门从事挂面、小麦粉生产、销售。邹某在抖音平台上发布了一条短视频,对叶氏公司生产的"叶大哥"太阳晒挂面进行评价,其视频标题为"现在吃什么能放心,这面条真的能燃烧,而且烧过了有一股胶味",内容为"看一下,这个面条是不是可以吃,可以吃,看嘛!这是'叶大哥'的面条,我在联华超市买的,今天我在抖音上看到,结果我也拿来试一下,真的是这样,真的是不敢吃"。其视频发布后,在该视频下方评论区有多人进行了评论,例如"现在面条都这样,都加有食用胶,越经煮的面条越加的多""天啦,我天天都是吃叶大哥面条""投诉12315",等等。叶氏公司发现上述视频和评论后,提起诉讼,请求依法判决邹某、字节跳动公司在公共媒体上公开赔礼道歉,并赔偿叶氏公司经济和名誉损失共计10万元。

问题:对邹某的行为应如何认定,法院应如何判决?

7. 利用网络技术手段实施的不正当竞争行为

经营者不得利用技术手段,通过影响用户选择、限流、屏蔽、商品下架等方式,减少其他经营者之间的交易机会,妨碍、破坏其他经营者合法提供的网络产品或者服务的正常运行,扰乱市场公平竞争秩序。《反不正当竞争法》第12条规定:经营者利用网络从事生产经营活动,应当遵守本法的各项规定。经营者不得利用技术手段,通过影响用户选择或者其他方式,实施下列妨碍、破坏其他经营者合法提供的网络产品或者服务正常运行的行为:①未经其他经营者同意,在其合法提供的网络产品或者服务中,插入链接、强制进行目标跳转;②误导、欺骗、强迫用户修改、关闭、卸载其他经营者合法提供的网络产品或者服务;③恶意对其他经营者合法提供的网络产品或者服务实施不兼容;④其他妨碍、破坏其他经营者合法提供的网络产品或者服务正常运行的行为。

(二)违反反不正当竞争法的法律责任

经营者从事不正当竞争行为应承担的法律责任主要有三种形式,即民事责任、行政责任和刑事责任。

1. 民事责任

经营者实施不正当竞争行为,给他人造成损害时,应承担民事责任,其责任形式主要有停止侵害、消除影响、赔偿损失。被侵害的经营者的损失难以计算的,赔偿金额为侵权期间因侵权所获得的利润;并应当承担被侵害的经营者因调查该经营者侵害其合法权益的不正当竞争行为所支付的合理费用。

2. 行政责任

不正当竞争行为的行政法律责任,就是经营者违反《反不正当竞争法》的规定,实施了不正当竞争行为,而由监督检查部门根据本法及有关法律、法规的规定,对行为人所给予的各种行政处罚，其中包括罚款、责令停业整顿、吊销营业执照等。

（1）经营者违反规定实施混淆行为的，由监督检查部门责令停止违法行为，没收违法商品。违法经营额5万元以上的，可以并处违法经营额五倍以下的罚款；没有违法经营额或者违法经营额不足5万元的，可以并处25万元以下的罚款。情节严重的，吊销营业执照。

（2）经营者违反《反不正当竞争法》规定贿赂他人的，由监督检查部门没收违法所得，处10万元以上300万元以下的罚款。情节严重的，吊销营业执照。

（3）经营者违反《反不正当竞争法》规定对其商品作虚假或者引人误解的商业宣传，或者通过组织虚假交易等方式帮助其他经营者进行虚假或者引人误解的商业宣传的，由监督检查部门责令停止违法行为，处20万元以上100万元以下的罚款；情节严重的，处100万元以上200万元以下的罚款，可以吊销营业执照。

（4）经营者以及其他自然人、法人和非法人组织违反《反不正当竞争法》规定侵犯商业秘密的，由监督检查部门责令停止违法行为，没收违法所得，处10万元以上100万元以下的罚款；情节严重的，处50万元以上500万元以下的罚款。

（5）经营者违反《反不正当竞争法》规定进行有奖销售的，由监督检查部门责令停止违法行为，处5万元以上50万元以下的罚款。

（6）经营者违反《反不正当竞争法》规定损害竞争对手商业信誉、商品声誉的，由监督检查部门责令停止违法行为、消除影响，处10万元以上50万元以下的罚款；情节严重的，处50万元以上300万元以下的罚款。

（7）经营者违反规定妨碍、破坏其他经营者合法提供的网络产品或者服务正常运行的，由监督检查部门责令停止违法行为，处10万元以上50万元以下的罚款；情节严重的，处50万元以上300万元以下的罚款。

3. 刑事责任

经营者实施不正当竞争行为，情节严重，构成犯罪的，依法承担刑事责任。根据《反不正当竞争法》和《刑法》的规定，有关不正当竞争行为的犯罪主要包括以下几种：假冒注册商标罪、侵犯商业秘密罪、虚假广告罪、损害商业信誉、商品信誉罪、串通投标罪、强迫交易罪。

任务二　产品质量法律制度

任务导入：甲在喜洋洋百货商场以18 000元价格买了一件紫红色"霸王花"貂皮大衣，穿上后，发现左膀有一团貂毛呈暗红色，而且该貂皮大衣并不保暖，遂找到喜洋洋百货商场要求退货。喜洋洋百货商场称貂皮大衣出现的上述质量问题属于产品缺陷，应由生产商承担产品侵权责任，与销售商无关，要求甲直接找生产商索赔。

任务要求：喜洋洋百货商场的说法是否正确，本案应如何处理？结合本案理解产品责任和产品质量瑕疵责任的不同。

一、产品质量法的概念及适用范围

1. 产品质量法的概念

产品质量法是调整产品质量监督管理关系和产品质量责任关系的法律规范的总称。一般包括产品质量监督和管理、生产者和销售者的产品质量责任和义务、违反产品质量法的法律责任等方面的法律规定。1993 年 2 月 22 日第七届全国人民代表大会常务委员会第三十次会议通过了《中华人民共和国产品质量法》(以下简称《产品质量法》),该法分别于 2000 年、2009 年、2018 年进行了修正。

2. 产品质量法的适用范围

在中华人民共和国境内从事生产、销售活动,必须遵守产品质量法。产品质量法中的产品是指经过加工、制作,用于销售的产品,不包括初级农产品和不动产。建设工程不适用产品质量法的规定,但是,建设工程使用的建筑材料、建筑构配件和设备属于产品定义范围的,适用产品质量法的规定。

案例讨论 9-3

国庆节期间,周某到超市购买了一台饮水机,超市为促销,随赠了一盒礼品。内装巧克力、瓜子、花生、核桃等食品。周某回家后发现花生等食品有异味且部分霉变,要求超市退还,或者给予赔偿。超市则认为礼盒是赠送品,不属赔偿范畴,拒绝退货或赔偿。

问题:赠送商品存在质量问题时,能否要求商家退换或赔偿呢?

二、产品质量的监督管理

(一)产品质量监督管理机关

根据我国《产品质量法》的规定,产品质量监督管理机关包括以下几点。

(1)国务院市场监督管理部门主管全国产品质量监督工作。国务院有关部门在各自的职责范围内负责产品质量监督工作。

(2)县级以上地方市场监督管理部门主管本行政区域内的产品质量监督工作。县级以上地方人民政府有关部门在各自的职责范围内负责产品质量监督工作。

法律对产品质量的监督部门另有规定的,依照有关法律的规定执行。

(二)产品质量监督管理制度

1. 产品标准化制度

产品标准化管理是工业产品质量标准的制定、实施、监督、检查的各项规定的总和,是产品质量监督管理的依据和基础。我国现行标准化体系分为国家标准、行业标准、地方标准和企业标准。

可能危及人体健康和人身、财产安全的工业产品,必须符合保障人体健康和人身、财产安全的国家标准、行业标准;未制定国家标准、行业标准的,必须符合保障人体健康和人身、财产安全的要求。禁止生产、销售不符合保障人体健康和人身、财产安全的标准和要求的工业产品。

2. 企业质量体系认证制度

企业质量体系认证制度是指国务院市场监督管理部门或者由它授权的部门认可的认证机构，依据国际通用的"质量管理和质量保证"系列标准，对企业的质量体系和质量保证能力进行审核合格，颁发企业质量体系认证证书以兹证明的制度。

《产品质量法》规定，国家根据国际通用的质量管理标准，推行企业质量体系认证制度。企业根据自愿原则可以向国务院市场监督管理部门认可的或者国务院市场监督管理部门授权的部门认可的认证机构申请企业质量体系认证。经认证合格的，由认证机构颁发企业质量体系认证证书。

3. 产品质量认证制度

产品质量认证是指国家认可的认证机构依据产品标准和相应的技术要求，对某项产品进行审核并证明其符合相应的标准和技术要求的法律制度。

产品质量法规定，国家参照国际先进的产品标准和技术要求，推行产品质量认证制度。企业根据自愿原则可以向国务院市场监督管理部门认可的或者国务院市场监督管理部门授权的部门认可的认证机构申请产品质量认证。经认证合格的，由认证机构颁发产品质量认证证书，准许企业在产品或者其包装上使用产品质量认证标志。

三、生产者、销售者的产品质量义务

（一）生产者的产品质量义务

1. 对生产的产品质量负责

生产者生产的产品在质量上应当符合下列要求：

（1）不存在危及人身、财产安全的不合理的危险，有保障人体健康和人身、财产安全的国家标准、行业标准的，应当符合该标准；

（2）具备产品应当具备的使用性能，但是，对产品存在使用性能的瑕疵作出说明的除外；

（3）符合在产品或者其包装上注明采用的产品标准，符合以产品说明、实物样品等方式表明的质量状况。

2. 标明产品标识

根据《产品质量法》的规定，产品或者其包装上的标识必须真实，并符合下列要求：

（1）有产品质量检验合格证明。

（2）有中文标明的产品名称、生产厂厂名和厂址。

（3）根据产品的特点和使用要求，需要标明产品规格、等级、所含主要成分的名称和含量的，用中文相应予以标明；需要事先让消费者知晓的，应当在外包装上标明，或者预先向消费者提供有关资料。

（4）限期使用的产品，应当在显著位置清晰地标明生产日期和安全使用期或者失效日期。

（5）使用不当，容易造成产品本身损坏或者可能危及人身、财产安全的产品，应当有警示标志或者中文警示说明。

裸装的食品和其他根据产品的特点难以附加标识的裸装产品，可以不附加产品标识。

（6）易碎、易燃、易爆、有毒、有腐蚀性、有放射性等危险物品以及储运中不能倒置和其他有特殊要求的产品，其包装质量必须符合相应要求，依照国家有关规定作出警示标志或者中文警示说明，标明储运注意事项。

3. 不得从事法律所禁止的行为

（1）生产者不得生产国家明令淘汰的产品。

（2）生产者不得伪造产地，不得伪造或者冒用他人的厂名、厂址。

（3）生产者不得伪造或者冒用认证标志等质量标志。

（4）生产者生产产品，不得掺杂、掺假，不得以假充真、以次充好，不得以不合格产品冒充合格产品。

（二）销售者的产品质量义务

1. 进货检查验收

销售者应当建立并执行进货检查验收制度，验明产品合格证明和其他标识。销售者履行验收义务，以防止不合格产品进入市场。

2. 保持产品质量的义务

销售者应当采取措施，保持销售产品的质量，防止产品变质、腐烂；防止产品丧失或降低使用性能；防止产品产生危害人身、财产安全的瑕疵。

3. 销售的产品标识符合规定

销售者销售的产品的标识应当符合法律的规定，不得更改产品标识，以保证产品标识的真实性。

4. 不得从事法律禁止的行为

不得销售国家明令淘汰并停止销售的产品和失效、变质的产品；不得伪造产地，不得伪造或者冒用他人的厂名、厂址；不得伪造或者冒用认证标志等质量标志；销售者销售产品，不得掺杂、掺假，不得以假充真、以次充好，不得以不合格产品冒充合格产品。

四、违反产品质量法的责任

产品质量责任是指生产者、销售者以及其他对产品质量负有责任的人违反《产品质量法》规定的产品质量义务应承担的法律责任。产品质量责任主要包括民事责任、行政责任和刑事责任。

（一）民事责任

1. 产品瑕疵责任

产品瑕疵责任是指因生产、销售的产品存在瑕疵，即产品质量不符合明示或默示的质量要求，生产者或销售者应当承担的法律责任。产品瑕疵责任实际上是一种合同责任。产品瑕疵责任的构成条件如下。

我国《产品质量法》规定，售出的产品有下列情形之一的，销售者应当负责修理、更换、退货；给购买产品的消费者造成损失的，销售者应当赔偿损失：①不具备产品应当具备的使用性能而事先未作说明的；②不符合在产品或者其包装上注明采用的产品标准的；③不符合以产品说明、实物样品等方式表明的质量状况的。

销售者依照上述规定负责修理、更换、退货、赔偿损失后，属于生产者的责任或者属于向销售者提供产品的其他销售者（即供货者）的责任的，销售者有权向生产者、供货者追偿。

2. 产品缺陷责任

产品缺陷责任，一般也称为产品责任，是指产品的生产者、销售者因产品存在缺陷而给消费者造成人身伤害或者缺陷产品以外的其他财产损失时所应承担的赔偿责任。产品缺陷责任实质上是一种侵权责任。

（1）产品缺陷责任的归责原则

根据我国产品质量法的规定，产品生产者适用的是无过错责任原则，销售者适用的是过错责任或过错推定责任原则。

（2）产品缺陷责任的构成要件

① 生产者承担产品责任的条件：具备下列三个条件，生产者应当承担产品侵权损害赔偿责任：第一，产品存在缺陷，即产品存在危及人身、他人财产安全的不合理的危险；第二，有损害事实的存在，即因产品缺陷造成了消费者、使用者或其他第三人的人身伤害或财产损失。第三，产品缺陷与损害后果之间有因果关系，即损害的结果是由产品缺陷直接导致的。

② 销售者承担产品责任的条件：由于销售者的过错使产品存在缺陷，造成人身、他人财产损害的，销售者应当承担赔偿责任，销售者不能指明缺陷产品的生产者也不能指明缺陷产品的供货者的，销售者应当承担赔偿责任。

（3）产品缺陷责任的责任主体

因产品存在缺陷造成人身、缺陷产品以外的其他财产损害的，受害人可以向产品的生产者要求赔偿，也可以向产品的销售者要求赔偿。属于产品的生产者责任的，由产品的销售者进行赔偿后，产品的销售者有权向产品的生产者追偿；反之，属于产品的销售者责任的，由产品的生产者进行赔偿后，产品的生产者有权向产品的销售者追偿。

案例讨论 9-4

2020年7月，小王在甲公司购买乙公司生产的东风日产牌轿车一辆。2021年3月12日，某市公安消防支队接到报警，某小区停车场内发生汽车起火，小王购买的东风日产牌轿车及另一车辆被烧毁。经调查，起火时间为当日凌晨4时29分，起火部位为东风日产牌轿车发动机舱内，起火原因为电气故障引起火灾。小王主张涉案车辆存在缺陷，起诉要求甲公司和乙公司赔偿其经济损失，甲公司拒绝赔偿，认为车辆是乙公司生产的，应由乙公司对缺陷产品造成的损失承担责任。

问题：甲公司的理由是否正确，法院应如何判决？

（4）产品缺陷责任的方式

因产品存在缺陷造成受害人人身伤害的，侵害人应当赔偿医疗费、治疗期间的护理费、因误工减少的收入等费用；造成残疾的，还应当支付残疾者生活自助器具费、生活补助费、残疾赔偿金以及由其扶养的人所必需的生活费等费用；造成受害人死亡的，还应当支付丧葬费、死亡赔偿金以及由死者生前扶养的人所必需的生活费等费用。

因产品存在缺陷造成受害人财产损失的，侵害人应当恢复原状或者折价赔偿。受害人因此遭受其他重大损失的，侵害人应当赔偿损失。"其他重大损失"是指其他经济等方面的损失，包括可以获得的利益的损失。

(5) 生产者的免责情形

我国《产品质量法》规定，生产者能够证明下列情形之一的，不承担赔偿责任：①未将产品投入流通的；②产品投入流通时的科学技术水平尚不能发现缺陷存在的；③产品投入流通时，引起损害的缺陷尚不存在的。

(6) 诉讼时效

因产品存在缺陷受到损害要求赔偿的诉讼时效期间为 2 年，自当事人知道或者应当知道其权利受到损害时起计算。因产品存在缺陷受到损害要求赔偿的请求权，在造成损害的产品交付最初用户、消费者、满 10 年后丧失；但是，尚未超过明示的安全使用期的除外。

【难点提示】 产品瑕疵责任与产品缺陷责任的区别（表 9-2）

表 9-2

项目	产品瑕疵责任	产品缺陷责任
产生依据	产品存在瑕疵，即产品质量不符合明示或默示的质量要求	产品存在缺陷，即产品存在危及人身、财产安全的不合理危险
责任性质	违约责任	侵权责任
归责原则	无过错责任原则	生产者适用无过错责任原则，销售者适用过错责任原则
构成要件	产品存在瑕疵即可，不要求损害后果	要求有损害后果
责任主体	销售者承担瑕疵担保责任，属于生产者或供货者责任的，销售者赔偿后可向真正责任者追偿	受害人可以向产品的生产者要求赔偿，也可以向产品的销售者要求赔偿。生产者和销售者之间再可根据实际情况追偿
免责条件	销售者事先对产品瑕疵作出说明的，可免除瑕疵担保责任	①未将产品投入流通的；②产品投入流通时的科学技术水平尚不能发现缺陷存在的；③产品投入流通时，引起损害的缺陷尚不存在的
责任方式	修理、更换、退货、赔偿损失	赔偿人身伤害和财产损失及其他重大损失

(二) 行政责任

违反产品质量法应承担的行政责任方式主要有责令停止生产、责令停止销售、没收违法所得、罚款、吊销营业执照等。具体体现在以下方面。

1. 生产者、销售者承担行政责任的情形

（1）生产、销售不符合保障人体健康和人身、财产安全的国家标准、行业标准的产品。

（2）在产品中掺杂、掺假，以假充真，以次充好，或者以不合格产品冒充合格产品。

（3）生产国家明令淘汰的产品的，销售国家明令淘汰并停止销售的产品。

（4）销售失效、变质的产品。

（5）伪造产品产地的，伪造或者冒用他人厂名、厂址，伪造或者冒用认证标志等质量标志的。

（6）产品标识不符合《产品质量法》的相关规定。

生产者或销售者从事上述行为的，由产品质量监督管理部门责令其改正，并根据情节分别给予以下行政处罚：警告，罚款，没收违法所得，责令停止生产、销售，吊销营业执照。

2. 产品质量检验机构、认证机构承担行政责任的情形

（1）产品质量检验机构、认证机构伪造检验结果或者出具虚假证明的，责令改正，对单位处5万元以上10万元以下的罚款，对直接负责的主管人员和其他直接责任人员处1万元以上5万元以下的罚款；有违法所得的，并处没收违法所得；情节严重的，取消其检验资格、认证资格。

（2）产品质量检验机构、认证机构出具的检验结果或者证明不实，造成损失的，应当承担相应的赔偿责任；造成重大损失的，撤销其检验资格、认证资格。

（3）产品质量认证机构违反法律规定，对不符合认证标准而使用认证标志的产品，未依法要求其改正或者取消其使用认证标志资格的，对因产品不符合认证标准给消费者造成的损失，与产品的生产者、销售者承担连带责任；情节严重的，撤销其认证资格。

3. 市场监督部门或者其他国家机关承担行政责任的情形

（1）市场监督部门在产品质量监督抽查中超过规定的数量索取样品或者向被检查人收取检验费用的，由上级产品质量监督部门或者监察机关责令退还；情节严重的，对直接负责的主管人员和其他直接责任人员依法给予行政处分。

（2）市场监督部门或者其他国家机关违反法律规定，向社会推荐生产者的产品或者以监制、监销等方式参与产品经营活动的，由其上级机关或者监察机关责令改正，消除影响，有违法收入的予以没收；情节严重的，对直接负责的主管人员和其他直接责任人员依法给予行政处分。

（3）市场监督部门或者工商行政管理部门的工作人员滥用职权、玩忽职守、徇私舞弊，构成犯罪的，依法追究刑事责任；尚不构成犯罪的，依法给予行政处分。

（4）各级人民政府工作人员和其他国家机关工作人员有下列情形之一的，依法给予行政处分：包庇、放纵产品生产、销售中违反本法规定行为的；向从事违反法律规定的生产、销售活动的当事人通风报信，帮助其逃避查处的；阻挠、干预产品质量监督部门或者工商行政管理部门依法对产品生产、销售中违反本法规定的行为进行查处，造成严重后果的。

(三) 刑事责任

生产者、销售者、产品质量检验机构、认证机构、产品质量监督部门或其他国家机关及其工作人员的违法行为，如果已经触犯刑法，构成犯罪的，依照中华人民共和国刑法的规定依法追究刑事责任。有关产品质量方面的犯罪主要有：生产、销售伪劣商品罪，玩忽职守罪、徇私枉法罪、妨害公务罪等。

任务三　消费者权益保护法律制度

任务导入：王某是普通的公司职员，经常收到莫名其妙的短信或者电话，内容包括房产广告、发票、保险等垃圾信息和诈骗信息。和王某一样，相当一部分消费者也会遭遇这样的情形，垃圾短信和骚扰电话无孔不入，甚至影响到正常作息生活，消费者普遍认为隐私很难得到保护。

任务要求：你是否也遇到过类似的情形，观察在生活消费中可能遇到的侵权情形，初步了解消费者权益保护法的适用范围。

一、消费者和消费者权益保护法

(一) 消费者和消费者权益的概念

消费者是指为生活消费需要，购买、使用商品或者接受服务的人。消费者权益是指消费者在购买、使用商品或接受服务时依法享有的受法律保护的权利。

(二) 消费者权益保护法的概念和适用范围

消费者权益保护法是调整在保护消费者权益过程中发生的社会关系的法律规范的总称。消费者权益保护法有广狭义之分，1993年10月31日第八届全国人大常委会第四次会议通过了《消费者权益保护法》，该法自1994年1月1日起施行。2013年10月25日全国人大常委会对《消费者权益保护法》进行了修订，修订后的《消费者权益保护法》自2014年3月15日起施行。

《消费者权益保护法》从主体和行为的角度明确了该法的适用范围：消费者为生活消费需要购买、使用商品或者接受服务，其权益受本法保护；经营者为消费者提供商品或服务，应当遵守本法；另外，农民购买、使用直接用于农业生产的生产资料所产生的社会关系也适用《消费者权益保护法》。

【难点提示】　如何区分生产消费与生活消费

　　生产消费是为商品的再生产而消耗物质资料和劳动力的行为和过程；生活消费是人们为了生存与发展需要消耗物质产品和精神产品的行为和过程。《消费者权益保护法》只适用于生活消费，但是，农民购买、使用直接用于农业生产的生产资料所产生的社会关系也适用《消费者权益保护法》。

（三）消费者权益保护法的立法宗旨及基本原则

消费者权益保护法的立法宗旨是：保护消费者的合法权益，维护社会经济秩序，促进社会主义市场经济健康发展。

消费者权益保护法的基本原则有：自愿、平等、公平、诚实信用的原则；国家保护消费者的合法权益不受侵害的原则；是国家保护与社会监督相结合的原则。

二、消费者的权利与经营者的义务

（一）消费者的权利

所谓消费者权利，是指消费者在消费领域中，即在购买、使用商品或者接受服务中所享有的权利。消费者的权利是保护消费者的权益的核心问题。《消费者权益保护法》规定了消费者享有的九项权利，即：安全权、知情权、自主选择权、公平交易权、求偿权、结社权、获取知识权、维护尊严权、监督权。

1. 安全权

安全权是消费者首要的、第一位的权利，是指消费者在购买、使用商品和接受服务时享有人身、财产安全不受损害的权利。消费者有权要求经营者提供的商品和服务，符合保障人身、财产安全的要求。否则，造成损失，消费者有权要求经营者予以赔偿。《消费者权益保护法》第7条规定："消费者在购买、使用商品和接受服务时享有人身、财产安全不受损害的权利。"

2. 知情权

知情权是指消费者在购买、使用商品或接受服务时，了解与其购买、使用的商品或接受的服务有关的真实情况的权利。消费者有权根据商品或者服务的不同情况，要求经营者提供商品的价格、产地、生产者、用途、性能、规格、等级、主要成分、生产日期、有效期限、检验合格证明、使用方法说明书、售后服务，或者服务的内容、规格、费用等有关情况。

3. 自主选择权

消费者享有自主选择商品或者服务的权利。消费者有权自主选择提供商品或者服务的经营者，自主选择商品品种或者服务方式，自主决定购买或者不购买任何一种商品，接受或者不接受任何一项服务。消费者在自主选择商品或者服务时，有权进行比较，鉴别和挑选。

4. 公平交易权

公平交易权是指：消费者在购买商品或者接受服务时，有权获得质量保障，价格合理，计量正确等公平交易条件，有权拒绝经营者的强制交易行为。

5. 求偿权

消费者因购买、使用商品或者接受服务受到人身、财产损害的，享有依法获得赔偿的权利。商品的购买者、商品的使用者、服务的接受者以及在他人购买、使用商品或接受服务的过程中受到人身或财产损害的人，只要其人身、财产损害是因购买、使用商品或接受服务而引起的,都享有求偿权。除了因为人身或财产受到损害而要求获得赔偿损失外,消费者还可以要求其经营者承担其他责任,如修理、重做、更换、恢复原状、消除影响、恢复名誉、赔礼道歉等。

6. 结社权

结社权是指消费者为维护自身合法权益而依法建立社会团体的权利。消费者依法成立维护自身合法权益的社会团体,通过有组织的活动,维护自身的合法权益,既是一项权利,也是国家鼓励全社会共同保护消费者合法权益的体现。

> **【难点提示】** 消费者协会的职责
>
> 消费者协会是依法成立的对商品和服务进行社会监督的保护消费者合法权益的社会组织。
>
> 消费者协会履行下列公益性职责:①向消费者提供消费信息和咨询服务,提高消费者维护自身合法权益的能力,引导文明、健康、节约资源和保护环境的消费方式;②参与制定有关消费者权益的法律、法规、规章和强制性标准;③参与有关行政部门对商品和服务的监督、检查;④就有关消费者合法权益的问题,向有关部门反映、查询、提出建议;⑤受理消费者的投诉,并对投诉事项进行调查、调解;⑥投诉事项涉及商品和服务质量问题的,可以委托具备资格的鉴定人鉴定,鉴定人应当告知鉴定意见;⑦就损害消费者合法权益的行为,支持受损害的消费者提起诉讼或者依照本法提起诉讼;⑧对损害消费者合法权益的行为,通过大众传播媒介予以揭露、批评。

7. 获取知识权

获取知识权是指消费者有获得消费者权益保护方面的知识,包括有关商品和服务的基本知识、有关消费者权益保护方面的知识等。消费者应当努力掌握所需商品或者服务的知识和使用技能,正确使用商品,提高自我保护意识。

8. 维护尊严权

消费者在购买、使用商品和接受服务时,享有其人格尊严、民族风俗习惯得到尊重的权利。人格尊严包括姓名权、名誉权、荣誉权、肖像权等。民族风俗习惯尊重权是坚持民族团结和民族平等原则,尊重民族感情和民族尊严的体现。在市场交易过程中,消费者的人格尊严、民族风俗习惯依法应当受到商家的尊重和保护。

案例讨论 9-5

朱女士在某大型超市购物,出门口时报警器突然鸣响不止,保安将其拦住,当着超市门口很多人的面严厉训斥他,称其为小偷,并无理地要求其拿出所偷的物品。朱女士没有偷拿超市任何东西,所以根本拿不出什么偷盗物品,保安就强制当众脱掉朱女士的外衣搜身,并抢过他的包、购物袋,搜查里面的物品,挨个在报警器前扫过,以便检查哪件是没有付款的,最终毫无结果。朱女士认为其人格尊严受到严重侵害,故起诉超市要求其公开赔礼道歉并支付精神损害赔偿。

问题: 本案应如何处理?

9. 监督权

消费者享有对商品和服务以及保护消费者权益工作进行监督的权利。消费者有权检举、控告消费者权益的行为和国家机关及其工作人员在保护消费者权益工作中的违法失职行为，有权对保护消费者权益工作提出批评、建议。

（二）经营者的义务

经营者是与消费者相对应的一方主体，经营者义务的履行，是保障消费者权利实现的首要条件。根据《消费者权益保护法》的规定，经营者应承担以下义务。

1. 履行法定义务和约定义务

经营者向消费者提供商品或者服务，应当依照《产品质量法》和其他有关法律、法规的规定履行义务。经营者和消费者有约定的，应当按照约定履行义务，但双方的约定不得违背法律、法规的规定。

经营者向消费者提供商品或者服务，应当恪守社会公德，诚信经营，保障消费者的合法权益；不得设定不公平、不合理的交易条件，不得强制交易。

2. 接受监督的义务

经营者应当听取消费者对其提供的商品或者服务的意见，接受消费者的监督。这是基于对消费者的监督权提出的对经营者的要求。

3. 保证消费者人身和财产安全的义务

这是与消费者安全权相对应的经营者的义务。经营者应当保证其提供的商品或者服务符合保障人身、财产安全的要求。对可能危及人身、财产安全的商品和服务，应当向消费者作出真实的说明和明确的警示，并说明和标明正确使用商品或者接受服务的方法以及防止危害发生的方法。

宾馆、商场、餐馆、银行、机场、车站、港口、影剧院等经营场所的经营者，应当对消费者尽到安全保障义务。

经营者发现其提供的商品或者服务存在缺陷，有危及人身、财产安全危险的，应当立即向有关行政部门报告和告知消费者，并采取停止销售、警示、召回、无害化处理、销毁、停止生产或者服务等措施。采取召回措施的，经营者应当承担消费者因商品被召回支出的必要费用。

案例讨论 9-6

姚某随其朋友张某、吴某某等十多人到孟某某经营的位于湖边的饭店就餐。到达后，姚某及其朋友被该饭店服务员安排在位于湖上的就餐船上就餐。该就餐船仅在船四周设置 0.8 米高的护栏，别无其他防护设施，也未设置任何安全警示标识。酒宴快结束时，姚某从就餐船上跨越护栏来到与就餐船紧密相连的水泥船上，接着又跨到旁边无任何防护设施的小铁船上闲坐，后又用手机与人通话。由于坐立不稳，姚某不慎落入湖中，溺水而亡。事后，姚某亲属以孟某某未尽安全保障义务为由诉至法院，要求赔偿损失 356 858.48 元。孟某某认为姚某之死系其个人行为所致，拒绝赔偿。

问题：孟某某是否应承担赔偿责任？为什么？

4. 提供真实信息的义务

经营者向消费者提供有关商品或者服务的质量、性能、用途、有效期限等信息，应当真实、全面，不得作虚假或者引人误解的宣传。经营者提供商品或者服务应当明码标价。

采用网络、电视、电话、邮购等方式提供商品或者服务的经营者，以及提供证券、保险、银行等金融服务的经营者，应当向消费者提供经营地址、联系方式、商品或者服务的数量和质量、价款或者费用、履行期限和方式、安全注意事项和风险警示、售后服务、民事责任等信息。

5. 标明真实名称和标记的义务

经营者应当标明其真实名称和标记。租赁他人柜台或者场地的经营者，应当标明其真实名称和标记。

6. 出具购货凭证或服务单据的义务

经营者提供商品或者服务，应当按照国家有关规定或者商业惯例向消费者出具发票等购货凭证或者服务单据；消费者索要发票等购货凭证或者服务单据的，经营者必须出具。

7. 保证商品和服务质量的义务

经营者应当保证在正常使用商品或者接受服务的情况下其提供的商品或者服务应当具有的质量、性能、用途和有效期限；但消费者在购买该商品或者接受该服务前已经知道其存在瑕疵，且存在该瑕疵不违反法律强制性规定的除外。

经营者以广告、产品说明、实物样品或者其他方式表明商品或者服务的质量状况的，应当保证其提供的商品或者服务的实际质量与标明的质量状况相符。

提供的机动车、计算机、电视机、电冰箱、空调器、洗衣机等耐用商品或者装饰装修等服务，消费者自接受商品或者服务之日起六个月内发现瑕疵，发生争议的，由经营者承担有关瑕疵的举证责任。

8. 三包义务

经营者提供的商品或者服务不符合质量要求的，消费者可以依照国家规定、当事人约定退货，或者要求经营者履行更换、修理等义务。没有国家规定和当事人约定的，消费者可以自收到商品之日起七日内退货；七日后符合法定解除合同条件的，消费者可以及时退货，不符合法定解除合同条件的，可以要求经营者履行更换、修理等义务。依照前述规定进行退货、更换、修理的，经营者应当承担运输等必要费用。

经营者采用网络、电视、电话、邮购等方式销售商品，消费者有权自收到商品之日起七日内退货，且无须说明理由，但下列商品除外：①消费者定作的；②鲜活易腐的；③在线下载或者消费者拆封的音像制品、计算机软件等数字化商品；④交付的报纸、期刊。

除前款所列商品外，其他根据商品性质并经消费者在购买时确认不宜退货的商品，不适用无理由退货。

消费者退货的商品应当完好。经营者应当自收到退回商品之日起七日内返还消费者支付的商品价款。退回商品的运费由消费者承担；经营者和消费者另有约定的，按照约定。

案例讨论 9-7

肖先生在某购物平台购买了一副蓝牙耳机，到货3天后发现没那么喜欢了，所以想要退货退款，经营者却称商品已经拆封，已不适用7天无理由退货退款规定。肖先生认为如果不拆封的话，怎么知道耳机的真实情况，而且目前耳机也是完好无损的，经营者不给退货的规定不合理，遂向相关部门投诉。

问题：肖先生可以在7日内要求经营者退货吗？

9. 不得从事不公平、不合理交易的义务

经营者在经营活动中使用格式条款的，应当以显著方式提请消费者注意商品或者服务的数量和质量、价款或者费用、履行期限和方式、安全注意事项和风险警示、售后服务、民事责任等与消费者有重大利害关系的内容，并按照消费者的要求予以说明。

经营者不得以格式条款、通知、声明、店堂告示等方式，作出排除或者限制消费者权利、减轻或者免除经营者责任、加重消费者责任等对消费者不公平、不合理的规定，不得利用格式条款并借助技术手段强制交易。

格式条款、通知、声明、店堂告示等含有前款所列内容的，其内容无效。

案例讨论 9-8

张先生的朋友从南京寄出一份礼盒，其中包括一条大苏烟和一盒明前雨花茶叶，总价值约1 200元。但在派送过程中，快递员直接将包裹放在了张先生地址附近的超市，且未电话告知收货人。朋友询问是否收到礼物时，张先生才得知这一包裹的存在，前往超市找寻，但包裹已经丢失，无法找到，张先生要求快递公司赔偿全部损失。快递公司却拒绝赔偿，理由是按照该公司《快递递送合同》的规定：公司送货至指定地点时，如托运人或指定的签收人不在，公司有权让他人代收，由此产生的后果与公司无关。

问题：快递公司的理由是否成立，为什么？

10. 不得侵犯消费者人身权的义务

经营者不得对消费者进行侮辱、诽谤，不得搜查消费者的身体及其携带的物品，不得侵犯消费者的人身自由。

11. 正确使用消费者个人信息的义务

经营者收集、使用消费者个人信息，应当遵循合法、正当、必要的原则，明示收集、使用信息的目的、方式和范围，并经消费者同意。经营者收集、使用消费者个人信息，应当公开其收集、使用规则，不得违反法律、法规的规定和双方的约定收集、使用信息。

经营者及其工作人员对收集的消费者个人信息必须严格保密，不得泄露、出售或者非法向他人提供。经营者应当采取技术措施和其他必要措施，确保信息安全，防止消费者个人信息泄露、丢失。在发生或者可能发生信息泄露、丢失的情况时，应当立即采取补救措施。

经营者未经消费者同意或者请求，或者消费者明确表示拒绝的，不得向其发送商业性信息。

案例讨论 9-9

邓女士在某科技公司任职,业余时间则在能源公司兼职,能源公司为邓女士办理社保卡时,通过某快递公司邮寄了相关手续,收件地址填写为邓女士提供的家庭住址地。快递公司在投递时,发现邓女士不在家中,在未经联系邓女士的情况下,通过快递公司的数据库,调取了邓女士经常使用的另一地址,即某科技公司地址。快递员将快件转投至科技公司时,在未核实身份的情况下,信封被公司前台拆开。由此,导致邓女士在能源公司兼职一事被科技公司知晓,科技公司以邓女士兼职违反规定为由,将其辞退。事后,邓女士以快递公司侵犯其隐私权为由,诉至法院。

问题:快递公司是否侵犯邓女士的隐私权,为什么?

三、消费者权益争议的解决与法律责任

(一)消费者权益争议的解决途径

《消费者权益保护法》第 6 章对争议的解决作了专门规定,消费者和经营者发生消费者权益争议的,可以通过下列途径解决:①与经营者协商和解;②请求消费者协会调解;③向有关行政部门申诉;④根据与经营者达成的仲裁协议提请仲裁机构仲裁;⑤向人民法院提起诉讼。

(二)承担责任的主体

1. 生产者、销售者、服务者

消费者在购买、使用商品时,其合法权益受到损害的,可以向销售者要求赔偿。销售者赔偿后,属于生产者的责任或者属于向销售者提供商品的其他销售者的责任的,销售者有权向生产者或者其他销售者追偿。

消费者或者其他受害人因商品缺陷造成人身、财产损害的,可以向销售者要求赔偿,也可以向生产者要求赔偿。属于生产者责任的,销售者赔偿后,有权向生产者追偿。属于销售者责任的,生产者赔偿后,有权向销售者追偿。

消费者在接受服务时,其合法权益受到损害的,可以向服务者要求赔偿。

2. 变更后的企业

消费者在购买、使用商品或者接受服务时,其合法权益受到损害,因原企业分立、合并的,可以向变更后承受其权利义务的企业要求赔偿。

3. 营业执照的使用人或持有人

使用他人营业执照的违法经营者提供商品或者服务,损害消费者合法权益的,消费者可以向其要求赔偿,也可以向营业执照的持有人要求赔偿。

4. 展销会举办者、柜台出租者

消费者在展销会、租赁柜台购买商品或者接受服务,其合法权益受到损害的,可以向销售者或者服务者要求赔偿。展销会结束或者柜台租赁期满后,也可以向展销会的举办者、柜台的出租者要求赔偿。展销会的举办者、柜台的出租者赔偿后,有权向销售者或者服务者追偿。

5. 虚假广告的经营者

消费者因经营者利用虚假广告提供商品或者服务，其合法权益受到损害的，可以向经营者要求赔偿。广告的经营者发布虚假广告的，消费者可以请求行政主管部门予以惩处。广告的经营者不得提供经营者的真实名称、地址的，应当承担赔偿责任。

6. 网络交易平台

消费者通过网络交易平台购买商品或者接受服务，其合法权益受到损害的，可以向销售者或者服务者要求赔偿。网络交易平台提供者不能提供销售者或者服务者的真实名称、地址和有效联系方式的，消费者也可以向网络交易平台提供者要求赔偿；网络交易平台提供者作出更有利于消费者的承诺的，应当履行承诺。网络交易平台提供者赔偿后，有权向销售者或者服务者追偿。

网络交易平台提供者明知或者应知销售者或者服务者利用其平台侵害消费者合法权益，未采取必要措施的，依法与该销售者或者服务者承担连带责任。

案例讨论 9-10

肖先生在某直播间购买了一款生发液，到货以后使用了很长一段时间，却没有经营者宣称的"促进毛囊修复，促进头发再生"效果，跟使用前没有任何区别。肖先生想要退货退款，但一直联系不上直播间的运营者，客服也不回复信息，于是找到该直播营销平台要求其提供直播间运营者的真实姓名和有效联系方式，但是直播营销平台却无法提供。肖先生要求直播平台承担退货退款的责任。

问题：该直播营销平台是否应承担退货退款的责任？

（三）法律责任

1. 民事责任

（1）侵犯消费者人身权的民事责任

《消费者权益保护法》关于侵犯消费者人身权的民事责任有以下规定：①致人伤害的民事责任。经营者提供商品或者服务，造成消费者或者其他受害人人身伤害的，应当支付医疗费、治疗期间的护理费、因误工减少的收入等费用，造成残疾的，还应当支付残疾者生活自助具费、生活补助费、残疾赔偿金以及由其扶养的人所必需的生活费等费用。②致人死亡的民事责任。经营者提供商品或者服务，造成消费者或者其他受害人死亡的，应当支付丧葬费、死亡赔偿金以及由死者生前扶养的人所必需的生活费等费用；构成犯罪的，依法追究刑事责任。③侵犯人格尊严或人身自由的民事责任。经营者违反法律规定，侵害消费者的人格尊严或者侵犯消费者人身自由的，应当停止侵害、恢复名誉、消除影响、赔礼道歉，并赔偿损失。

（2）侵犯消费者财产权的民事责任

经营者侵犯消费者的财产权应承担以下责任。①经营者提供商品或者服务，造成消费者财产损害的，应当按照消费者的要求，以修理、重作、更换、退货、补足商品数量、退还货款和服务费用或者赔偿损失等方式承担民事责任。②经营者对国家规定或者与消费者约定包修、包换、包退的商品，必须按约定履行"三包"义务。在保修期内两次修理仍不能正常使用的，经营者应当负责更换或者退货。对包修、包换、包退的大件商品，消费者要求经营者修理、更换、退货的，经营者应当承担运输等合理费用。③经营者以邮购方式提供商品的，应当按照约定提供。未按照约定提供的，应当按照消费者的要求履行约定或者退回货款；并应当承担消费者必须支付的合理费用。④经营者以预收款方式提供商品或者服务的，应当按照约定提供。未按照约定提供的，应当按照消费者的要求履行约定或者退回预付款；并应当承担预付款的利息、消费者必须支付的合理费用。⑤依法经有关行政部门认定为不合格的商品，消费者要求退货的，经营者应当负责退货。⑥经营者提供商品或者服务有欺诈行为的，应当按照消费者的要求增加赔偿其受到的损失，增加赔偿的金额为消费者购买商品的价款或者接受服务的费用的三倍；增加赔偿的金额不足五百元的，为五百元。法律另有规定的，依照其规定。经营者明知商品或者服务存在缺陷，仍然向消费者提供，造成消费者或者其他受害人死亡或者健康严重损害的，受害人有权要求经营者依照《消费者权益保护法》第四十九条、第五十一条等法律规定赔偿损失，并有权要求所受损失二倍以下的惩罚性赔偿。

实务操作指南

人身损害赔偿标准及赔偿计算公式

（1）医疗费赔偿计算公式：医疗费赔偿金额＝诊疗费＋医药费＋住院费＋其他医用费用。

（2）住院伙食补助费赔偿计算公式：住院伙食补助费赔偿金额＝当地国家机关一般工作人员的出差伙食补助标准×住院天数。

（3）营养费赔偿计算公式：营养费赔偿金额＝根据伤残情况参照医疗机构意见确定。

（4）受害人误工费赔偿计算公式：误工费赔偿金额＝受害人固定收入（天/月/年）×误工时间或者（上年度在岗职工平均工资（城镇）÷365日）×误工天数。

（5）陪护费赔偿计算公式：陪护费赔偿金额＝陪护人的原收入×陪护时间或者同等级别护工报酬标准×陪护时间。

（6）交通费赔偿计算公式：交通费赔偿金额＝实际发生的交通费用（凭票）。

（7）住宿费赔偿计算公式：住宿费赔偿金额＝当地国家机关一般工作人员出差住宿标准×住宿天数。

（8）残疾赔偿金计算公式：①受害人在60岁以下：城镇居民残疾赔偿金＝上年度城市居民人均可支配性收入×20年×伤残赔偿指数，农村居民残疾赔偿金＝上年度农民家庭人均纯收入×20年×伤残赔偿指数；②受害人在60～74岁：城镇居民残疾赔偿金＝上年度城市居民人均可支配性收入×[20年－（受害人实际年龄－60岁）]×伤残赔偿指数，农村居民残疾赔偿金＝上年度农民家庭人均纯收入×[20年－（受害人实际年龄－60岁）]×伤残赔偿指数；③受害人在75岁以上：城镇居民残疾赔偿金＝上年度城市居民人均可支配性收入×5年×伤残赔偿指数，农村居民残疾赔偿金＝上年度农民家庭人均纯收入×5年×伤残赔偿指数。

（9）残疾辅助器具费赔偿计算：残疾用具费＝普通适用器具的合理费用。

(10) 被抚养人生活费赔偿计算公式：①被抚养人在18周岁以下：城镇居民被抚养人生活费赔偿金额＝上年度城市居民人均消费支出×(18－被抚养人实际年龄)÷对被抚养人承担扶养义务的人数×伤残赔偿指数(受害人死亡的，不乘以伤残赔偿指数)，农村居民被抚养人生活费赔偿金额＝上年度农民家庭人均生活费支出×(18－被抚养人实际年龄)÷对被抚养人承担扶养义务的人数×伤残赔偿指数(受害人死亡的，不乘以伤残赔偿指数)；②被抚养人在18～60岁：城镇居民被抚养人生活费赔偿金额＝(上年度城市居民人均消费支出×20年)÷对被抚养人承担扶养义务的人数×伤残赔偿指数(受害人死亡的，不乘以伤残赔偿指数)，农村居民被抚养人生活费赔偿金额＝(上年度农民家庭人均生活费支出×20年)÷对被抚养人承担扶养义务的人数×伤残赔偿指数(受害人死亡的，不乘以伤残赔偿指数)；③被抚养人在60～74岁：城镇居民被抚养人生活费赔偿金额＝{上年度城市居民人均消费支出×[20年－(被抚养人实际年龄－60岁)]}÷对被抚养人承担扶养义务的人数×伤残赔偿指数(受害人死亡的，不乘以伤残赔偿指数)，农村居民被抚养人生活费赔偿金额＝{上年度农民家庭人均生活费支出×[20年－(死亡人实际年龄－60岁)]}÷对被抚养人承担扶养义务的人数×伤残赔偿指数(受害人死亡的，不乘以伤残赔偿指数)；④被抚养人在75岁以上：城镇居民被抚养人生活费赔偿金额＝(上年度城市居民人均消费支出×5年)÷对被抚养人承担扶养义务的人数×伤残赔偿指数(受害人死亡的，不乘以伤残赔偿指数)，农村居民被抚养人生活费赔偿金额＝(上年度农民家庭人均生活费支出×5年)÷对被抚养人承担扶养义务的人数×伤残赔偿指数(受害人死亡的，不乘以伤残赔偿指数)。

(11) 丧葬费赔偿计算公式：丧葬费赔偿金额＝上年度在岗职工平均工资(城镇)÷12个月×6个月。

(12) 死亡赔偿金计算公式：①受害人在60周岁以下：城镇居民死亡赔偿金＝上年度城市居民人均可支配性收入×20年，农村居民死亡赔偿金＝上年度农民家庭人均纯收入×20年；②受害人在60～74岁：城镇居民死亡赔偿金＝上年度城市居民人均可支配性收入×[20年－(死亡人实际年龄－60岁)]，农村居民死亡赔偿金＝上年度农民家庭人均纯收入×[20年－(死亡人实际年龄－60岁)]；③受害人在75岁以上：城镇居民死亡赔偿金＝上年度城市居民人均可支配性收入×5年，农村居民死亡赔偿金＝上年度农民家庭人均纯收入×5年。

伤残等级作为赔偿标准的系数，即一至十级对应百分比系数分别为100%至10%，具体计算方式如下：一级伤残为上一年度城镇居民人均可支配收入或者农村居民人均纯收入标准乘以二十年再乘以100%，二级伤残则乘以90%，依此类推，九级伤残乘以20%，十级伤残乘以10%。

2. 行政责任

经营者承担行政责任的形式主要有：责令改正、警告、没收非法所得、罚款、责令停业整顿、吊销营业执照等。《消费者权益保护法》第50条规定：经营者有下列情形之一，由工商行政管理部门责令改正，可以根据情节单处或者并处警告、没收违法所得、处以违法所得一倍以上五倍以下的罚款，没有违法所得的，处以1万以下罚款；情节严重的，再现责令停业整顿,吊销营业执照:①生产、销售的商品不符合保障人身、财产安全要求的;②在商品中掺杂、掺假,以假充真,以次充好,或者以不合格商品冒充合格商品的;③生产国家明令淘汰的商品或者销售失效、变质的商品的;④伪造商品的产地,伪造或者冒用他人的厂名、厂址,伪造或者冒用认证标志、名优标志等质量标志的;⑤销售的商品应当检验、检疫而未检验、检疫或者伪造检验、检疫结果的;⑥对商品或者服务作引人误解的虚假宣传的;⑦对消费者提出的修理、重作、更换、退货、补足商品数量、退还货款和服务费用或者赔偿损失的要求,故意拖延或者无理拒绝的;⑧侵害消费者人格尊严或者侵犯消费者人身自由的;⑨法律、法规规定的对损害消费者权益应当予以处罚的其他情形。

经营者对行政处罚决定不服的,可以自收到处罚决定之日起 15 日内向上一级机关申请复议,对复议决定不服的,可以自收到复议决定书之日起 15 日内向人民法院提起诉讼;也可以直接向人民法院提起诉讼。

3. 刑事责任

违反《消费者权益保护法》,构成犯罪的行为包括:①经营者提供商品或者服务,造成消费者或其他受害人受伤、残疾、死亡的;②以暴力、威胁等方法阻碍有关行政部门工作人员依法执行职务的;③国家机关工作人员玩忽职守或者包庇经营者侵害消费者合法权益的。对这些行为应根据情节依法追究刑事责任。

项目训练

知识练习

1. 基本概念

不正当竞争行为　商业贿赂行为　商业秘密　诋毁商誉行为　产品　产品缺陷　产品缺陷责任　消费者　安全权　知情权　自主选择权　公平交易权

2. 选择题

(1) 反不正当竞争法中的经营者是指(　　)。

　　A. 一切法人

　　B. 一切法人和个人

　　C. 从事商品经营或营利性服务的法人、其他经济组织和个人

　　D. 从事营利性服务的法人、其他经济组织

(2) 商业秘密的特征包括(　　)。

　　A. 秘密性　　　B. 实用性　　　C. 保密性　　　D. 技术性

(3) 监督检查部门在监督检查不正当竞争行为时,(　　)应当如实提供有关资料或者情况。

　　A. 被检查的经营者　　　　　　B. 利害关系人

　　C. 证明人　　　　　　　　　　D. 国家机关

(4) 属于产品质量法调整的产品为(　　)

　　A. 建筑工程　　B. 原矿　　　C. 苹果　　　D. 电视机

(5) 生产者承担产品缺陷责任的归责原则是(　　)。

A. 过错责任原则　　　　　　　B. 无过错责任原则
C. 公平原则　　　　　　　　　D. 过错推定原则

(6) 产品缺陷责任的诉讼时效是(　　)。
A. 1 年　　　B. 2 年　　　C. 5 年　　　D. 20 年

(7) 下列产品中应有警示标志或中文警示说明的有(　　)。
A. 有副作用的药品　　　　　B. 需稀释方可使用的农药
C. 易燃易爆物　　　　　　　D. 书籍

(8) 经营者提供商品或者服务有欺诈行为的，应当按照消费者的要求增加赔偿其受到的损失，增加赔偿的金额为消费者购买商品的价款或接受服务的费用的(　　)。
A. 1 倍　　　B. 2 倍　　　C. 3 倍　　　D. 4 倍

(9) 经营者侵害消费者的人格尊严或者侵犯消费者人身自由的，应当负(　　)责任。
A. 停止侵害　　B. 恢复名誉　　C. 消除影响　　D. 赔礼道歉

(10)《消费者权益保护法》调整的对象是(　　)。
A. 消费者为生产需要购买，使用商品或接受服务时所发生的法律关系
B. 各商家为经营需要而发生的购销关系
C. 消费者为生活消费需要购买，使用商品或者接受服务而发生的法律关系
D. 消费者为营利而进行的购销活动

3. 问答题

(1) 不正当竞争行为有哪些？
(2) 什么是混淆行为，其表现形式有哪些？
(3) 什么是商业秘密，侵犯商业秘密的行为有哪些？
(4) 不正当竞争行为的法律责任有哪些？
(5) 生产者、销售者的产品质量责任和义务有哪些？
(6) 产品缺陷责任的构成要件有哪些？
(7) 消费者的权利有哪些？
(8) 经营者的义务有哪些？
(9) 简述消费争议的解决途径有哪些，侵犯消费者权益的责任主体有哪些？

案例分析

【案例 1】 张某是隆鑫机械公司的外贸业务员，在隆鑫公司任职期间自己出资成立了伟成机械设备公司。张某在隆鑫公司的办公场所内记录下该公司的 7 家外贸客户的联系人、电子邮件等信息，以便再次从事机械外贸业务。后张某从隆鑫公司离职，伟成公司与上述 7 家外贸客户中的 4 家进行了机械设备外贸交易，经营额 40 多万元。

问题：对张某及隆鑫公司的行为应如何认定，应承担哪些法律责任？

【案例 2】 北京某某科学器材有限公司通过北京某某速运有限公司的客户端下单，向云南某环科技有限公司邮寄手持式分析仪一台，价值为 176 717 元，并向某某速运有限公司支付了快递费，但未进行保价。但北京某某速运有限公司工作人员在运输过程中，未将货物送达收货方，在签收底单中其工作人员签字为："大厅"，收货方并未签字确认，造成邮寄的货物丢失。寄件人得知货物丢失后，积极和北京某某速运公司沟通。北京某某速运公

司人员通过邮件告知寄件人已经报警处理，并张贴寻物启事予以寻找，但最终未找到，致使寄件人损失严重。寄件人多次和北京某某速运公司沟通，但快递公司辩称根据其公司的赔付规则仅赔偿七倍的运费。寄件人无奈之下，向北京市顺义区人民法院提起诉讼，要求快递公司赔偿货物损失 176 717 元并退还快递费用。

问题：北京某某速运公司是否应承担赔偿责任，法院应如何判决？

【案例3】林某在某品牌专卖店购买了一辆价值 3 000 元的电动自行车，使用三天后，频繁出现间断性断电故障，并找到经营者多次维修。林某质疑电动自行车存在质量问题，向经营者提出退货的要求。经营者则以电动自行车已经维修过多次，况且林某在没有经过有关部门鉴定检测的情况下无法证明电动自行车属于质量问题为由，坚决不同意退货，只同意维修。无奈之下，林某向人民法院提起诉讼。

问题：本案应由谁对电动车质量问题承担举证责任？法院应如何判决？

实训操作

（1）调查我国近年来常见的产品责任事故，分析产品责任事故产生的原因，理解运用追究产品责任的条件及责任类型。

（2）开展一次"消费维权"法律咨询活动，熟悉消费者的权利、经营者的义务及消费纠纷的解决方式。

项目十 物流争议解决法律制度

学习目标

知识目标
- 了解物流争议的解决方式。
- 掌握仲裁的概念、特征、适用范围，掌握仲裁协议的内容及效力，熟悉仲裁的程序。
- 掌握民事诉讼的概念、民事诉讼的基本制度，掌握民事诉讼的管辖制度、证据制度；熟悉民事诉讼程序。

能力目标
- 能够根据案件性质正确选择适用仲裁和民事诉讼。
- 能够起草仲裁协议，判定仲裁协议效力。
- 能够起草仲裁申请书、仲裁答辩书、民事起诉状、民事答辩状等常用法律文书。
- 能够熟悉仲裁、民事诉讼程序，参加具体的物流争议仲裁、诉讼活动。

物流争议是物流参与当事人之间在物流活动中产生的纠纷。发生物流争议时，当事人可以采取协商、调解、仲裁和诉讼方式解决纠纷。本书主要介绍仲裁和民事诉讼法律制度。

任务一 仲裁法律制度

任务导入：上海A公司向沈阳B公司销售工艺品，双方约定，如发生合同纠纷协商不成则提交上海市的仲裁机构仲裁。B公司预付了30%的货款，A公司委托C公司将货物运至B公司处，B公司收货后拒付剩余货款，理由是A公司交付的货物存在质量问题。A公司与B公司协商无果后欲申请仲裁，要求A公司支付剩余货款，并承担本案仲裁费。（注：上海有两个仲裁委员会——上海仲裁委员会和中国国际经济贸易仲裁委员会上海分会。）

任务要求：本案能否适用仲裁方式解决纠纷？结合本案，理解仲裁规则。

一、仲裁概念、适用范围

(一) 仲裁的概念

仲裁是指当事人双方根据事前或事后所达成的协议,自愿将他们之间的民事、经济争议提交给仲裁机构进行裁决,从而解决纠纷的法律活动。

仲裁法是调整仲裁关系的法律规范的总称。1994年8月31日第八届全国人民代表大会常务委员会第九次会议通过了《中华人民共和国仲裁法》(以下简称《仲裁法》),该法分别于2009年和2017年进行了修正,最新修正的《仲裁法》自2018年1月1日起施行。

(一) 仲裁的适用范围

根据我国《仲裁法》的规定,仲裁范围为平等主体的公民、法人和其他组织之间发生的合同纠纷和其他财产权益纠纷。但下列纠纷不能申请仲裁:①婚姻、收养、监护、扶养、继承纠纷;②依法应当由行政机关处理的行政争议。

案例讨论 10-1

某房屋所有人王甲与前妻生有一女王乙。前妻去世后,王甲又与张丙结婚,生有王丁、王戊两个子女。后来王甲购买了他现居住的位于某市某路250号的房屋,并进行翻建。王乙婚后与丈夫自购房另住。王甲去世后,张丙、王丁、王戊仍住在原房,后因王戊拟将该处房屋中的一间作为婚房,受到王丁的阻挠,双方发生争执,王乙得知后也不同意,并要求对该房产行使继承权。王戊向某市一家仲裁委员会申请仲裁。

问题:仲裁委员会是否能受理该案?

(一) 仲裁的基本制度

1. 协议仲裁制度

协议仲裁制度是指纠纷当事人协议将有关依法可以仲裁解决的争议提交协议所指定的仲裁机构进行裁决的一种制度。协议仲裁制度体现了仲裁的自愿性。协议仲裁制度包括两个方面的含义:一方面,双方当事人只有双方自愿达成仲裁协议,才能通过仲裁这种方式解决纠纷,否则只能通过诉讼或者其他途径解决争议;另一方面,仲裁机构受理案件,必须基于双方当事人的共同授权,如果双方当事人没有签订仲裁协议,仲裁机构则不能受理仲裁申请。

2. 或裁或审制度

或裁或审制度是指双方当事人在纠纷发生前或发生后,有权选择解决争议的途径,该途径分别是:双方达成仲裁协议,将争议提交仲裁解决,或者在争议发生后向人民法院提起诉讼,通过诉讼途径解决争议。如果当事人达成仲裁协议的,就应当向仲裁机构申请仲裁,而不应向法院起诉。

3. 一裁终局制度

一裁终局制度是指仲裁庭作出的仲裁裁决为终局裁决,裁决作出后,当事人就同一纠纷再申请仲裁或者向人民法院起诉,仲裁委员会或者人民法院不予受理。当事人应当自动履行裁决，一方当事人不履行的，另一方当事人可以向法院申请执行。

二、仲裁机构

(一) 仲裁委员会和仲裁员

仲裁委员会是民间性的组织，独立于行政机关，与行政机关没有隶属关系，各仲裁委员会之间也没有隶属关系。仲裁委员会可以在直辖市和省、自治区人民政府所在地的市设立，也可以根据需要在其他设区的市设立，不按行政区划层层设立。设立仲裁委员会，应当经省、自治区、直辖市的司法行政部门登记。

仲裁委员会应当具备下列条件：
(1) 有自己的名称、住所和章程；
(2) 有必要的财产；
(3) 有该委员会的组成人员；
(4) 有聘任的仲裁员。

仲裁委员会由主任 1 人、副主任 2～4 人和委员 7～11 人组成。仲裁委员会的主任、副主任和委员由法律、经济贸易专家和有实际工作经验的人员担任。仲裁委员会的组成人员中，法律、经济贸易专家不得少于 2/3。

仲裁委员会应当从公道正派的人员中聘任仲裁员。仲裁员应当符合下列条件之一：
(1) 通过国家统一法律职业资格考试取得法律职业资格，从事仲裁工作满八年的；
(2) 从事律师工作满八年的；
(3) 曾任法官满八年的；
(4) 从事法律研究、教学工作并具有高级职称的；
(5) 具有法律知识、从事经济贸易等专业工作并具有高级职称或者具有同等专业水平的。

(二) 仲裁协会

中国仲裁协会经民政部登记后，取得社会团体法人资格。中国仲裁协会实行会员制，各仲裁委员会都是中国仲裁协会的会员。中国仲裁协会是仲裁委员会的自律性组织，指导和协调仲裁委员会的工作。

三、仲裁协议

仲裁协议是指双方当事人自愿将他们之间已经发生或者可能发生的争议提交仲裁解决的书面协议。

(一) 仲裁协议的类型

根据仲裁协议存在的方式不同，可将其分为三种类型：①仲裁条款；②仲裁协议书；③其他文件中包含的仲裁协议。

当事人在从事经济活动时，除了订立合同外，还可能在相互之间有信函、电报、电传、传真或其他书面材料。这些文件中如果包含有双方当事人同意将他们之间已经发生或将来可能发生的争议提交仲裁的内容，有关文件亦可构成仲裁协议。

实务操作指南

仲裁协议示范

甲方：××省××市贸易公司

地址：××省××市××路××号

法定代表人：×××，职务：经理

乙方：××县××公司

地址：××省××县××路××号

法定代表人：×××，职务：经理

当事人双方自愿提请×××仲裁委员会按照《中华人民共和国仲裁法》规定，仲裁如下争议：

双方于2022年3月签订购销葡萄合同。在合同履行中，因买方对卖方提供的葡萄质量等级提出异议，导致双方发生争议，经协商不成。双方一致同意选择×××仲裁委员会依据《中华人民共和国仲裁法》及该会仲裁规则对双方合同中涉及葡萄的质量等级和双方如何继续履行合同作出裁决。

本协议一式三份，甲乙双方各执一份，×××仲裁委员会一份。

本协议自双方签字之日起生效。

甲方：××省××市贸易公司（盖章）　　　　乙方：××县××公司（盖章）

法定代表人：×××　　　　　　　　　　　　法定代表人：×××

　年　月　日　　　　　　　　　　　　　　　　年　月　日

（二）仲裁协议的内容

仲裁协议必须具有以下内容：①请求仲裁的意思表示；②仲裁事项；③选定的仲裁委员会。

【难点提示】 仲裁委员会约定不明时如何认定仲裁协议效力

(1) 仲裁协议对仲裁事项或者仲裁委员会没有约定或者约定不明确的，当事人可以补充协议；达不成补充协议的，仲裁协议无效。

(2) 仲裁协议约定的仲裁机构名称不准确，但能够确定具体的仲裁机构的，应当认定选定了仲裁机构。

(3) 仲裁协议仅约定纠纷适用的仲裁规则的，视为未约定仲裁机构，但当事人达成补充协议或者按照约定的仲裁规则能够确定仲裁机构的除外。

(4) 仲裁协议约定两个以上仲裁机构的，当事人可以协议选择其中的一个仲裁机构申请仲裁；当事人不能就仲裁机构选择达成一致的，仲裁协议无效。

(5) 仲裁协议约定由某地的仲裁机构仲裁且该地仅有一个仲裁机构的，该仲裁机构视为约定的仲裁机构。该地有两个以上仲裁机构的，当事人可以协议选择其中的一个仲裁机构申请仲裁；当事人不能就仲裁机构选择达成一致的，仲裁协议无效。

(三）仲裁协议的有效要件

当事人所签订的仲裁协议只有符合法律规定的有效要件，才能具有法律上的效力，仲裁协议的有效要件主要包括以下方面。

(1) 当事人具有订立仲裁协议的行为能力，无民事行为能力人或者限制民事行为能力人订立的仲裁协议无效。

(2) 当事人订立仲裁协议的意思表示必须是真实的、自愿的。采用欺诈、胁迫手段，迫使对方签订的仲裁协议无效。

(3) 提交仲裁的事项具有可仲裁性。我国《仲裁法》规定，约定的仲裁事项超出法律规定的仲裁范围的，仲裁协议无效。例如，对于婚姻、收养、监护、扶养、继承纠纷，以及依法应当由行政机关处理的行政争议不能仲裁。

当事人对仲裁协议的效力有异议的，可以请求仲裁委员会作出决定或者请求人民法院作出裁定。一方请求仲裁委员会作出决定，另一方请求人民法院作出裁定的，由人民法院裁定。当事人对仲裁协议的效力有异议，应当在仲裁庭首次开庭前提出。

（四）仲裁协议的效力

1. 对当事人的效力

仲裁协议生效后，当事人只能将其争议提交仲裁委员会进行仲裁，而不能向法院起诉。

2. 对仲裁委员会和仲裁员的效力

有效的仲裁协议是仲裁委员会受理争议案件的依据，仲裁委员会只能审理有仲裁协议的案件。同时，仲裁委员会只能对当事人在仲裁协议中约定的事项进行仲裁，对超出仲裁协议约定范围以外的事项无权仲裁。

3. 对法院的效力

仲裁协议排除了法院的司法管辖权，对于当事人已经达成仲裁协议的争议法院不得受理。

4. 对主合同的效力

仲裁协议具有独立性，仲裁协议不因主合同的无效或被撤销而无效。我国《仲裁法》规定：仲裁协议独立存在，合同的变更、解除、终止或无效，不影响仲裁协议的效力。

案例讨论 10-2

北京市鸿运物流公司与上海嘉禾食品公司签订了一份货物运输合同，合同约定：如果双方发生纠纷，由北京仲裁委员会进行仲裁。后来双方发生合同争议，经协商不能解决，就协议解除了合同，但对以前的争议如何解决，双方仍存在异议。鸿运公司认为，既然合同中约定了仲裁条款，那么当然应由北京仲裁委员会仲裁；嘉禾公司则认为，合同已经解除，合同中的仲裁条款当然也失去效力，所以不应再通过仲裁方式解决，因而向北京市西城区法院提起了诉讼。

问题：本案中双方应通过什么方式解决争议，为什么？

四、仲裁程序

(一) 仲裁的申请和受理

当事人申请仲裁应当符合下列条件：①有仲裁协议；②有具体的仲裁请求和事实、理由；③属于仲裁委员会的受理范围。

当事人申请仲裁，应当向仲裁委员会递交仲裁协议、仲裁申请书及副本，并缴纳有关费用。

仲裁申请书应当载明下列事项：

(1) 当事人的姓名、性别、年龄、职业、工作单位和住所，法人或者其他组织的名称、住所和法定代表人或者主要负责人的姓名、职务；

(2) 仲裁请求和所根据的事实、理由；

(3) 证据和证据来源、证人姓名和住所。

仲裁委员会收到仲裁申请书之日起 5 日内，认为符合受理条件的，应当受理，并通知当事人；认为不符合受理条件的，应当书面通知当事人不予受理，并说明理由。

【难点提示】 当事人达成仲裁协议又向人民法院提起诉讼应如何处理

当事人达成仲裁协议，一方向人民法院起诉未声明有仲裁协议，人民法院受理后，另一方在首次开庭前提交仲裁协议的，人民法院应当驳回起诉，但仲裁协议无效的除外；另一方在首次开庭前未对人民法院受理该案提出异议的，视为放弃仲裁协议，人民法院应当继续审理。

(二) 仲裁庭的组成

仲裁庭可以由 3 名仲裁员或者 1 名仲裁员组成，分别称为合议制和独任仲裁庭。当事人选择由独任仲裁庭进行仲裁，应当由当事人共同选定或者共同委托仲裁委员会主任指定仲裁员；如果选择了合议制仲裁庭进行仲裁，双方当事人应各自选定 1 名仲裁员，第三名仲裁员则由双方当事人共同选定或者共同委托仲裁委员会主任指定，第三名仲裁员是首席仲裁员。

(三) 仲裁审理与裁决

仲裁的审理有两种形式，即开庭审理和书面审理。《仲裁法》规定仲裁应开庭审理。仲裁一般不公开进行。当事人协议公开的，可以公开进行，但涉及国家秘密的除外。

开庭前，仲裁委员会应当在仲裁规则规定的期限内将开庭日期通知双方当事人。当事人有正当理由的，可以在仲裁规则规定的期限内请求延期开庭。是否延期，由仲裁庭决定。

申请人经书面通知，无正当理由不到庭或者未经仲裁庭许可中途退庭的，可以视为撤回仲裁申请。被申请人经书面通知，无正当理由不到庭或者未经仲裁庭许可中途退庭的，可以缺席裁决。

当事人应当对自己的主张提供证据。仲裁庭认为有必要收集的证据，可以自行收集。仲裁庭对专门性问题认为需要鉴定的，可以交由当事人约定的鉴定部门鉴定，也可以由仲裁庭指定的鉴定部门鉴定。根据当事人的请求或者仲裁庭的要求，鉴定部门应当派鉴定人参加开庭。当事人经仲裁庭许可，可以向鉴定人提问。证据应当在开庭时出示，当事人可以质证。在证据可能灭失或者以后难以取得的情况下，当事人可以申请证据保全。当事人申请证据保全的，仲裁委员会应当将当事人的申请提交证据所在地的基层人民法院。

当事人申请仲裁后，可以自行和解。达成和解协议的，可以请求仲裁庭根据和解协议作出裁决书，也可以撤回仲裁申请。当事人达成和解协议，撤回仲裁申请后反悔的，可以根据仲裁协议申请仲裁。

仲裁庭在作出裁决前，可以先行调解。当事人自愿调解的，仲裁庭应当调解。调解不成的，应当及时作出裁决。调解达成协议的，仲裁庭应当制作调解书或者根据协议的结果制作裁决书。调解书与裁决书具有同等法律效力。调解书经双方当事人签收后，即发生法律效力。在调解书签收前当事人反悔的，仲裁庭应当及时作出裁决。

仲裁裁决应当按照多数仲裁员的意见作出，少数仲裁员的不同意见可以记入笔录。仲裁庭不能形成多数意见时，裁决应当按照首席仲裁员的意见作出。裁决书自作出之日起发生法律效力。

(四) 申请撤销仲裁裁决

当事人提出证据证明裁决有下列情形之一的，可以向仲裁委员会所在地的中级人民法院申请撤销裁决：

（1）没有仲裁协议的；
（2）裁决的事项不属于仲裁协议的范围或者仲裁委员会无权仲裁的；
（3）仲裁庭的组成或者仲裁的程序违反法定程序的；
（4）裁决所根据的证据是伪造的；
（5）对方当事人隐瞒了足以影响公正裁决的证据的；
（6）仲裁员在仲裁该案时有索贿受贿，徇私舞弊，枉法裁决行为的。

人民法院认定该裁决违背社会公共利益的，应当裁定撤销。

当事人申请撤销裁决的，应当自收到裁决书之日起6个月内提出。

人民法院应当在受理撤销裁决申请之日起2个月内作出撤销裁决或者驳回申请的裁定。

人民法院受理撤销裁决的申请后，认为可以由仲裁庭重新仲裁的，通知仲裁庭在一定期限内重新仲裁，并裁定中止撤销程序。仲裁庭拒绝重新仲裁的，人民法院应当裁定恢复撤销程序。

仲裁裁决被人民法院依法撤销后，当事人要想再通过仲裁方式解决其纠纷，必须重新签订仲裁协议，根据新的仲裁协议再申请仲裁。如果当事人不能重新达成仲裁协议，任何一方当事人均可向有管辖权的人民法院提起诉讼。

(五) 仲裁裁决的执行

仲裁裁决生效后，当事人应当履行仲裁裁决，一方当事人不履行仲裁裁决的，另一方当事人可申请法院执行仲裁裁决，由法院依照法定程序，强制被执行人履行仲裁裁决所确定的义务。

被申请人提出证据证明仲裁裁决有下列情形之一的,经人民法院组成合议庭审查核实,裁定不予执行:

(1) 当事人在合同中没有订有仲裁条款或者事后没有达成书面仲裁协议的;
(2) 裁决的事项不属于仲裁协议的范围或者仲裁机构无权仲裁的;
(3) 仲裁庭的组成或者仲裁的程序违反法定程序的;
(4) 认定事实的主要证据不足的;
(5) 适用法律确有错误的;
(6) 仲裁员在仲裁该案时有贪污受贿,徇私舞弊,枉法裁决行为的。

人民法院认定执行该裁决违背社会公共利益的,裁定不予执行。

仲裁裁决被人民法院裁定不予执行的,当事人可以根据双方达成的书面仲裁协议重新申请仲裁,也可以向人民法院起诉。

一方当事人申请执行仲裁裁决,另一方当事人申请撤销仲裁裁决的,人民法院应当裁定中止执行。人民法院裁定撤销裁决的,应当裁定终结执行。撤销裁决的申请被裁定驳回的,人民法院应当裁定恢复执行。

任务二 民事诉讼法律制度

任务导入:甲(居住在A区)在B区开了一家饭馆,但个体工商户营业执照所登记的业主是乙(居住在C区)。一天中午,一名顾客就餐时,因饭馆提供的玻璃水杯爆裂了而烫伤。双方协商不成。顾客遂向人民法院提起诉讼。

任务要求:
(1) 顾客应以谁为被告?
(2) 哪些法院对本案有管辖权?结合本案,熟悉民事诉讼中的管辖、诉讼当事人等规则。

一、民事诉讼的概念及基本制度

(一) 民事诉讼的概念

民事诉讼是指人民法院及民事诉讼参与人为解决民事纠纷案件所进行的诉讼活动。

民事案件的诉讼适用民事诉讼的法律规定。1991年4月9日第七届全国人民代表大会第四次会议通过了《中华人民共和国民事诉讼法》(以下简称《民事诉讼法》)。该法分别于2007年、2012年、2017年、2021年进行了四次修正,最新修正的《民事诉讼法》于2022年1月1日起施行。

(二) 民事诉讼的基本制度

1. 合议制度

合议制度是指由3名以上的法官或法官与陪审员组成合议庭,对案件进行审理并作出裁判的制度。根据《民事诉讼法》的规定，人民法院审理第一审民事案件，由审判员、陪审员共同组成合议庭或者由审判员组成合议庭。合议庭的成员人数，必须是单数。

适用简易程序审理的民事案件，由审判员一人独任审理。基层人民法院审理的基本事实清楚、权利义务关系明确的第一审民事案件，可以由审判员一人适用普通程序独任审理。中级人民法院对第一审适用简易程序审结或者不服裁定提起上诉的第二审民事案件，事实清楚、权利义务关系明确的，经双方当事人同意，可以由审判员一人独任审理。

案例讨论 10-3

原告张某诉被告韩某合伙纠纷一案，原告方请求人民法院判决解除其与被告方合伙经营饭馆的合同的关系。此案经某县人民法院适用普通程序进行审理，判决解除原告之间的合伙关系。被告不服，向某市中级人民法院提起上诉。二审人民法院指定审判员沈某处理此案。沈某经过调查审理，判决维持原判。

问题：二审法院对此案的处理在程序上是否正确？

2. 回避制度

回避制度是指与案件有一定的利害关系的审判人员或其他有关人员，不得参与案件的审理活动的制度。根据《民事诉讼法》的规定，审判人员有下列情形之一的，必须回避，当事人有权用口头或者书面方式申请他们回避：是本案当事人或者当事人、诉讼代理人的近亲属；与本案有利害关系；与本案当事人、诉讼代理人有其他关系，可能影响对案件公正审理的。

3. 公开审判制度

公开审判制度是指人民法院审理民事案件，除法律规定的情况外，审判过程及结果应当向群众、社会公开。人民法院审理民事案件，除涉及国家秘密、个人隐私或者法律另有规定的以外，应当公开进行。离婚案件，涉及商业秘密的案件，当事人申请不公开审理的，可以不公开审理。

案例讨论 10-4

甲公司向人民法院起诉被告乙及丙公司。起诉状中称，被告乙原是其营销部经理，被丙公司高薪挖去，在丙公司负责市场推销工作。乙利用其在甲公司所掌握的商业秘密，将甲公司的销售与进货渠道几乎全部提供给了丙公司，甲公司因而损失严重，请求乙和丙公司承担连带赔偿责任。同时申请不公开审理，以避免商业秘密泄露于第三人。

问题：人民法院能否同意原告不公开审理的请求？

4. 两审终审制度

两审终审制度是指一个民事案件经过两级人民法院审判后即告终结的制度。一般的民事诉讼案件，当事人不服一审人民法院的判决、允许上诉的裁定，有权向上一级人民法院提起上诉，二审人民法院对案件所做的判决、裁定为生效判决、裁定，当事人不得再上诉。

【难点提示】 仲裁与民事诉讼的区别(表10-1)

表 10-1

项目	仲裁	民事诉讼
受案范围	平等主体的公民、法人和其他组织之间发生的合同纠纷和其他财产权益纠纷	各类民商事纠纷
审理机构	仲裁委员会	人民法院
管辖权依据	自愿管辖,根据仲裁协议管辖	强制管辖
开庭审理原则	一般不公开审理	原则上公开审理,特殊情况下不公开审理
审级	一裁终局	两审终审

二、民事诉讼的管辖

管辖,是指各级人民法院和同级人民法院之间受理第一审民事案件的分工和权限。根据《民事诉讼法》的规定,管辖可以分为级别管辖、地域管辖、移送管辖和指定管辖五种情况。

1. 级别管辖

级别管辖是指各级人民法院之间受理第一审民事案件的分工和权限。关于级别管辖的具体规定如下。

(1) 基层人民法院管辖第一审民事案件,但《民事诉讼法》另有规定的除外。

(2) 中级人民法院管辖下列第一审民事案件:①重大涉外案件,包括争议标的额大的案件、案情复杂的案件,或者一方当事人人数众多等具有重大影响的案件;②在本辖区有重大影响的案件;③最高人民法院确定由中级人民法院管辖的案件,包括专利纠纷案件、海事海商案件。

(3) 高级人民法院管辖在本辖区有重大影响的第一审民事案件。

(4) 最高人民法院管辖下列第一审民事案件:在全国有重大影响的案件;认为应当由本院审理的案件。

2. 地域管辖

地域管辖是指同级人民法院之间受理第一审民事案件的分工和权限。根据《民事诉讼法》的规定,地域管辖分为一般地域管辖、特殊地域管辖。

(1) 一般地域管辖

一般地域管辖是指以当事人所在地为根据确定管辖法院。一般地域管辖的原则是"原告就被告"。对公民提起的民事诉讼,由被告住所地人民法院管辖;被告住所地与经常居住地不一致的,由经常居住地人民法院管辖。对法人或者其他组织提起的民事诉讼,由被告住所地人民法院管辖。同一诉讼的几个被告住所地、经常居住地在两个以上人民法院辖区的,各该人民法院都有管辖权。

除了一般案件应该由被告所在地人民法院管辖,某些案件则由原告住所地人民法院管辖。根据《民事诉讼法》第 23 条规定,下列民事诉讼,由原告住所地人民法院管辖;原告住所地与经常居住地不一致的,由原告经常居住地人民法院管辖:①对不在中华人民共和国领域内居住的人提起的有关身份关系的诉讼;②对下落不明或者宣告失踪的人提起的有关身份关系的诉讼;③对被采取强制性教育措施的人提起的诉讼;④对被监禁的人提起的诉讼。

(2) 特殊地域管辖

特殊地域管辖是指以诉讼标的所在地、法律事实所在地、被告住所地与法院之间的关系所确定的管辖。特殊地域管辖包括以下情形:因合同纠纷提起的诉讼,由被告住所地或者合同履行地人民法院管辖;因保险合同纠纷提起的诉讼,由被告住所地或者保险标的物所在地人民法院管辖;因票据纠纷提起的诉讼,由票据支付地或者被告住所地人民法院管辖;因铁路、公路、水上、航空运输和联合运输合同纠纷提起的诉讼,由运输始发地、目的地或者被告住所地人民法院管辖;因侵权行为提起的诉讼,由侵权行为地或者被告住所地人民法院管辖。

3. 专属管辖

专属管辖是指某些特定类型的案件只能由特定的人民法院行使管辖权,其他法院无管辖权,当事人也不得协议变更管辖法院。下列案件为专属管辖:①因不动产纠纷提起的诉讼,由不动产所在地人民法院管辖;②因港口作业中发生纠纷提起的诉讼,由港口所在地人民法院管辖;③因继承遗产纠纷提起的诉讼,由被继承人死亡时住所地或者主要遗产所在地人民法院管辖。

4. 协议管辖

协议管辖又称合意管辖或约定管辖,是指当事人在纠纷发生前或纠纷发生后,以书面形式协商确定管辖法院。《民事诉讼法》第 34 条规定:"合同或者其他财产权益纠纷的当事人可以书面协议选择被告住所地、合同履行地、合同签订地、原告住所地、标的物所在地等与争议有实际联系的地点的人民法院管辖,但不得违反本法对级别管辖和专属管辖的规定。"

5. 指定管辖

指定管辖是指上级人民法院以裁定方式,指定下级人民法院对某一案件行使管辖权。《民事诉讼法》第 38 条规定:有管辖权的人民法院由于特殊原因,不能行使管辖权签订,由上级人民法院指定管辖。人民法院之间因管辖权发生争议,由争议双方协商解决;协商解决不了的,报请它们的共同上级人民法院指定管辖。

案例讨论 10-5

A 省的个体户姜某从 B 省的甲县运 5 吨化工原料到丙县,途经 B 省的甲、乙、丙三县交界时,化学原料外溢,污染了甲县村民王某、乙县李某和丙县张某的稻田,造成禾苗枯死。受害村民要求赔偿,但由于赔偿数额争议较大,未能达成协议。为此,甲县的王某首先向甲县人民法院提起诉讼。甲县人民法院受理后，认为该案应由被告所在地人民法院管辖，于是将案件移送到姜某所在地的基层人民法院。与此同时，村民李某、张某也分别向自己所在地的基层人民法院提起诉讼，要求赔偿损失。乙县和丙县人民法院都认为对该案有管辖权，与A省姜某住所地的基层人民法院就管辖问题发生争议，协商不成，A省姜某住所地的基层法院即向A省某中级人民法院报请指定管辖。

问题：

(1) 哪个法院对此案有管辖权？
(2) 甲县人民法院的移送是否正确？
(3) A省基层人民法院报请指定管辖是否正确？

三、民事诉讼参与人

民事诉讼参与人是诉讼活动中，享有一定诉讼权利，并承担一定诉讼义务的除国家专门机关工作人员以外的人。民事诉讼中的参与人包括：诉讼参加人，包括当事人（原告、被告、共同诉讼人、第三人）和诉讼代理人（法定代理人、委托代理人），以及其他诉讼参与人（证人、鉴定人、勘验人员和翻译人员）。

1. 当事人

当事人是指因民事权益发生纠纷，以自己的名义进行诉讼，与案件审理的结果有法律上的利害关系，并受法院裁判约束的人。具体包括以下几个。

(1) 原告。原告是指为维护自己的经济权益，以自己的名义向人民法院提起诉讼的公民、法人或其他组织。

(2) 被告。被告是指与原告发生经济权益争议，被原告指控，并被人民法院通知应诉的公民、法人或其他组织。

(3) 共同诉讼人。共同诉讼人，是指当事人一方或双方为二人以上（含二人），诉讼标的是共同的，或者诉讼标的是同一种类，人民法院认为可以合并审理并经当事人同意，一同在人民法院进行诉讼的人。二人以上共同起诉的，称为共同原告，二人以上共同应诉的，称为共同被告。

(4) 第三人。民事诉讼中的第三人：是指在已经开始的诉讼中，对他人之间的诉讼标的，具有全部的或部分的独立请求权，或者虽然不具有独立请求权，但案件的处理结果与其有法律上的利害关系的人。其中，有独立请求权的第三人与本诉的原被告双方独立，处于原告的地位，享有原告的诉讼权利，承担原告的诉讼义务；无独立请求权的第三人则依附或支持某一方当事人而参加诉讼，在诉讼中享有一定的权利，人民法院判决其承担民事责任的，享有上诉权，以及在二审程序中承认和变更诉讼请求、进行和解、请求执行等权利。

案例讨论 10-6

聋哑人李某应朋友的邀请吃饭，向好友陶某借摩托车。陶某明知李某为聋哑人不能驾车，还是将摩托车出借。李某驾车途中不慎撞伤过路的9岁小孩佳佳，李某负事故全部责任。佳佳因全身多处骨折，住院3个月，花去医疗费25 865元。佳佳的父亲王某准备起诉至法院。

问题：本案的当事人应该如何确定？

2. 诉讼代理人

诉讼代理人是为被代理人利益，以被代理人名义进行诉讼的人。诉讼代理人又分为法定诉讼代理人和委托诉讼代理人。

法定诉讼代理人是根据法律规定代理无诉讼行为能力的当事人实施诉讼行为的人。法定诉讼代理人的范围与监护人的范围是一致的，如未成年人的父母为其法定诉讼代理人，精神病人以其父母、配偶、成年子女为其法定诉讼代理人。

委托诉讼代理人是指受当事人的委托，以当事人的名义代为诉讼的人。当事人、法定代理人可以委托一至二人作为诉讼代理人。下列人员可以被委托为诉讼代理人：①律师、基层法律服务工作者；②当事人的近亲属或者工作人员；③当事人所在社区、单位以及有关社会团体推荐的公民。委托诉讼代理人必须在委托授权范围内实施诉讼行为。

四、证据与举证责任

1. 证据

证据是指能够证明案件真实情况的一切事实。证据主要包括以下形式：书证、物证、视听资料、电子数据、证人证言、当事人陈述、鉴定意见、勘验笔录。

> **【难点提示】** 无民事行为能力人和限制民事行为能力人可以作为证人作证
>
> 证人是指了解案件情况并向法院或当事人提供证词的人。证言是指证人将其了解的案件事实向法院所作的陈述。《民事诉讼法》第75条规定：凡是知道案件情况的单位和个人，都有义务出庭作证。有关单位的负责人应当支持证人作证。不能正确表达意思的人，不能作证。证人作证能力与民事行为能力无直接关系，即无民事行为能力人、限制民事行为能力人所作的与其年龄和智力情况相符的证词也可以作为证据使用。

2. 举证责任

举证责任又称证明责任，是指当事人对自己提出的主张，有提出证据并加以证明的责任。如果当事人未能尽到上述责任，则有可能承担对其主张不利的法律后果。民事诉讼中实行的是"谁主张，谁举证"的原则。当然，当事人及其诉讼代理人因客观原因不能自行收集的证据，或者人民法院认为审理案件需要的证据，人民法院应当调查收集。

当事人及其诉讼代理人因客观原因不能自行收集的证据包括：①证据由国家有关部门保存，当事人及其诉讼代理人无权查阅调取的；②涉及国家秘密、商业秘密或者个人隐私的；③当事人及其诉讼代理人因客观原因不能自行收集的其他证据。

人民法院认为审理案件需要的证据包括：①涉及可能损害国家利益、社会公共利益的；②涉及身份关系的；③涉及民事诉讼法第58条规定诉讼的；④当事人有恶意串通损害他人合法权益可能的；⑤涉及依职权追加当事人、中止诉讼、终结诉讼、回避等程序性事项的。

五、审判程序

民事审判程序主要包括第一审程序、第二审程序和审判监督程序。

1. 第一审程序

第一审程序包括普通程序和简易程序。适用普通程序审理的案件,由 3 名以上的审判员或审判员与陪审员共同组成合议庭审理。适用简易程序的案件,由审判员一人独任审理。第一审普通程序是民事诉讼审判的基础程序,一般包括以下阶段。

(1)起诉和受理

起诉是指当事人就经济纠纷向人民法院提起诉讼,请求人民法院依照法定程序进行审判的行为。起诉必须符合下列条件:原告是与本案有直接利害关系的公民、法人和其他组织;有明确的被告;有具体的诉讼请求和事实、理由;属于人民法院受理民事诉讼的范围和受诉人民法院管辖。

> **【难点提示】** 民事诉讼中怎样确定是否有明确的被告
>
> 原告提供被告的姓名或者名称、住所等信息具体明确,足以使被告与他人相区别的,可以认定为有明确的被告。
>
> 起诉状列写被告信息不足以认定明确的被告的,人民法院可以告知原告补正。原告补正后仍不能确定明确的被告的,人民法院裁定不予受理。

起诉时原告应当向人民法院递交起诉状,并按照被告人数提出副本。人民法院经审查,认为符合起诉条件的,应当在 7 日内立案,并通知当事人;认为不符合起诉条件的,应当在 7 日内裁定不予受理;原告对裁定不服的,可以提起上诉。

实务操作指南

民事起诉状示范

原告:_____有限责任公司

住所地:

法定代表人:×××,职务:董事长

联系电话:

被告:×××,男,××岁,住址:×××,联系电话:×××

诉讼请求

1. 请求法院判令被告向原告支付货款××元。
2. 请求法院判令被告承担延期支付货款的利息。
3. 请求法院判令被告承担诉讼费

事实及理由

原告与被告于××年××月××日签订货物买卖合同,约定交货日期为××年××月××日之前,付款日期为被告收到货物并验收合格之日起 7 天内。原告履行了交货义务并由被告验收合格 2 个月后，被告仍然未履行交货义务。经原告多次催收被告均以各种理由推脱。被告的行为严重损害了原告的利益。为维护自身合法权益，原告特向人民法院起诉，请求人民法院支持原告的诉讼请求。

此致
×××人民法院

起诉人：×××
年 月 日

附：1. 本诉状副本一份
  2. 借条复印件一份

（2）审理前的准备

人民法院应当在立案之日起 5 日内将起诉状副本发送被告，被告在收到之日起 15 日内提出答辩状。被告提出答辩状的，人民法院应当在收到之日起 5 日内将答辩状副本发送原告。被告不提出答辩状的，不影响人民法院审理。

人民法院对决定受理的案件，应当在受理案件通知书和应诉通知书中向当事人告知有关的诉讼权利义。审判人员确定后，应当在 3 日内告知当事人。

（3）开庭审理

开庭审理是指人民法院在当事人和其他诉讼参与人的参加下，依照法定的形式和程序，在法庭上对案件进行全面审理并作出裁判的诉讼活动。人民法院审理民事案件，应当在开庭 3 日前通知当事人和其他诉讼参与人。公开审理的，应当公告当事人姓名、案由和开庭的时间、地点。

① 宣布开庭。开庭审理前，书记员应当查明当事人和其他诉讼参与人是否到庭，宣布法庭纪律。原告经传票传唤，无正当理由拒不到庭的，或者未经法庭许可中途退庭的，可以按撤诉处理；被告反诉的，可以缺席判决。被告经传票传唤，无正当理由拒不到庭的，或者未经法庭许可中途退庭的，可以缺席判决。开庭审理时，由审判长或者独任审判员核对当事人，宣布案由，宣布审判人员、书记员名单，告知当事人有关的诉讼权利义务，询问当事人是否提出回避申请。

② 法庭调查。根据《民事诉讼法》的规定，法庭调查依照以下顺序进行：当事人陈述；告知证人的权利义务，证人作证，宣读未到庭的证人证言；出示书证、物证、视听资料和电子数据；宣读鉴定意见；宣读勘验笔录。

法庭调查阶段，当事人可以提出新的证据。原告有权增加诉讼请求，被告有权提出反诉，第三人提出与本案有关的诉讼请求，人民法院可以合并审理。

③ 法庭辩论。法庭辩论是指当事人及其诉讼代理人就案件事实和适用法律向法庭陈述自己的意见和理由。法庭辩论按照下列顺序进行：原告及其诉讼代理人发言；被告及其诉讼代理人答辩；第三人及其诉讼代理人发言或者答辩；互相辩论。

法庭辩论终结，由审判长或者独任审判员按照原告、被告、第三人的先后顺序征询各方最后意见。

④ 评议和宣判。法庭辩论终结后，当事人不同意调解，或者调解无效的，开庭审理

应进入评议宣判阶段。合议庭评议案件，实行少数服从多数的原则。宣判必须公开进行，宣告判决有当庭宣判和定期宣判两种形式。当庭公开宣判的，应在10日内向有关人员发送判决书。定期宣判的，宣判完毕即发给当事人判决书。

人民法院适用普通程序审理的案件，应当在立案之日起6个月内审结。有特殊情况需要延长的，由本院院长批准，可以延长6个月；还需要延长的，报请上级人民法院批准。

2. 第二审程序

第二审程序，是指当事人不服地方各级人民法院的第一审裁判，在法定期限内向上一级人民法院提起上诉，上级法院审理上诉案件适用的程序。因此，第二审程序又称为上诉审程序。人民法院审理民事案件，实行两审终审制，故第二审程序也称终审程序。当事人不服第一审判决的，上诉期为15日；不服第一审裁定的，上诉期为10日。

【难点提示】 上诉期的起算

《中华人民共和国民事诉讼法》第171条规定：当事人不服地方人民法院第一审判决的，有权在判决书送达之日起十五日内向上一级人民法院提起上诉。当事人不服地方人民法院第一审裁定的，有权在裁定书送达之日起十日内向上一级人民法院提起上诉。第85条规定：期间以时、日、月、年计算。期间开始的时和日，不计算在期间内。期间届满的最后一日是法定休假日的，以法定休假日后的第一日为期间届满的日期。

（1）第二审程序的提起与受理

上诉应当递交上诉状。上诉状的内容，应当包括当事人的姓名，法人的名称及其法定代表人的姓名或者其他组织的名称及其主要负责人的姓名；原审人民法院名称、案件的编号和案由；上诉的请求和理由。

上诉状应当通过原审人民法院提出，并按照对方当事人或者代表人的人数提出副本。当事人直接向第二审人民法院上诉的，第二审人民法院应当在5日内将上诉状移交原审人民法院。原审人民法院收到上诉状，应当在5日内将上诉状副本送达对方当事人，对方当事人在收到之日起十五日内提出答辩状。人民法院应当在收到答辩状之日起5日内将副本送达上诉人。对方当事人不提出答辩状的，不影响人民法院审理。原审人民法院收到上诉状、答辩状，应当在5日内连同全部案卷和证据，报送第二审人民法院。第二审人民法院接到原审法院移送的上诉状及其案件材料后，经审查认为上诉符合条件的，应当立案审理。

（2）上诉案件的审理与裁判

第二审人民法院对上诉案件，应当开庭审理。经过阅卷、调查和询问当事人，对没有提出新的事实、证据或者理由，人民法院认为不需要开庭审理的，可以不开庭审理。审理的过程与第一审程序基本相同。

经过审理，第二审法院应根据不同情况，分别作出以下裁判：①原判决、裁定认定事实清楚，适用法律正确的，以判决、裁定方式驳回上诉，维持原判决、裁定；②原判决、裁定认定事实错误或者适用法律错误的，以判决、裁定方式依法改判、撤销或者变更；③原判决认定基本事实不清的，裁定撤销原判决，发回原审人民法院重审，或者查清事实后改判；④原判决遗漏当事人或者违法缺席判决等严重违反法定程序的，裁定撤销原判决，发回原审人民法院重审。

原审人民法院对发回重审的案件作出判决后，当事人提起上诉的，第二审人民法院不得再次发回重审。

第二审人民法院的判决、裁定，是终审的判决、裁定，当事人不得再行上诉。

人民法院审理对判决的上诉案件，应当在第二审立案之日起 3 个月内审结。有特殊情况需要延长的，由本院院长批准。人民法院审理对裁定的上诉案件，应当在第二审立案之日起 30 日内作出终审裁定，对裁定的上诉案件的审结期限，不能延长。

3. 审判监督程序

审判监督程序，也称再审程序，是指人民法院对已经发生效力的判决、裁定及调解书，发现确有错误依法重新审理案件的程序。

【难点提示】 已经发生法律效力的民事判决、裁定、调解书各指什么

（1）已过法定期限没有上诉、抗诉的判决和裁定，包括地方各级人民法院、专门人民法院第一审的判决和裁定。

（2）终审的判决和裁定，包括中级人民法院、高级人民法院的第二审和最高人民法院的一切判决和裁定。

（3）已经生效的民事调解书。

（1）再审程序的提起

各级人民法院院长对本院已经发生法律效力的判决、裁定，发现确有错误，认为需要再审的，应当提交审判委员会讨论决定。

最高人民法院对地方各级人民法院已经发生法律效力的判决、裁定，上级人民法院对下级人民法院已经发生法律效力的判决、裁定，发现确有错误的，有权提审或者指令下级人民法院再审。

最高人民法院对地方各级人民法院已经发生法律效力的判决、裁定、调解书，上级人民法院对下级人民法院已经发生法律效力的判决、裁定、调解书，发现确有错误的，有权提审或者指令下级人民法院再审。

当事人对已经发生法律效力的判决、裁定，认为有错误的，可以向上一级人民法院申请再审，但不停止判决、裁定的执行。当事人的申请符合下列情形之一的，人民法院应当再审：①有新的证据，足以推翻原判决、裁定的；②原判决、裁定认定的基本事实缺乏证据证明的；③原判决、裁定认定事实的主要证据是伪造的；④原判决、裁定认定事实的主要证据未经质证的；⑤对审理案件需要的证据，当事人因客观原因不能自行收集，书面申请人民法院调查收集，人民法院未调查收集的；⑥原判决、裁定适用法律确有错误的；⑦审判组织的组成不合法或者依法应当回避的审判人员没有回避的；⑧无诉讼行为能力人未经法定代理人代为诉讼或者应当参加诉讼的当事人，因不能归责于本人或者其诉讼代理人的事由，未参加诉讼的；⑨违反法律规定，剥夺当事人辩论权利的；⑩未经传票传唤，缺席判决的；⑪原判决、裁定遗漏或者超出诉讼请求的；⑫据以作出原判决、裁定的法律

文书被撤销或者变更的；⑬审判人员在审理该案件时有贪污受贿，徇私舞弊，枉法裁判行为的。当事人对已经发生法律效力的调解书，提出证据证明调解违反自愿原则或者调解协议的内容违反法律的，可以申请再审。经人民法院审查属实的，应当再审。

当事人申请再审，应当在判决、裁定发生法律效力后六个月内提出；有以下情形之一的，自知道或者应当知道之日起六个月内提出：①有新的证据，足以推翻原判决、裁定的；②原判决、裁定认定事实的主要证据是伪造的；③据以作出原判决、裁定的法律文书被撤销或者变更的；④审判人员审理该案件时有贪污受贿，徇私舞弊，枉法裁判行为的。

最高人民检察院对各级人民法院已经发生法律效力的判决、裁定，上级人民检察院对下级人民法院已经发生法律效力的判决、裁定，发现有上述13种规定情形之一的，应当提出抗诉。

地方各级人民检察院对同级人民法院已经发生法律效力的判决、裁定，发现有上述13种规定情形之一的，应当提请上级人民检察院向同级人民法院提出抗诉。

人民检察院提出抗诉的案件，接受抗诉的人民法院应当自收到抗诉书之日起30日内作出再审的裁定；有上述13种规定中第一项至第五项规定情形之一的，可以交下一级人民法院再审。

(2) 再审案件的审判

① 裁定中止原判决的执行。《民事诉讼法》第213条规定，按照审判监督程序决定再审的案件，裁定中止原判决、裁定、调解书的执行，但追索赡养费、扶养费、抚养费、抚恤金、医疗费用、劳动报酬等案件，可以不中止执行。

② 另行组成合议庭。《民事诉讼法》第214条第二款的规定，人民法院审理再审案件，应当另行组成合议庭。

③ 分别适用第一审或第二审程序。根据《民事诉讼法》第214条的规定，人民法院按照审判监督程序再审的案件，发生法律效力的判决、裁定是由第一审法院作出的，按照第一审程序审理，所作的判决、裁定，当事人可以上诉；发生法律效力的判决、裁定是由第二审法院作出的，按照第二审程序审理，所作的判决、裁定，是发生法律效力的判决、裁定；上级人民法院按照审判监督程序提审的，按照第二审程序审理，所作的判决、裁定是发生法律效力的判决、裁定。

【难点提示】　第二审程序与再审程序的区别

(1) 程序提起的主体不同：二审是由当事人上诉或者人民检察院抗诉提起的，再审可以由当事人申诉提起，也可以由人民检察院抗诉提起，还可以是人民法院提起。

(2) 审理的对象不同：二审针对的是未生效的判决或者裁定，再审针对的是已经发生法律效力的判决或者裁定。

(3) 程序提起的理由不同：只要在上诉期内有当事人上诉或者人民检察院抗诉，就可以启动二审，再审需要法定理由才可以启动。

六、执行程序

对于已经发生法律效力的判决书、裁定书、调解书及其他应由人民法院执行的法律文书，当事人必须履行。拒绝履行的，享有权利的一方可向人民法院申请强制执行。

生效的民事判决、裁定、调解书由第一审人民法院强制执行。仲裁裁决书、调解书和公证债权文书由被执行人住所地或被执行财产所在地的人民法院执行。

申请执行的时间是2年。

人民法院可以采取的强制执行措施主要有：冻结、划拨被执行人的银行存款；扣留、提取被执行人应当履行义务部分的收入；查封、扣押、冻结、拍卖、变卖被执行人应当履行义务部分的财产；强制被执行人交付财务或者票证；强制被执行人迁出房屋或退出土地；强制被执行人执行法律文书指定的行为等。

项目训练

知识练习

1. 基本概念

仲裁　仲裁协议　民事诉讼　级别管辖　地域管辖　专属管辖　审判监督程序　协议管辖

2. 选择题

（1）根据《仲裁法》的规定，当事人之间达成的书面仲裁协议，有下列（　　）的，该书面仲裁协议无效。

　　A. 婚姻、收养、继承纠纷

　　B. 无民事行为能力人或限制民事行为能力人订立的仲裁协议

　　C. 一方采取胁迫手段，迫使对方订立仲裁协议的

　　D. 行政争议

（2）下列各项中，符合我国《仲裁法》规定的有（　　）。

　　A. 仲裁实行自愿原则

　　B. 仲裁一律公开进行

　　C. 仲裁不实行级别管辖和地域管辖

　　D. 当事人不服仲裁裁决可以向人民法院起诉

（3）仲裁与诉讼在原则和制度上均有所不同，下列各项中表述正确的有（　　）。

　　A. 仲裁必须由双方自愿达成仲裁协议才可进行，而诉讼只要有一方当事人起诉即可进行

　　B. 仲裁实行一裁终局制度，而诉讼则实行两审终审制度

　　C. 仲裁不公开进行，诉讼一般应公开进行

　　D. 仲裁不实行回避制度，诉讼则实行回避制度

（4）当事人可以对（　　）所列全部人员申请回避。

　　A. 仲裁员、书记员、证人、鉴定人

　　B. 书记员、翻译人员、鉴定人、勘验人

　　C. 证人、审判员、书记员、勘验人

　　D. 证人、仲裁员、鉴定人、勘验人

(5) 人民法院审理民事案件，审判组织的基本制度是( )。
　　A. 公开审判制度　　B. 独任制　　C. 合议制　　D. 陪审制
(6) 人民法院审查当事人的诉讼申请后，认为符合起诉条件的，应当在( )内立案；认为不符合起诉条件的，应当在( )内裁定不予受理。
　　A. 3日；5日　　B. 5日；7日　　C. 5日；5日　　D. 7日；7日
(7) 当事人对第一审人民法院的判决不服提出上诉，上诉状应当提交( )。
　　A. 第一审法院
　　B. 第一审法院的上级人民法院
　　C. 第一审法院的上一级人民法院
　　D. 中级人民法院
(8) 以下不能以仲裁方式解决的纠纷是( )。
　　A. 运输合同纠纷　　　　　　　　B. 商标权纠纷
　　C. 婚姻纠纷　　　　　　　　　　D. 收养纠纷
(9) 以下属于专属管辖的案件有( )。
　　A. 不动产纠纷　　　　　　　　　B. 继承遗产纠纷
　　C. 港口作业纠纷　　　　　　　　D. 侵权纠纷
(10) 仲裁与诉讼的区别主要包括( )。
　　A. 仲裁实行协议管辖，诉讼实行地域管辖和级别管辖
　　B. 仲裁实行不公开审理原则，诉讼则实行公开审理原则
　　C. 仲裁实行一裁终局制，诉讼实行二审终审制
　　D. 仲裁实行一裁终局制，诉讼实行三审终审制

3. **简答题**
(1) 仲裁的基本制度有哪些？
(2) 仲裁协议的内容、仲裁协议的有效条件、仲裁协议的效力有哪些？
(3) 仲裁的程序有哪些？
(4) 民事诉讼的管辖包括哪几种？
(5) 民事诉讼的基本制度有哪些？
(6) 起诉的条件有哪些？
(7) 第一审审判程序包括哪些？

案例分析

【案例1】 2022年5月，上海市通达物流公司与天津市盛宏机械公司签订了一份购销合同。双方约定，因履行合同发生的争议，由双方协商解决；无法协商解决的，由仲裁机构仲裁。2022年8月，双方发生争议，通达物流公司向其所在地的上海仲裁委员会递交了仲裁申请书，但盛宏机械公司拒绝答辩。同年10月，双方经过协商，重新签订了一份仲裁协议，并商定将此合同争议提交盛宏机械公司所在地的天津仲裁委员会仲裁。事后通达物流公司担心天津仲裁委员会实行地方保护主义，偏袒盛宏机械公司，故未申请仲裁，并向合同履行地人民法院提起诉讼，且起诉时未说明此前两次约定仲裁的情况，法院受理此案，并向盛宏机械公司送达了起诉状副本，盛宏机械公司向法院提交了答辩状。法院经审

理判决被告盛宏机械公司败诉，被告不服，理由是双方事先有仲裁协议，法院判决无效。

问题：

(1) 双方第一次约定的仲裁条款是否有效？争议发生后，双方签订的协议是否有效？

(2) 原告通达物流公司向法院提起诉讼正确与否？

(3) 人民法院审理本案是否正确，为什么？

(4) 被告盛宏机械公司是否可以上诉，其上诉理由是否正确，为什么？

【案例2】刘某因买卖合同纠纷向法院起诉，要求被告冯某履行合同并承当违约责任。法院按照普通程序审理该案件，法院决定由法官张某、乔某、吉某组成合议庭，张某任审判长。刘某得知法官乔某是被告的表弟，便要求其回避，但回避申请被张法官当场拒绝。在审理中，被告提出自己未能按照合同未定交货，是由于天降大雨，冲垮了公路。法庭审理后认为，原告未及时告知交货地点是造成被告迟延履行的主要原因，因而驳回了原告要求被告承当违约责任的请求。原告不服判决，提起上诉，二审法院发回重审，一审法院组成合议庭对该案件再次进行审理。

问题：

(1) 刘某申请回避的理由是否成立？

(2) 张法官的作法是否合法？

(3) 张法官是否可以参加新的合议庭？新合议庭可否由人民陪审员参加？

(4) 一审法院对案件的审判是否存在程序上的错误？

实训操作

(1) 起草仲裁申请书、答辩书，模拟仲裁，熟悉仲裁的程序。

(2) 举办一次模拟法庭，撰写民事起诉状、答辩状等法律文书，熟悉民事案件的一审审判程序。

参考文献

[1] 王玲. 法律基础与实务 [M]. 北京：清华大学出版社，2022.
[2] 孙秋高，甄小明，刘亚梅. 物流法规 [M]. 大连：大连理工大学出版社，2022.
[3] 王玲. 经济法概论 [M]. 北京：清华大学出版社，2022.
[4] 张冬云. 物流法律法规概论与案例 [M]. 北京：清华大学出版社，2015.
[5] 方仲民，方静. 物流法律法规基础 [M]. 北京：机械工业出版社，2022.
[6] 李爱华，王宝生. 物流法律法规 [M]. 北京：清华大学出版社，2021.
[7] 王亚男. 物流法律法规 [M]. 青岛：中国石油大学出版社，2019.
[8] 陈兴东. 快递法规与标准 [M]. 北京：人民交通出版社，2015.
[9] 李爱华，王宝生. 物流法律法规 [M]. 北京：清华大学出版社，2018.